"十三五"高职高专规划教材

体育与健康

TIYU YU JIANKANG

主　编　戴红梅　张　军
副主编　陈修勇　许玲丽
编　者　马　勇　张文静　孙　燕　俞德云
　　　　潘　健　周　石　周　林　赵　春
　　　　陆青云　陈泰锋　高　清　郭晓捷
　　　　张迎春

苏州大学出版社
Soochow University Press

图书在版编目(CIP)数据

体育与健康/戴红梅,张军主编. —苏州:苏州大学出版社,2019.4(2021.7重印)
"十三五"高职高专规划教材
ISBN 978-7-5672-2758-3

Ⅰ.①体… Ⅱ.①戴…②张 Ⅲ.①体育-高等职业教育-教材②健康教育-高等职业教育-教材 Ⅳ.①G807.4②G717.9

中国版本图书馆 CIP 数据核字(2019)第 063437 号

体育与健康

戴红梅 张 军 主编

责任编辑 施小占

苏 州 大 学 出 版 社 出 版 发 行
(地址:苏州市十梓街1号 邮编:215006)
常州市武进第三印刷有限公司印装
(地址:常州市湟里镇村前街 邮编:213154)

开本 787mm×1 092mm 1/16 印张 19.75 字数 467 千
2019 年 4 月第 1 版 2021 年 7 月第 3 次印刷
ISBN 978-7-5672-2758-3 定价:40.00 元

苏州大学版图书若有印装错误,本社负责调换
苏州大学出版社营销部 电话:0512-67481020
苏州大学出版社网址 http://www.sudapress.com
苏州大学出版社邮箱 sdcbs@suda.edu.cn

前言

职业院校的育人宗旨是培养国家需要的实用型、高技能人才。职业院校学生不仅要满足企业对其技术能力的要求,还要在工作中承受噪声、高温、高压的影响,能够在各种干扰因素下完成高精度的生产劳动任务,这就要求他们具备较强的职业体能。职业院校所开设的体育课程就是紧紧围绕育人宗旨,为社会经济的发展输送高素质劳动者。基于上述考虑和全面贯彻落实《学校体育工作条例》,适应公共体育改革发展的新形势,满足教学新要求,进一步加强体育课程建设,我们结合学校体育工作实际和地方特色,广泛参考吸收众多前人的研究成果与经验,组织编写了这本《体育与健康》。

本教材具有以下几个特色:

(1) 以体育健身为主题,力求观念新颖。在本教材中,我们着重介绍了健身的原理、方法和健康指导。本教材分理论篇和实践篇。理论篇是对体育理论的阐述,实践篇是具体体育实践总结的指导,旨在提高职业院校学生体育文化品位,激发学生自觉锻炼的兴趣,引导学生个性化体育发展,培养终身体育锻炼的习惯,以推动体育课内外教学一体化进程。

(2) 讲究教材的实用性,力求内容创新。本教材在编写过程中从教学实际出发,力图做到内容新颖、通俗易懂、简单易学、图文并茂,既可作为学生公共体育课的教学用书,又可作为学生自我锻炼的参考用书。

(3) 突出教材文化品位,力求体现时代特色。我们在编写本教材时,考虑了内容的时代特色,对教材的内容,不仅引入了体育科学的最新研究成果,而且编入了其他相关的最新内容,如对学生的健康指导等。但所有这些知识都力求避免一般的描述和空洞的说教,而是以相应的科学事实、事例为基础,在增加教材知识性的同时,也增加了可读性,体现了以学生为主体的教学思想。相信该书能成为学生生活的益友,健康快乐的指南。

本教材由江苏省仪征技师学院戴红梅、江苏省徐州医药高等职业学校张军担任主编,负责全书框架结构的设计及最后定稿。

本教材在编写过程中,参阅了有关的教材、专著以及最新的一些相关研究成果,并引用了诸多新的观点,在此特作说明并向相关作者致谢!在编写和审稿过程中,我们得到了苏州大学杨卫东教授的多次指导,在此表示最衷心的感谢!

尽管我们在编写过程中做了很大努力,但由于水平有限,难免会有不妥之处,恳请广大师生与同行批评指正,我们将悉心修改、补充与完善。

编　者

目录

· 理论篇 ·

第一章 体育与健康概述
- 第一节 体育概述 …………………………………………………… 1
- 第二节 健康概述 …………………………………………………… 4
- 第三节 现代社会对健康的要求 …………………………………… 11

第二章 职业院校体育
- 第一节 社会发展与学校体育 ……………………………………… 18
- 第二节 职业院校体育课教学和课外体育活动 …………………… 20
- 第三节 终身体育 …………………………………………………… 22
- 第四节 职业院校学生的体育能力及其培养 ……………………… 25

第三章 体育锻炼与体育竞赛
- 第一节 体育锻炼的定义、作用及计划制订 ……………………… 28
- 第二节 体育锻炼的原则、方法和评定 …………………………… 31
- 第三节 小型体育竞赛的组织和编排 ……………………………… 35
- 第四节 体育竞赛的欣赏 …………………………………………… 41

第四章 合理营养与体育保健
- 第一节 营养概述 …………………………………………………… 47
- 第二节 体育锻炼与合理营养 ……………………………………… 48
- 第三节 常见病的体育疗法 ………………………………………… 55
- 第四节 运动损伤的预防和处理 …………………………………… 58

第五章 奥林匹克运动
- 第一节 奥林匹克运动概述 ………………………………………… 66
- 第二节 奥林匹克运动的组织体系与奥运会的申办流程 ………… 72
- 第三节 中国与奥林匹克运动会 …………………………………… 73

· 实 践 篇 ·

第六章　田径运动

- 第一节　跑 ······ 81
- 第二节　跳跃 ······ 92
- 第三节　推铅球 ······ 102

第七章　球类运动

- 第一节　篮球运动 ······ 105
- 第二节　足球运动 ······ 121
- 第三节　排球运动 ······ 139
- 第四节　乒乓球运动 ······ 150
- 第五节　羽毛球运动 ······ 154

第八章　武术运动

- 第一节　武术运动概述 ······ 159
- 第二节　武术基本技术 ······ 161
- 第三节　武术套路推介 ······ 165
- 第四节　防身术 ······ 184

第九章　体操和健美操运动

- 第一节　体操 ······ 189
- 第二节　健美操 ······ 198

第十章　中国象棋

- 第一节　概述 ······ 211
- 第二节　中国象棋入门基础知识 ······ 212
- 第三节　中国象棋基本杀法 ······ 215
- 第四节　中国象棋开局类型 ······ 223
- 第五节　中国象棋残局基础 ······ 237
- 第六节　中国象棋基本战术 ······ 241
- 第七节　中国象棋竞赛规则简介 ······ 247

第十一章　游泳运动

- 第一节　游泳基本技术 ······ 251
- 第二节　游泳的安全卫生措施 ······ 263

第十二章　快乐体育运动

- 第一节　体育游戏 ······ 265

第二节　校园拓展运动 ·· 268
第三节　交际舞 ·· 278

第十三章　几种时尚体育运动

第一节　轮滑运动 ·· 289
第二节　保龄球 ·· 292
第三节　攀岩运动 ·· 293
第四节　野外生活训练 ·· 296

附　录

附录1　国家学生体质健康标准 ··· 302
附录2　《国家学生体质健康标准》实施办法 ··························· 305
附录3　免予执行《国家学生体质健康标准》申请表(样表) ········ 307

参考文献 ·· 308

理论篇

第一章
体育与健康概述

人们常说:健康是金。您知道"一千万"的故事吗?在 10 000 000 中,您的健康是"1",正因为有健康"1"的存在,才有后面的品行、敬业精神、阅历、情商、智商、学识、专业技能等成十成百倍的意义,没有"1",后面的"0"都只不过是"0"而已。

第一节　体育概述

一、体育的概念

体育是指在人类社会发展过程中,根据生产和生活的需要,遵循人体身心的发展规律,以身体练习为基本手段,为增强体质、提高运动技术水平、进行思想品德教育、丰富社会文化生活而进行的一种有目的、有意识、有组织的社会活动。它是伴随人类社会的发展而逐步建立和发展起来的一个专门的学科领域。

（一）体育的广义概念（亦称体育运动）

体育运动是指以身体练习为基本手段,以增强人的体质、促进人的全面发展、丰富社会文化生活和促进精神文明为目的的一种有意识、有组织的社会活动。它是社会文化的一部分,其发展受一定社会的政治和经济的制约,并为一定社会的政治和经济服务。

（二）体育的狭义概念（亦称体育教育）

体育教育是一个发展身体、增强体质、传授锻炼身体知识和技能、培养道德和意志品质的教育过程,是对人体进行培育和塑造的过程,是教育的重要组成部分,是培养全面发展的人的一个重要方面。

二、体育的功能

体育的功能就是体育活动对社会进步和人类发展所产生的特殊作用和影响。研究体育的功能,可以使人类更好地认识体育,较好地发挥其作用和效能,并进一步开发运用体育的内容、基本手段与方法,为社会和人类服务。

（一）健身功能

1. 增强体质，提高身体机能

体育锻炼是增进健康、延年益寿的最有效方法。通过锻炼可使血液循环加快、心脏功能提高；可以改善大脑的供血状况，消除脑力劳动后的疲劳，使头脑清醒，思维敏捷；可使呼吸肌增强，肺活量增大，肺功能提高；能使肌肉粗壮结实，肌红蛋白增多，丰满有力；能使骨骼坚韧，骨密质增厚，骨的抗弯、抗折能力增强；还可以提高人体基本活动能力、适应能力和抵抗疾病的能力。如果长期进行体育锻炼，人的体质就会得到增强，健康水平就会得到提高。

2. 促进心理健康

体育活动可以陶冶情操，塑造人的心灵，对心理素质的发展也有着明显的作用。实践证明，通过各种体育手段和方法，可以锻炼人的意志品质，催人奋发进取，培养集体观念，加强组织纪律，协调人际关系，提高人的心理调节能力，及时排除个人性格和心理状态中不健康的因素，使个体与环境和谐统一，促进心理健康，达到精神愉悦。

（二）教育功能

1. 身体教育

身体教育就是指对身体的锻炼和训练，又称为"育体"。科学证明，人出生后在本能方面比不上动物，适应环境的能力差，连最基本的坐、立、站都不会，这些基本的生活技能都要靠后天学习获得。这种学习生活技能和从事身体锻炼的过程，就是发展身体、增强体质，即"育体"的过程。

2. 思想品德教育

体育本身就是一个有章可循的社会活动，它是在一定的"执法人"（教师、教练或裁判员）的直接监督下有组织地进行的活动。这种活动对培养青年一代遵守社会生活的各种准则、树立良好的道德观念、增强团结合作精神和责任感具有很好的强化作用。例如，对方侵人犯规时，是毫不计较，还是"以牙还牙"；集体配合不够默契出现失误而最终导致比赛失利时，是相互鼓励，还是相互抱怨；对裁判员的误判是宽容大度，还是斤斤计较；比赛胜利时，是骄傲自大，还是认真总结经验、戒骄戒躁……处理这些问题的过程就是培养优良品德的教育过程。

3. 意志品质教育

体育活动可以陶冶人的情操，培养坚韧不拔的意志品质。紧张而激烈的竞赛既是对人的意志品质的严峻考验，也是培养良好心理素质的有利时机。

4. 智能教育

体育本身就是一种文化，并蕴含着丰富的科学知识。通过体育教学和身体锻炼，学生可学习和掌握一定的体育知识、技能和技术，并使思维能力、记忆力、观察力、想象力等得到发展。因此，体育在传授知识，培养技能、技巧，增强体质的过程中，还包含着培养、开发和提高多种智能的教育因素。

（三）娱乐功能

体育活动不仅可以强健身体，而且还给人以美的享受，能够消除学习、工作和劳动所带来的精神紧张、大脑疲劳和情绪紊乱，获得积极性的休息。例如，当我们学习几小时后，去运动场跑跑步,做做操,活动活动身体,就会感到精神振奋、愉悦。

(四)政治功能

1. 为国增光,提升国际威望

随着竞技体育的发展,竞技场被称为没有炮火的金牌争夺战场,金牌在某种意义上就是国家的力量、地位、政治、经济、精神状态的标志。中华人民共和国成立后,中国在亚运会上连续多届获得金牌数第一;在2016年第31届奥运会上,中国体育健儿一举夺得26枚金牌,金牌总数名列第三。这些都大大振奋了民族精神,提升了我国的国际威望。

2. 加强爱国主义教育,增强民族凝聚力

在当代,一次国际体育大赛上的胜利,会像巨石击水,在国民心中产生巨大的冲击波,使千百万人甚至整个国家沸腾起来,升华民族精神,激发爱国热情,为国家的腾飞、民族的昌盛增添无穷的精神力量。例如,1984年洛杉矶奥运会上中国人有史以来突破金奖"零"的纪录,1986年我国女排获得"五连冠",这些在国内外引起的轰动都是空前的。

3. 增进友谊,改善和促进国家间的关系

体育可以促进各国人民相互了解,尤其是现代体育运动的国际化,使体育成为国家间重要的交往手段。通过比赛、互相学习和交流,可以加强国家间的相互理解和联系,缓和、协调国际关系与冲突,对维护世界和平起着十分重要的作用,所以运动员被称为"穿着运动衣的外交家""和平的使者""外交先行官"。例如,第31届世乒赛中,我国运动员用"乒乓外交"与美国建立了友好关系,为中美建交创造了条件,被人们称为"用小球转动了地球"。

4. 巩固国防,保护民族安全

古代的战争是面对面的战争,为了在战争中获胜,人类常利用体育的手段来训练武士。而当今时代,尖端武器的发展,更需要人们在短期内掌握复杂的军事技能,这就要求最大限度地动员人的精神和身体能力,为此要对士兵进行全面而严格的体力训练,提高其身体素质和作战能力。这体现了体育对巩固国防、保障国家安全的军事作用。

(五)经济功能

1. 间接作用

体育本身不直接生产物质财富,但体育能使生产力诸因素中起主导作用的劳动者,通过体育锻炼来增强体质、降低伤病率、提高出勤率和工作效率,从而加速创造社会物质财富。

2. 直接作用

例如,举办大型运动会能促进当地各行各业的发展,提高体育场馆的使用率,促进体育器材、运动服装制造业的发展,增加体育竞赛的门票收入等。出售体育竞赛的电视实况转播权,收取广告费,销售纪念章、纪念币等,可以直接产生经济效益,为经济建设服务。

第二节　健康概述

一、健康的概念

健康是人类最大的财富,它的重要性几乎人人皆知。马克思提出把健康作为人的第一权利,作为一切人类生存和人类历史的第一前提。英国教育家洛克认为,没有健康,便没有什么幸福可言。德国哲学家叔本华说得更是深刻而幽默:一个健康的乞丐比有病的国王更幸福。1988年,世界卫生组织总干事马勒博士强调了这样的思想:健康不代表一切,但失去了健康,便失去了一切。

长期以来,人们通常认为,不生病、不打针吃药、身体不虚弱就是健康。随着社会的进步,科学技术的飞速发展和边缘学科的兴起,人们对健康的要求日益提高,人们对健康的认识更加深刻和全面。联合国世界卫生组织(WHO)在其宪章中提出:"健康不仅仅是没有疾病或不虚弱,而是身体的、精神的健康和社会适应良好的总称。"因此,健康的概念大大地超过了无病的范围,这是人们对健康认识的一个极大的进步和突破。1989年,WHO又将道德健康与生殖健康引入健康的概念中。

在现代健康的概念中,心理健康和社会性健康是对"健康"的创新和发展。它突破了千百年来人们对健康认识的局限性,使人的自然属性和社会属性得到了统一。它既重视健康对人的价值,又强调人对健康的作用,并且将两者有机地统一起来。16世纪以来,自然科学有了很大的进步,由于各种学科的形成,人们得以用生物学的观点来解释生命现象。人们在判断健康和疾病时,医疗诊断主要通过测量人体的生物变量,以阳性体征和实验室数据为诊断依据,形成了生物-医学模式。20世纪以来,越来越多的研究证明,人的健康和疾病不但受到生物因素的影响,而且越来越多地受到社会、心理和社会适应因素的制约。这就可以解释我们生活中为什么有的人体壮如牛,却胆小如鼠;有的人膀大腰圆,却心胸狭窄;昨天身体检查健康的同学,今日却因心理障碍而跳楼自杀。生物-心理-社会医学模式的提出,概括了影响人类健康的各种因素,突出了社会心理因素在导致疾病中的作用,使人们对健康和疾病的认识更加全面和深入。随着科学技术的发展和人类认识能力的提高,健康的概念还将不断变化、更新和发展。

因此,现代的健康观包括身体健康、心理健康、社会适应健康和道德健康四个方面,只有这四个方面都健全,才能算是一个健康的人。

二、体质的概念

体质是指人体的质量。它是人的有机体在遗传变异和后天获得的基础上所表现出来的机能和形态上相对稳定的特征。

体质包括体格、体能和适应能力三个方面。

体格是人体的形态结构方面,包括人体生长发育的水平、身体的整体指数与比例(体型)以及身体的姿态。

体能是指人体各器官系统的机能在肌肉活动中表现出来的能力,包括身体素质(力量、速度、灵敏性、柔韧性、耐力等)和身体基本活动能力(走、跑、跳、投、攀登、爬越、举重物等能力)。

适应能力是指人体在适应外界环境中所表现出的机能能力,包括对外界环境的适应力和对疾病的抵抗力。

体质的综合评价指标包括以下几个方面:
(1) 身体形态发育水平,即体格、体型、姿势、营养状况及身体组成成分等。
(2) 生理生化功能水平,即机体的新陈代谢功能及各系统、器官的工作效能。
(3) 身体素质和运动能力水平,即身体在运动中表现出来的力量、速度、耐力、灵敏性、柔韧性等素质以及走、跑、跳、投、攀等身体运动能力。
(4) 心理发展状态,包括本体感知能力、个体意志力、判断能力。
(5) 适应能力,如对外界环境条件的抗寒、抗热能力和对疾病的抵抗力。

体质测定的内容和指标如下:
(1) 形态指标:身高、体重、胸围、上臂围、坐高及身体组成(皮脂厚度、体脂比重、去脂体重等)。
(2) 功能指标:安静时心率、血压、肺功能及心血管运动试验等。
(3) 身体素质指标:力量、爆发力、柔韧性、灵巧和协调性、平衡性、耐力项目。
(4) 运动能力指标:走、跑、跳、投掷等。

影响体质强弱的因素是多方面的,它与遗传、环境、营养、体育锻炼等有着密切的关系。遗传只为体质的状况和发展提供了可能性或前提条件,体质的强弱则有赖于后天环境、营养、卫生和身体锻炼等因素。有计划、有目的地进行科学的锻炼,是增强体质最积极有效的手段。

三、体质健康的测试与评价

(一) 体质健康的评价方法

体质健康评价包括人体形态发育、生长和心理机能的发育状况以及身体素质评价等方面。评价的方法很多,这里简单介绍几种常用的方法。

1. 指数法

指数法是借助一种数学公式来表示各项发育指标间比例关系的方法。常用的指数如下:

(1) 身体形态发育的评价指数。包括:
① 身高体重指数。身高体重指数 = [体重(千克)/身高(厘米)] × 100%,表示每厘米身高的身体重量,反映体重与身高的关系。指数大,表示体重相对重。
② 身高胸围指数。身高胸围指数 = [胸围(厘米)/身高(厘米)] × 100%,反映胸围与身高的关系。指数大,表示胸围相对大。

(2) 身体机能的评价指数。包括:
① 肺活量指数。肺活量指数 = 肺活量(毫升)/体重(千克),反映肺活量的大小。指数大,表示肺活量相对较大。
② 脉搏比指数。脉搏比指数 = 定量运动负荷后的脉搏(次/分钟)/运动前的安静脉搏(次/分钟),反映心脏机能水平。指数越大,表示健身锻炼的水平越高。该数值的大小

可以说明心脏机能最大动员程度的潜力如何。

③ 哈佛台阶试验指数。哈佛台阶试验指数=[运动持续时间(秒)/2×恢复期3次脉搏之和]×100。此指数可以量化评定心血管机能水平,有效、客观地了解和评定心血管机能状况。工作指数值越大,表示心血管机能水平越高。经常参加锻炼的人,心血管机能强的人,在运动时表现为心跳次数少,脉搏频率低。

2. 身体素质评价方法

身体素质的评价可以选择反映代表速度、力量、耐力、灵敏性、柔韧性等素质的指标。男、女生身体素质评价指标如下:

(1) 男生:50米或100米跑、立定跳远、网球、掷远、站立体前屈、引体向上、10米×4往返跑、握力、背力、纵跳、闭眼单脚站立、俯卧撑、反应尺、1 000米跑。

(2) 女生:50米跑、立定跳远、网球、掷远、站立体前屈、10米×4往返跑、握力、背力、纵跳、闭眼单脚站立、反应尺、屈膝仰卧起坐、800米跑。

3. 适应能力的评价方法

(1) 感冒次数。

(2) 自我感觉(情绪方面)。

(3) 生病的次数。

同学们可在体育老师的指导下,选择简单、实用、适合自己的评价方法,获得自己体质健康的第一手资料,有针对性地开展体育锻炼。

(二) 体质健康的评价标准

1. 身体形态评价标准

对身体形态发育状况的简易评价可采用身体形态评价标准表(表1.2.1、表1.2.2、表1.2.3)和体型特征评价标准表(表1.2.4)。

2. 身体机能评价标准

评价身体机能状况可用肺活量评价标准表(表1.2.5)和肺活量指数评价标准表(表1.2.6)。

3. 身体素质评价标准

身体素质可用以下五项具有代表性的指标评价:

男生:50米跑、立定跳远、站立体前屈、引体向上、1 000米跑(表1.2.7)。

女生:50米跑、立定跳远、站立体前屈、屈膝仰卧起坐、800米跑(表1.2.8)。

运用上述几项指标就可以简易地评价自己的体质状况了。具体评价方法为:根据自己的性别、年龄从表1.2.1至表1.2.9中找到自己的数据、成绩和得分,就可以看出各项指标是否平衡,体质是好是差了。如果在学习期间坚持记录自己的体质变化,就可以了解自己的体质状况,从而指导自己进行适合的体育锻炼。

自我评价举例:张小明,身高为"上",体重、胸围、肺活量指数均为"中",而身体素质为"下",可见张小明同学的体质属"瘦弱型",应在加强营养的同时加强肌肉练习和身体素质训练。

表 1.2.1 身体形态评价标准（男）

年龄指标		等级（得分）				
		下（1分）	中下（2分）	中（3分）	中上（4分）	上（5分）
身高（厘米）	15岁	156.0 以下	156.1～160.2	160.3～169.3	169.4～173.4	173.5 以上
	16岁	160.0 以下	160.1～163.6	163.7～171.6	171.7～175.2	175.3 以上
	17岁	161.7 以下	161.8～165.3	165.4～173.1	173.2～176.7	176.8 以上
	18岁	162.2 以下	162.3～165.7	165.8～173.6	173.7～177.1	177.2 以上
	19岁	162.6 以下	162.7～166.1	166.2～173.8	173.9～177.3	177.4 以上
体重（千克）	15岁	41.0 以下	41.1～45.2	45.3～54.5	54.6～58.7	58.8 以上
	16岁	44.9 以下	45.0～48.8	48.9～57.5	57.6～61.4	61.5 以上
	17岁	47.4 以下	47.5～51.1	51.2～59.4	59.5～63.2	63.3 以上
	18岁	48.5 以下	48.6～52.2	52.3～60.5	60.6～64.3	64.4 以上
	19岁	49.7 以下	49.8～53.2	53.3～61.1	61.2～64.6	64.7 以上
胸围（厘米）	15岁	72.3 以下	72.4～75.3	75.4～82.1	82.2～85.1	85.2 以上
	16岁	75.5 以下	75.6～77.9	78.0～84.5	84.6～87.3	87.4 以上
	17岁	77.6 以下	77.7～80.3	80.4～86.2	86.3～88.8	88.9 以上
	18岁	78.7 以下	78.8～81.3	81.4～87.1	87.2～89.7	89.8 以上
	19岁	80.4 以下	80.5～82.8	82.9～88.2	88.3～90.6	90.7 以上

表 1.2.2 身体形态评价标准（女）

年龄指标		等级（得分）				
		下（1分）	中下（2分）	中（3分）	中上（4分）	上（5分）
身高（厘米）	15岁	149.9 以下	150.0～153.1	153.2～160.3	160.4～163.5	163.6 以上
	16岁	151.0 以下	151.1～154.2	154.3～161.3	161.4～164.5	164.6 以上
	17岁	151.4 以下	151.5～154.6	154.7～161.7	161.8～164.8	164.9 以上
	18岁	151.3 以下	151.4～154.5	154.6～161.7	161.8～164.9	165.0 以上
	19岁	152.1 以下	152.2～155.3	155.4～162.3	162.4～165.4	165.5 以上
体重（千克）	15岁	39.2 以下	39.3～42.6	42.7～50.2	50.3～53.7	53.8 以上
	16岁	40.9 以下	41.0～44.3	44.4～51.9	52.0～55.3	55.4 以上
	17岁	41.7 以下	41.8～45.2	45.3～52.9	53.0～56.3	56.4 以上
	18岁	42.2 以下	42.3～45.7	45.8～53.4	53.6～56.9	57.0 以上
	19岁	43.4 以下	43.5～46.8	46.9～54.3	54.4～57.7	57.8 以上
胸围（厘米）	15岁	70.0 以下	70.1～72.7	72.8～78.7	78.8～81.3	81.4 以上
	16岁	71.2 以下	71.3～73.8	73.9～80.1	80.2～82.2	82.3 以上
	17岁	71.8 以下	71.9～74.4	74.5～80.2	80.3～82.9	83.0 以上
	18岁	72.5 以下	72.6～75.1	75.2～80.8	80.9～83.4	83.3 以上
	19岁	73.6 以下	73.7～76.3	76.4～82.1	82.2～84.8	84.9 以上

表1.2.3 身体形态综合评价标准（男、女）

等级	下	中下	中	中上	上
三项得分总计	3~4分	5~7分	8~10分	11~13分	14~15分

表1.2.4 体型特征评价标准

标准特征指标	性别	男生					女生				
	年龄	15岁	16岁	17岁	18岁	19岁	15岁	16岁	17岁	18岁	19岁
身高体重指数	粗壮型	335	351	359	366	369	329	341	349	352	356
	匀称型	302	320	330	337	342	298	310	317	320	324
	细长型	269	289	301	308	315	267	279	285	288	292
身高胸围指数	阔胸围型	50.9	51.8	52.3	52.8	53.1	52.1	52.7	53.0	53.1	53.1
	匀称型	48.6	49.4	49.9	50.5	51.4	49.4	49.9	50.2	50.3	50.5
	窄胸围型	46.3	47.0	48.2	48.2	49.7	47.7	47.1	47.7	47.5	48.0

表1.2.5 肺活量评价标准（单位：毫升）

年龄指标		等级（得分）				
		下(1分)	中下(2分)	中(3分)	中上(4分)	上(5分)
男	15岁	2 560以下	2 660~3 030	3 040~3 860	3 870~4 240	4 250以上
	16岁	2 990以下	3 000~3 760	3 770~4 170	4 180~4 540	4 550以上
	17岁	3 200以下	3 210~3 570	3 580~5 390	4 400~4 760	4 770以上
	18岁	3 300以下	3 310~3 670	3 680~4 490	4 500~4 860	4 870以上
	19岁	3 450以下	3 460~3 800	3 810~4 580	4 590~4 930	4 940以上
女	15岁	2 110以下	2 120~2 360	2 370~2 630	2 640~2 660	2 670以上
	16岁	2 190以下	2 200~2 450	2 460~3 030	3 040~3 300	3 310以上
	17岁	2 240以下	2 250~2 510	2 520~3 100	3 110~3 370	3 380以上
	18岁	2 250以下	2 260~2 520	2 530~3 120	3 130~3 390	3 400以上
	19岁	2 410以下	2 420~2 670	2 680~3 230	3 240~3 480	3 490以上

表1.2.6 肺活量指数评价标准（单位：毫升/千克）

年龄指标	等级（得分）				
	下(1分)	中下(2分)	中(3分)	中上(4分)	上(5分)
男	60.0以下	60.1~67.9	68.0~75.9	76.0~83.9	84.0以上
女	47.0以下	47.1~54.9	55.0~62.9	63.0~70.9	71.0以下

表 1.2.7 身体素质单项评价标准(男)

年龄指标		等级(得分)				
		下(1分)	中下(2分)	中(3分)	中上(4分)	上(5分)
50米跑 (秒)	15岁	8.8以上	8.3~8.7	7.8~8.2	7.4~7.7	7.3以下
	16岁	8.5以上	8.1~8.4	7.6~8.0	7.2~7.5	7.1以下
	17岁	8.3以上	7.9~8.2	7.4~7.8	7.1~7.3	7.0以下
	18岁		7.8~8.0	7.3~7.7	7.0~7.2	6.9以下
	19岁		7.8~8.1	7.3~7.7	7.0~7.2	6.9以下
立定跳远 (厘米)	15岁	179以下	180~196	197~216	217~230	231以上
	16岁	189以下	190~205	206~224	225~237	238以上
	17岁	196以下	197~210	211~229	230~243	244以上
	18岁	199以下	200~214	215~233	234~247	248以上
	19岁	202以下	203~216	217~234	235~248	249以上
引体向上 (次)	15岁	1	2~3	4~6	7~9	10以上
	16岁	1	2~3	4~7	8~11	12以上
	17岁	1	2~4	5~8	10~12	13以上
	18岁	2以下	3~5	6~9	10~12	13以上
	19岁	2以下	3~5	6~9	10~12	13以上
站立体前屈 (厘米)	15岁	2.0以下	2.1~6.8	6.9~13.1	13.2~17.8	17.9以上
	16岁	3.4以下	3.5~8.4	8.5~15.1	15.2~19.8	19.9以上
	17岁	3.9以下	4.0~9.3	9.4~15.9	16.0~19.9	20.0以上
	18岁	4.5以下	4.6~9.5	9.6~15.4	15.5~20.5	20.6以上
	19岁	3.9以下	4.0~9.0	9.1~15.5	15.6~19.9	22.0以上
1 000米跑 (秒)	15岁	278.7以上	256.1~278.3	233.6~256.0	220.2~233.5	220.1以下
	16岁	299.6以上	249.1~269.5	228.2~249.0	215.3~228.1	215.2以下
	17岁	269.0以上	246.8~268.9	225.7~246.7	213.2~225.6	213.1以下
	18岁	271.7以上	247.7~271.6	224.8~247.6	211.6~224.7	211.5以下
	19岁	262.3以上	241.1~262.2	220.1~241.0	208.1~220.0	208.0以下

表1.2.8 身体素质单项评价标准(女)

年龄指标		等级(得分)				
		下(1分)	中下(2分)	中(3分)	中上(4分)	上(5分)
50米跑(秒)	15岁	10.4以上	9.8~10.3	9.1~9.7	8.6~9.0	8.5以下
	16岁	10.4以上	9.7~10.3	9.0~9.6	8.6~8.9	8.5以下
	17岁	10.4以上	9.7~10.3	9.0~9.6	8.6~8.9	8.5以下
	18岁	10.5以上	9.7~10.4	9.0~9.6	8.5~8.9	8.4以下
	19岁	10.2以上	9.6~10.1	8.9~9.5	8.5~8.8	8.4以下
立定跳远(厘米)	15岁	136以下	137~150	151~169	170~183	184以上
	16岁	136以下	137~152	152~170	171~184	185以上
	17岁	136以下	137~152	153~171	172~185	186以上
	18岁	139以下	140~152	153~172	173~186	187以上
	19岁	144以下	145~157	158~174	175~188	189以上
屈膝仰卧起坐(个/分钟)	15岁	10以下	11~19	20~29	30~35	36以上
	16岁	10以下	11~19	20~29	30~35	36以上
	17岁	9以下	10~18	19~29	30~35	36以上
	18岁	9以下	10~18	19~29	30~35	36以上
	19岁	13以下	14~21	20~31	32~37	36以上
站立体前屈(厘米)	15岁	1.8以下	1.9~2.1	6.3~12.2	12.3~16.6	16.7以上
	16岁	2.6以下	2.7~7.1	7.2~13.3	13.4~17.5	17.6以上
	17岁	2.8以下	2.9~7.4	7.5~13.5	13.6~17.9	18.0以上
	18岁	3.0以下	3.1~7.7	7.8~13.8	13.9~18.1	18.2以上
	19岁	4.5以下	4.6~9.4	9.5~15.5	15.6~19.6	19.7以上
800米跑(秒)	15岁	274.7以上	251.4~274.6	226.6~251.3	211.6~226.5	211.5以下
	16岁	273.7以上	251.5~273.6	227.8~251.4	212.9~227.6	212.8以下
	17岁	278.5以上	253.6~278.4	228.7~253.5	213.7~228.6	213.6以下
	18岁	281.7以上	255.9~281.6	229.1~255.8	213.4~229.0	213.3以下
	19岁	265.7以上	244.5~265.6	220.8~244.4	206.7~220.7	206.6以下

表1.2.9 身体素质综合评价标准(男、女)

等级	下	中下	中	中上	上
三项得分总计	5~7分	8~12分	13~17分	18~22分	23~25分

(三)体质健康评价的意义

开展体质健康评价对提高教学质量、增强学生体质、实现学校体育科学化有重要的意义。通过测定评价可以了解学生体质现状,掌握学生体质变化的客观规律,为选择适宜的教材和教学方法提供科学依据;另外,对学生及时了解自己体质变化和自觉科学地锻炼有很好的促进作用。体质测定与评价是考查学校体育卫生工作效果的重要手段之一。

第三节 现代社会对健康的要求

一、现代社会与现代化人

(一) 现代社会的发展

美国著名的未来学家阿尔温·托夫勒,把农业革命称为第一次浪潮,把工业革命称为第二次浪潮,把信息革命称为第三次浪潮。如今已迎来了信息社会时代。信息社会是以数字化、网络化和信息化为标志的。然而,人类社会的发展是极不平衡的。有的国家和民族已经进入了信息社会,享受着现代化的生活;有的国家和民族正在朝着信息社会的方向迅跑;而有的国家和民族则还停留在刀耕火种的农耕时代,饱受着贫困的煎熬。信息社会的经济是知识经济,于是有人又把信息社会称为知识经济社会。在这种社会中,人与人的根本区别就在其综合素质的高低以及由此产生的不同结果。

美国著名社会学家英克尔斯在《走向现代化》一书中深刻地指出:"一个国家可以从国外引进作为现代化最显著标志的科学技术,移植先进国家卓越有成效的工业管理方法、政府机构形式、教育制度以至全部经验内容……结果它们往往收获的是失败和沮丧。""确切的教训使一些人开始体会和领悟到,那些完善的现代制度以及伴随而来的指导大纲、管理守则,本身是一些空的躯壳。如果一个国家的人民缺乏一种能赋予这些制度以真实生命力的广泛的现代心理基础,如果执行和运用这些现代制度的人,自己还没有从心理、思想、态度和行为方式上都经历一个向现代化的转变,失败和畸形发展的悲剧是不可避免的。再先进的现代制度和管理方式,再先进的技术工艺,也会在一群传统人手中变成废纸一堆。"由此可见,国家的现代化有赖于国民的现代化。因此,中共中央、国务院制定和颁布了《中共中央国务院关于深化教育改革全面推进素质教育的决定》(以下简称《决定》)。《决定》明确指出:"当今世界,科学技术突飞猛进,知识经济已见端倪,国力竞争日趋激烈。教育在综合国力的形成中处于基础地位,国力的强弱越来越取决于劳动者的素质,取决于各类人才的质量和数量。"《决定》强调:"实施素质教育,就是全面贯彻党的教育方针,以提高国民素质为根本宗旨,培养适应21世纪现代化建设需要的社会主义新人。"

(二) 现代化人应具备的素质

1. 思想政治素质

未来相当长的时期内,比新技术挑战更为严峻的是道德危机的挑战。有些同学对提高自己的思想政治素质不感兴趣,或很不以为然,似乎觉得自己是搞业务的,思想政治素质高低无关紧要,或是认为思想政治素质是"空"的,是挂在"嘴皮上的功夫"。其实不然,思想政治素质对我们每一个同学来说,是"学会做人"与"立足社会"的关键。一个人如果不了解自己生活在一个什么样的社会中,如果自己的世界观、人生观和价值观与自己生活的现实社会格格不入,那么,他就很难把自己融入这个社会,很难适应现实社会的生活规则,最终只能被社会所淘汰。思想政治素质包括:

(1) 坚持辩证唯物主义的世界观和方法论。
(2) 正确理解人生的价值,能把实现自身的价值与服务祖国人民统一起来。

(3) 对自己、对群体(含家庭)、对社会具有责任感。
(4) 具有高尚的道德情操。
(5) 具有现代人的观念(如平等的观念、协作的观念、竞争的观念、差异的观念、运动变化的观念等)。

2. 科学文化素质

如果说思想政治素质是一个人综合素质的灵魂,那么,科学文化素质就是一个人综合素质的核心。特别是像我们这样一个发展中国家,在国民整体素质还不高的情况下,用人单位在引进人才时,虽然也考虑到人才的综合素质,但主要还是考虑人才的业务能力,也就是人才的科学文化素质。科学文化素质包括:

(1) 掌握现代科学技术,包括先进的基础理论、专业理论与技能及本专业的最新科研成果。
(2) 具有较强的专业实践能力。
(3) 具有较强的学习能力,学会学习,掌握获取信息的方法。
(4) 具有一定的文化素养。
(5) 养成终身学习的意识和习惯,及时更新知识,防止老化。

3. 体育素质

体育素质是一个人综合素质的物质基础。"德智皆寄于体,无体是无德智也。"健康的身体是青少年为祖国和人民服务的前提,是中华民族旺盛生命力的体现。体育素质主要包括:

(1) 体质基础:主要是指身体形态、生理机能与身体素质三大基本要素。
(2) 体育(参与)意识:主要包含体育价值判断与体育情感体验两个要素。
(3) 体育知识:主要包含体育基础知识、体育保健知识、身体锻炼知识与身体评价知识等。
(4) 运动技能:主要包含一般运动技能与特长运动技能两个方面。
(5) 体育个性:主要包含体育兴趣、体育特长、体育意志与锻炼习惯等要素。
(6) 体育心理:主要包含自尊心与自信心、协作精神、竞争意识、创新能力与心理适应能力等。
(7) 体育品德:主要包含体育道德意识和行为、团队精神、责任感等。

4. 心理素质

现代社会的发展,特别是市场经济的发展,对人的心理素质的要求越来越高。有人认为,一个人在事业上能否取得成功,主要取决于他的心理素质。近几年出现了一个新的概念,叫作情商,又叫作情感智能,是一种洞察与控制自己和他人感受与情绪的能力。

美国心理学家戈尔曼提出了情商构建的三要素:

(1) 善于表达和控制自己的情感。
(2) 善于了解和诱导别人的情感。
(3) 深刻认识情感在社会生活中的重要意义。

从情商的要素来看,情商的本质仍属于心理素质范畴,主要包括:

(1) 自尊心和自信心。
(2) 开拓进取、积极向上的性格。

(3)果敢的精神与顽强的意志品质。

(4)自我心理调节的能力。

5. 社会适应能力

《中共中央国务院关于深化教育改革全面推进素质教育的决定》强调指出:要增强青少年适应社会生活的能力。社会适应能力一般认为包括的主要内容有:

(1)责任感(含对自己、对他人、对工作、对社会的责任感)。

(2)群体意识与团队精神。

(3)道德品质(含道德观、道德意识与道德行为)。

(4)创新精神与竞争意识。

二、健康的生活方式

生活方式是指人们为满足自身(物质生活和精神生活)需要而消费生活资料(物质资料和精神财富)的各种形式的总和,以及支配闲暇时间的方式。生活方式与人们的身体健康息息相关。良好的生活方式给健康带来积极的影响;反之,则带来消极的影响。美国流行病学所做的调查研究表明,生活方式是影响人们健康的首要原因。美国每年有200万人死于不健康的生活方式,主要表现为酗酒、吸毒、生活无规律、营养失控、体育运动不足等不良的行为习惯。美国学者曾预测,使美国成人平均寿命增加一年需花费100亿美元,然而如果人们做到经常锻炼、不吸烟、少饮酒、合理饮食,几乎不花分文就能期望平均寿命增加11年。可见健康与良好的生活方式有多么密切的关系。

(一)生活起居

生活起居有规律有利于健康与长寿,所以应该做到以下几点:

1. 劳逸适度

适当地参加体力劳动或体育锻炼活动,可以增进身体健康。但是,"人体欲得劳动,但不当使极耳",指的就是劳逸要适度,不能过度疲劳,否则将不利于健康。

2. 适应环境

人要以自然之道,养自然之身。人过多地回避自然,不利于健康。因此,人要长寿,就要适应时节,适应春暖、夏热、秋凉、冬寒之变迁及早晚变化的规律。"行住坐卧,宴处起居,皆须巧立制度。"否则,会有病邪侵入。

3. 生活规律

生活规律是指一天内的休息、饮食、工作和学习、体育锻炼等各项活动均有较固定且正常的时间安排。生活规律有利于机体各种生理机能的发挥,有利于身体健康,也有利于提高学习和工作效率。养生必须重视饮食、睡眠、言谈、学习、工作等生活的规律化。睡眠若适可而止,则神宁气足,大为有益,而久卧则伤气。"形往量力,勿为行劳""坐卧顺时,勿为身息""动止有常,言谈有节"等,都是规范生活的健身格言。定时、定量进餐,定时工作,定时学习,定时睡眠,定时锻炼身体,定时漱洗,定时排解大便,结合个人实际,制定切实可行的作息制度,养成良好的卫生习惯,形成规律。

(二)睡眠和休息

睡眠是一种保护性抑制,能保护大脑细胞免于衰竭。睡眠使大脑皮层得到最有效的休息。在睡眠过程中,大脑皮层细胞由于工作所消耗的能量物质可以得到充分的补充。

同时，由于抑制过程的扩散，机体各器官的活动相应减弱，从而也得到休息。

"休息"的科学含义，不仅指全身肌肉放松，而且包含人体"司令部"——神经系统的休息。神经系统的休息一般称为抑制过程。人体在觉醒时，肌肉保持一定的紧张度，内脏系统都处在兴奋状态，人体器官长久地兴奋就会产生疲劳现象，这就需要休息，也就是使兴奋适当得到抑制，兴奋和抑制有节奏地交替，才能保证神经系统功能正常。睡眠是重要的，但睡眠并不是唯一的休息方式。例如，在课堂上学习一小时后开窗换气，进行十分钟的课间活动，或望远片刻，就会觉得精神焕发，继续学习而不感到疲劳，学习效率、工作能力得到了提高。

休息有两种基本形式：一为静止性休息，如睡眠、静坐等；二为活动性休息，就是利用改换学习（或活动）的内容、方式来达到防止和消除疲劳的目的，如不同课程的安排、课间操、工间操等。静止性休息是一天劳动后消除疲劳、恢复体力的重要方式；活动性休息则是在一定时间内防止疲劳产生，消除某种疲劳和提高工作效率的方式。两种休息方式都是生活中不可缺少的，在制定作息制度和教学训练中要充分考虑，合理安排。

（三）皮肤卫生

皮肤分泌的皮脂、汗液和脱落的表皮细胞以及外界的尘埃黏合在一起，附着在皮肤上，会阻塞汗腺口和皮脂腺口，阻碍皮脂、汗液的分泌，影响皮肤的正常功能，助长细菌的繁殖，极易产生皮肤病。青少年新陈代谢旺盛，运动时分泌的皮脂、汗液更多，脱落的表皮细胞以及黏附的尘埃也更多，所以也更易产生皮肤病。而且参加体育运动的人越来越多，运动中难免会接触到患有某些传染性皮肤病或其他传染病的人，如果不及时处理，很可能就会感染这些疾病。由此可见，讲究皮肤卫生对学生具有重要的意义。

为保持皮肤清洁，根据皮肤的不同情况可分别采取不同的清洁方法：一般皮肤（不干燥，分泌皮脂也不过多），手和面部每天至少清洁三次，要经常洗澡，清洗时应使用肥皂；干燥皮肤（皮脂分泌少，干燥时经常脱屑，抵抗力较差），应使用碱性小、含脂肪多的肥皂，要经常涂无刺激性的润肤油，此外还要注意营养，多吃含维生素 A 的食物；油性皮肤（分泌皮脂较多，不易清洗），由于皮脂腺口扩张，细菌易侵入而发生皮肤病，这种皮肤应该经常用肥皂热水清洗，多吃些蔬菜、水果，避免便秘。

（四）拒绝烟草

世界卫生组织告诫人们：吸烟是严重威胁人类生命的"瘟疫"。吸烟杀死 1/3 吸烟者，其中 1/2 为中年人。吸烟危及周围的不吸烟者，特别是儿童和妇女，而且严重污染环境，成为社会一大公害，没有其他任何行为习惯有类似此种程度的危害。据世界卫生组织估计，目前全世界每年死于烟草的人数达 300 万，预计到 2025 年将增加到 1 000 万，其中 700 万将发生在发展中国家。虽然因烟草而致疾病死亡者大多数为成年人，但吸烟通常开始于青少年期。青少年好奇心重，喜欢模仿他人行为，一旦染上吸烟的恶习，想戒掉是相当困难的。传统的教育是说明吸烟对人体健康的长期影响，现在则更强调对开始吸烟的青少年人群进行教育。

（五）节制饮酒

酒内含有酒精（乙醇）。啤酒含酒精最少，一般为3%～5%；黄酒和葡萄酒的酒精含量一般为10%～16%；白兰地、五加皮、茅台、大曲和汾酒的酒精含量一般都在40%～66%。

过量酒精对人体有害,可使人产生急性中毒或慢性中毒。

酒精对中枢神经系统有麻痹作用,会降低大脑皮层的机能,使人的思维活动和动作协调能力受到损害。饮酒后的兴奋实际上是由于大脑皮层的抑制能力降低,严重时可使中枢神经系统发生深度抑制而致昏迷,甚至因酒精中毒而死亡。

长期饮酒,由于酒精对咽部和胃的刺激,可引起慢性咽炎和胃炎,降低消化器官的机能,影响营养物质的吸收,还可引起血管硬化,降低血管的收缩能力,影响心脏的正常功能。

此外,酒精还影响体温调节,使机体散热增加。酒精不仅危害身体健康,而且直接降低人的工作效率。实验证明,喝1升啤酒后登山,运动成绩下降20%,而能量消耗增加14%。逢年过节偶尔喝一点酒是可以的,但如果喝酒成瘾或酗酒就不可取了。

(六) 远离毒品

在中国,近年来吸毒人数急剧上升。截至2009年年底,全国登记在册的吸毒人员已达133.5万人。女性吸毒者所占比例不断增加。据国家禁毒委员会统计,目前我国的吸毒者中35岁以下人群占全部吸毒者的85.1%,青少年已成为最易受到毒品侵害的"高危人群"。特别是近年来,冰毒、摇头丸等苯丙胺类兴奋剂吸食问题突出,致使中国禁毒形势更加严峻和复杂。一些青年人不了解冰毒、摇头丸对人体的危害,不计后果,盲目吸食。毒品问题吞噬社会资源,诱发违法犯罪活动,传播各类疾病,社会危害极大。青少年盗窃、抢劫等刑事治安案件,由吸毒引起的已经占到30%左右,在毒品侵害严重的地区,该数字高达60%以上。

毒品主要包括鸦片、吗啡、大麻、可卡因、海洛因、冰毒以及其他可致人成瘾的麻醉药品。20世纪80年代中期以来,世界又面临一种新型毒品——"非法合成药物"的威胁,其中尤以安非他明类兴奋剂的滥用最为普遍。

吸毒者初次吸毒多受好奇心驱使,成瘾后即难以摆脱对毒品的依赖。假如停止服药,轻则会产生恶心、呕吐、腹泻、抽筋、涕泪难抑、冷汗淋漓、全身无力等不适症状,重则或为渴望得到毒品而不惜犯罪,或因长期服用而导致各种疾病,甚至中毒死亡。

"爱惜生命,远离毒品",这是1987年由联合国维也纳部长级会议提出的忠告。现已规定每年6月2日为"国际禁毒日"。

(七) 心理平衡

纵观全球,导致人体残疾的十大主要原因中有50%左右与精神和心理因素有关,如沮丧、酗酒、精神分裂和强迫症等。处在生长发育阶段的儿童、青少年是心理疾患的易感人群。调查显示,17%~22%的18岁以下的青少年存在发育、情绪和行为方面的问题,其中1/8的人有心理问题。身体的健康水平与心理健康、社会适应、道德品质是相互依存、相互促进的。一个心理健康的人,应该是一个既能迅速适应所处环境,又能充分发挥自身潜能及主观能动性的人。这样的人,必然是一个个性获得全面、充分、和谐发展的人,也是一个具有良好心理素质的人。对学生来说,自知、自尊、自立、自强以及乐观、豁达、进取、坚强、果断等品质就是良好心理素质的具体表现。随着社会的发展和信息化时代的到来,未来社会的竞争必然更加激烈,良好的心理素质就成了适应未来社会生活的一个极其重要的条件。当代学生是21世纪的建设者,他们正处于心理形成和发展的重要时期,仅有发达的体力与良好的智力是远远不够的,还必须具有良好的心理素质和健康的心理状态。

（八）安全教育及安全保护

1990年，世界卫生组织发布报告：世界大多数国家中，意外伤害是儿童及青少年致伤、致残的主要原因。从20世纪70年代末起，西方发达国家儿童及青少年死亡原因排序中，意外死亡就一直居于首位。有资料显示，近年来我国学生每年非正常死亡人数都在1万人以上，每年有20%~40%的儿童因意外伤害需要给予医学关注，其中1/3需要手术治疗、卧床、休学。2000年国家儿童及少年"安康计划"公布的数字显示，仅1999年，我国学生因食物中毒、溺水、交通事故、意外伤害等而死亡的，平均每天有40多人。教育部门的有关调查表明，溺水、中毒、建筑物倒塌、交通事故、治安事故等是造成当前学生意外伤害和死亡的主要因素。而且，意外伤害发生率呈逐年上升趋势，是儿童及青少年的第一死因，也是导致严重疾患和残疾的主要原因之一。因此，对学生的安全教育及提供适当的安全保护是必要的。

三、学生常见的不良饮食行为及其危害

饮食是人类最重要、最平常的一种行为，但是能科学合理地对待饮食的学生却为数不多。一部分学生对饮食的科学性不甚关注，抱着无所谓的态度；另一部分学生则过分讲究，片面理解一些格言，听信广告，结果顾此失彼，事与愿违；还有一部分学生经常纵欲进食或节食，造成消化系统功能紊乱，影响了身体的正常生长和发育。因此，学生必须培养良好的饮食习惯，摒弃不良饮食行为。

（一）纵欲式的进食

纵欲式的进食即暴饮暴食或忍饥挨饿。饥饿多半是因为睡懒觉，错过了早餐就餐时间，或夜间看书过久。暴饮暴食则多发生在亲朋好友聚会、过生日、野餐等场合。空腹学习随后又一顿饱餐，会使消化器官负担加重，不利于消化。暴饮暴食会使消化器官的功能发生紊乱，从而使机体代谢功能失去平衡，导致许多疾病，影响身体的正常发育和健康。

（二）盲目节食

盲目节食现象多见于青年女学生，她们所采用的减肥手段主要是限制饮食。限制饮食虽然可以使人消瘦，但体内营养物质也将随之越来越匮乏，势必引发种种功能障碍或疾病，轻则头昏眼花、四肢乏力，重则出现贫血、低血糖、月经失调等情况。有的学生明知过分节制饮食对身体有害，但仍乐此不疲，甘愿付出巨大代价。例如，由于"肥胖恐惧"心理导致的饮食紊乱，其不良后果包括病理性肥胖及体重过轻。她们摄入的热量仅能维持其生存，不仅不能满足生长的需要，而且还严重影响了学业，甚至造成终生遗憾。

（三）追求高蛋白、高脂肪饮食

有些人盲目追求高蛋白、高脂肪饮食，认为西餐比中餐优越，大量食用牛奶、鸡蛋、面包、黄油，向欧美饮食模式靠拢。其实，东、西方饮食习惯的差异历史悠久，东方式饮食所含的脂肪和蛋白质虽然明显低于西方饮食，但东方人体内的淀粉酶、蛋白酶和消化脂肪的酶以及消化液的分泌量已与饮食结构相适应，盲目模仿西方的饮食模式，很容易造成消化不良和营养素的失衡。现在西方国家已认识到，营养过剩会引起心血管病、结肠癌、糖尿病、胆石症等许多所谓的"富裕病"。东、西方饮食模式各有利弊，彼此可以取长补短，但需要根据自身的体质状况逐渐适应，这样才能使饮食科学化、合理化。

（四）偏食

部分学生片面认定某些食物是高营养而长期偏食,结果造成另一些营养素的缺乏。长期只吃一种或几种食物就会造成营养上的不平衡。例如,有的学生不肯吃肉,结果身体不能及时补充优良蛋白质,造成发育迟缓或发育不良;有的偏吃荤腥,不吃素菜,造成多种维生素和矿物质的缺乏,而且为成年后患高血压、高血脂、动脉硬化埋下了一颗颗定时炸弹。由于营养不良,学习时注意力不易集中,精力不充沛。

（五）偏信"营养补品"

有些人盲目听信广告对"营养补品"的宣传,甚至以药代食,以为补品可以补救一切营养缺乏症。其实,"营养补品"仅仅提供一小部分营养素,而且只能对缺乏某种营养素的人起作用。至于补药,主要是调整、提供某些生理功能,需不需要补,补什么,要因人而异。中医理论中的"虚则补之"有其特定的含义,不能简单理解为仅是对某种物质的补充。

第二章
职业院校体育

健康是教育的出发点,体育是增进青年健康、发展他们体力和各种能力的必要条件。

——凯洛夫

第一节 社会发展与学校体育

学校体育是随着经济发展而发展的,一方面体育运动的规模和水平反映着经济发展的状况和水平;另一方面,体育也反作用于社会经济的发展。学校体育作为学校教育的重要组成部分,为了适应社会发展的需要,就要求我们不仅要了解我国社会发展对学校体育提出的新要求,还要了解学校体育的主体——学生对体育的需求发生的变化。

一、社会发展对学校体育的新要求

(一)要更加有效地增进学生健康和增强学生体质

增进学生健康和增强学生体质,始终是我国学校体育的根本任务。随着我国社会生产力水平的提高、经济的发展,人们的劳动方式和生活方式随之也发生了很大的变化。由于体力活动大量减少,现代社会的"文明病",如高血压、肥胖症、心血管疾病、神经衰弱等迅速增加,人们的应激能力普遍下降。因此,我国社会的发展要求在继续全面锻炼学生身体的同时,必须加强体育锻炼的针对性,以适应现代社会对青少年学生的体质要求和青少年学生自身生长发育的实际需要。

(二)提高学生的心理素质与社会适应能力

随着我国市场经济的发展,社会各个领域竞争日趋激烈。信息流动、知识更新、生活节奏急速加快,社会压力加大,导致许多人心理上严重失衡,产生了许多心理障碍,这是一个非常值得社会关注的问题。有些青少年学生由于受到某种委屈和挫折,或是由于学习压力太大,或是由于在相互攀比中某些方面不如别人,因而闷闷不乐、郁郁寡欢、满腹牢骚、忌妒猜疑、冷漠忧伤,甚至悲观厌世。有些学生毕业后走上社会,以自我为中心,不能与别人共事合作,对自己、对集体、对社会缺乏责任感,与社会格格不入。这是我们每一个学生应予以高度重视的。因此,进一步提高学生的心理素质与社会适应能力,是社会发展赋予学校体育的一项十分重要的任务。

(三)要为终身体育打好基础

学校体育对增进学生健康、增强学生体质有良好的作用,但不是一劳永逸的,人的一生都需要有健康的身体。要保持身体的健康，就要坚持进行体育锻炼。然而据调查，我国学生毕业离校后，大部分都不再继续参加经常性的体育活动，特别是不再继续进行经常性的身体锻炼。工作和生活方式的改变、环境的污染、现代文明病与传染病的蔓延，加之缺乏体育运动，导致体质、健康水平下降，这在以脑力劳动为主的人群中表现得尤为突出。因此，要对学生进行终身体育教育，培养学生体育锻炼的意识、技能和习惯。

学校体育要为学生奠定终身体育的基础，就是要在促进学生身心全面发展的同时，培养学生终身体育的意识、兴趣、习惯和能力。

二、学生对体育的新需求

（一）健身健美的需要

在经济发展和社会进步的同时，学生也面对这样的事实：社会的竞争、就业的困难、生活方式的改变以及自然环境的破坏等，这些都给他们身心健康带来了严重的影响。作为当代青年学生，他们的体育观念应得到更新，参与体育锻炼的主体意识应得到加强，应认识到体育健身不仅是自己在校期间学习的需要，而且更是提高终身生活质量的需要。早在20世纪初，毛泽东就认为要改善当时中国国民素质，必须从学校体育着手，"体育于吾人实占第一之位置，体强壮而后学问道德之进修勇而收效远"。可见，学校体育对提高国民素质的重要性。

随着我国人民物质生活水平的提高及学校体育观念的更新，追求完美的人体形象已成为广大学生及学校体育的一种时尚。通过不同的体育锻炼以求达到"健、力、美"的和谐统一，已成为学生自觉追求的重要体育目标。

（二）近期利益和长远利益的需要

20世纪80年代以后，社会的进步、学校体育思想的更新，以及快乐体育、娱乐体育、休闲体育的引进，推动了学校体育改革的深入发展。培养学生的体育兴趣，让学生体验和享受运动乐趣，满足学生身心发展的需要，在追求学校体育现实的健身效益的同时，也重视追求学校体育的长远效益，已成为学校体育的重要目标之一。在这样的背景下，广大学生应主动积极地学习和掌握身体娱乐的知识与技能，注意培养自己的体育兴趣和特长，学习和掌握体育健身、体育健美和体育娱乐的知识与方法，以适应长远健身娱乐的需要。

三、学校体育与社会的发展

学校体育是我国学校教育的重要组成部分，它与德育、智育、美育等一起，构成了我国培养全面发展型人才教育的基本构架。学校体育是我国国民体育的基础，是发展我国社会体育和竞技体育的奠基工程，是带动整个体育事业健康发展的战略重点，也是关乎中华民族整体体质状况的基础工程。学校体育对推动我国社会主义建设事业起着不可或缺的重要作用。

学校体育通过为社会培养全面发展、富有朝气、勇于创造的人，从而最终影响社会的发展。学校体育有助于增强学生的体质，有助于推动和促进学生德育、智育的发展，提高学生适应环境和完成工作任务的能力，从而在身体、能力、智慧与精神等方面塑造学生，使其在未来从事社会物质文明和精神文明建设时，能以强健的身体与健全的精神投入到社会工作中去，创造良好的效益。

第二节　职业院校体育课教学和课外体育活动

一、职业院校体育的任务

（一）增进身体健康

通过学习,学生能够提高对身体和健康的认识,掌握有关身体健康的知识和科学健身方法,提高自我保健意识;坚持锻炼,增强体能,促进身体健康,养成健康的行为生活方式。

（二）提高心理健康水平

通过学习,学生将在和谐、平等、友爱的运动环境中感受到集体的温暖和情感的愉悦;在经历挫折和克服困难的过程中,提高抗挫折能力和情绪调节能力,培养坚强的意志品质;在不断体验进步或成功的过程中,增强自尊心和自信心,培养创新精神和创新能力,形成积极向上、乐观开朗的生活态度。

（三）增强社会适应能力

通过学习,学生将理解个人健康与群体健康的密切关系,建立起对自我、群体和社会的责任感;形成现代社会所必需的合作与竞争意识,学会尊重和关心他人,培养良好的体育道德和集体主义、爱国主义精神,学会获取现代社会中体育与健康知识的方法。

（四）获得体育与健康知识和技能

通过学习,学生能够掌握体育与健康的基本知识和运动技能,学会学习体育的基本方法,形成终身锻炼的意识和习惯;学生可以根据自己的兴趣爱好和不同需求,选择个人喜爱的方式参与体育活动,挖掘运动潜能,提高运动欣赏能力,形成积极的余暇生活方式;学生可以提高体育运动中的安全防范能力,获得在野外环境中的基本生存技能。

二、职业院校体育的目标

（一）课程目标

主要包括:
（1）增强体能,掌握和应用基本的体育与健康知识和运动技能。
（2）培养运动的兴趣和爱好,形成坚持锻炼的习惯。
（3）具有良好的心理品质,表现出人际交往的能力与合作精神。
（4）提高对个人健康和群体健康的责任感,形成健康的生活方式。
（5）发扬体育精神,形成积极进取、乐观开朗的生活态度。

（二）学习领域目标

1. 运动参与目标
（1）具有积极参与体育活动的态度和行为。
（2）用科学的方法参与体育活动。

2. 运动技能目标
（1）获得运动基础知识。

(2)学习和应用运动技能。
(3)安全地进行体育活动。
(4)获得野外活动的基本技能。

3. 身体健康目标
(1)形成正确的身体姿势。
(2)发展体能。
(3)具有关注身体健康的意识。
(4)懂得营养、环境和不良行为对身体健康的影响。

4. 心理健康目标
(1)了解体育活动对心理健康的作用,认识身心发展的关系。
(2)正确理解体育活动与自尊、自信的关系。
(3)学会通过体育活动等方法调控情绪。
(4)形成克服困难的坚强意志品质。

5. 社会适应目标
(1)建立和谐的人际关系,具有良好的合作精神和体育道德。
(2)学会获取现代社会中体育与健康知识的方法。

三、职业院校体育课教学

职业院校体育课教育,以培养社会需要的、具有健康体魄的实用型人才为宗旨。职业院校是培养高素质劳动者与中初级专门人才的基地。体育课程除需要在满足身心发展的基础上体现"以人为本"的教育思想与原则外,还要致力于提高与未来职业有关的运动技能、全面素质与综合职业能力,让学生掌握一种或者几种锻炼身体的方法,同时培养快乐健身、终身体育锻炼的理念。体育课如何提高学生的终身体育意识,为终身体育打好基础,突出"健康第一"的指导思想,是体育工作者的首要任务。

(一)体育课的类型

体育课由于划分的依据不同而有不同的类型,通常是依据一节课的具体教学目标来划分课的种类,可分为理论课和实践课。

理论课主要是指在教室里讲授体育与卫生保健基础理论知识的课。实践课是指在体育场馆等运动场地实际从事运动动作练习的课。

职业院校学生已经进入了青春期的后期,应进一步加强锻炼和提高锻炼要求。许多学校在一年级开设以全面发展身体素质和基本活动能力、改善身体形态机能、增进健康为主的基础课,在二年级开设以掌握1~2项运动项目的基本知识、基本技术和技能,培养锻炼兴趣和习惯为主的选修课,在高年级开设以提高学生职业体育技能和运动能力为主的专项课,全面提高体育理论水平和运动能力,为终身体育奠定基础。

(二)怎样上好一节体育课

实践证明,上好体育课,首先应明确体育课的任务、目的和意义及体育课程的基本目标和发展目标,端正对体育的态度。其次应遵守课堂常规,这是上好每一节体育课的保证。体育课堂常规是学校根据体育课的教学内容,为了学生的健康和安全,为保证体育课教学任务的完成,对学生提出的基本要求。

体育课堂常规包括：
（1）上课前做好心理和其他各项准备工作。
（2）穿运动服装和运动鞋。
（3）协助体育老师布置好运动场地，准备好运动器材。
（4）在指定的运动场地集合。
（5）重视准备活动和整理活动。
（6）注意力集中，按教学要求，精神饱满地完成各项练习。
（7）团结友爱，互相保护与帮助，预防伤害事故的发生。
（8）爱护运动场地和器材，不损坏、丢失运动器材。

（三）体育课考试

体育课考试是对学生学习效果和教学过程的评价，对促进学生积极参加经常性的体育锻炼，检查教与学的效果，及时分析学生学习、锻炼和教师的教学情况，改进教学手段和提高教学质量起着重要作用。

第三节 终身体育

一、终身体育概述

体育锻炼已经成为人们社会活动和日常生活中不可缺少的重要内容，成为现代人的一种生活方式和生活态度。体育锻炼以其特有的功能和魅力，在维持人类的健康、增强人民的体质、延缓生命的衰老、提高生活的质量等方面起着重要的作用。

（一）终身体育的概念

终身体育是指一个人终身进行体育锻炼和接受体育指导及教育。终身体育的含义是指人在其一生中，学习和从事体育锻炼活动，保持身体的健康，使体育锻炼成为终身不可缺少的重要内容。

在终身体育思想的指导下，人在不同时期、不同的生活领域，参加和从事适合自己情况的体育锻炼。

（二）终身体育的形成

终身体育是20世纪出现的一种完整的、现代化的体育思想，它受到终身教育思想的影响，还受到体育的功能以及现代社会的发展不断对人提出的要求的影响，它是伴随着终身教育的发展而发展起来的。

1. 人体自身发展需要体育锻炼伴随终身

人体自身的发展，是有规律可循的。人的一生一般要经历三个时期，即生长发育期、成熟期和衰退期(图2.3.1)。体育锻炼对人的各个时期的身体健康都具有积极影响。所以，体育锻炼应根据人体各个时期发展的特点，提出相应的要求。生长发育期的要求是促进身体的正常生长发育，成熟期的要求是保持旺盛精力和充沛体力，衰退期的要求是延缓衰退、延长工作年限和延年益寿(图2.3.2)。

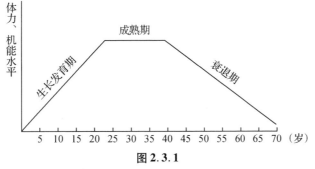

图 2.3.1

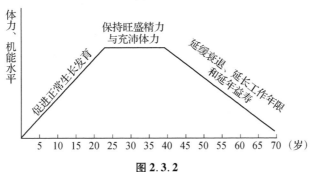

图 2.3.2

不同时期锻炼的要求不同,锻炼的内容与方法也相应有所不同。也就是说,人的一生都应当伴随着体育锻炼,不同的时期有不同的目标、要求、内容和方法。锻炼身体不可能一次完成,更不可能一劳永逸。

2. 终身体育是现代社会发展的需要

一方面,现代生产方式和生活方式的变化,对人们的健康状况带来了不利的影响。由于体力活动减少,工作、生活的节奏加快,精神过度紧张,生活改善摄取的热量过多等一系列的变化,高血压、心脏病、肥胖症、神经官能症等现代文明病严重威胁着人们的健康和生命。人们为了改善自己的健康状况,健康意识普遍增强,体育锻炼已成为人们提高生活质量、防治文明病不可缺少的内容之一。

另一方面,人们在现代的紧张生活中,需要体育调节生活节奏、愉悦身心。因此,娱乐体育越来越成为人们不可缺少的生活内容,社会上各个年龄段的人都需要通过体育锻炼增进、维护和改善健康状况,这就是终身体育产生和形成的基础。

二、发展终身体育对社会进步的实践意义

世界卫生组织曾指出,健康是基本人权,尽可能达到健康水平是世界范围内的一项重要社会发展目标。终身体育思想一经提出,便显示出强大的生命力。它标志着社会的发展与进步,且对社会发展起着促进的作用。

在人的一生中,始终坚持体育锻炼,才能满足社会发展对他提出的时代要求。全民族都能做到经常自觉地坚持体育锻炼,养成体育锻炼的习惯和意识,全民族的体质就能进一步提高,人人才能适应社会分担的工作,提高劳动生产率,使一个国家的物质文明和精神文明程度得到提高,从而促进社会的进步与发展。

三、学校体育是终身体育的基础

终身体育意味着体育锻炼伴随着人的一生。它包括家庭体育(婴幼儿)、幼儿园体育(婴幼儿)、学校体育(儿童、少年、青年)和社会体育(成年至老年)这几个组成部分。学生的年龄一般为6~21岁,是人一生中的黄金时期,更是人发展的关键时期。学校是培养人的场所,现代人一般都要经历学校教育阶段,所以学校体育对于形成终身体育思想有非常重要的影响。在这一时期,通过有目的、有计划、科学系统地接受体育教育,全面锻炼身体,增强体质,促进身心健康,掌握体育锻炼的知识、技术和技能,培养对体育锻炼的爱好和兴趣,养成自觉锻炼的习惯,对每个人都是非常重要的。这个时期身体的生长发育状况,直接影响着人一生的健康。在学校培养的自我体育意识也将影响到离校后社会体育意识的形成。由此可见,学校体育在终身体育的体系中,起着承上启下的重要作用。学校体育是我们奠定终身体育的关键时期。

四、职业院校学生终身体育意识的培养

学校是职业院校学生进行终身体育教育的最有利场所。职业院校学生走向社会,能否继续经常从事体育锻炼,主要取决于自身的终身体育意识,而其终身体育意识的程度又取决于职业院校体育教育的效果。职业院校作为学生学校体育的最后一站,作为学校体育和社会体育的衔接点,对培养学生终身体育意识具有特别重要的意义。

(一)加强职业院校学生终身体育思想的教育

体育宣传工作是培养学生自觉参加各种课内外体育活动,实现家庭、社会参与学校体育教育的重要手段。例如,可充分利用黑板报、橱窗、广播站、多媒体等宣传阵地,扩大学生的体育知识面,增强学生体育锻炼的自觉性,激发学生锻炼的热情;还可定期举办体育知识讲座,组织各种竞赛活动。学校举行运动会等活动时,可特邀家长和企业、单位共同参与竞赛活动的组织和领导工作,以加强学校与家长、社会的联系,扩大学校体育的社会影响力。另外,应充分发挥体育媒体的作用,不断增长学生的体育知识并开阔眼界,增强学生的体育意识。

(二)唤起职业院校学生终身体育锻炼的动机

动机是推动和指引人们从事某种活动的内在动因,目标则是通过活动最终期望获得的具体结果。体育锻炼是由一定的动机唤起,并指向一定活动目标的行动过程。动机和目标是唤起人们参加体育活动、坚持体育锻炼的内在动力。学生的良好体育动机还要靠有意识地去培养。首先,教师要从激发需要入手。学生对体育没有需要,或者主观体育意识极低,则无法形成积极的体育动机。体育教学要善于激发学生的体育需要,传授终身享用的体育保健知识与方法。其次,教师要创造环境,形成产生动机的诱惑。只有具备满足需要的环境条件,需要才会转化为活动的动机。最后,让学生体验体育的快乐。学生通过亲身体验形成良好的体育动机,从而产生浓厚的体育兴趣,自觉地参与体育锻炼,合理地调整自己的运动行为。

(三)激发职业院校学生体育锻炼的兴趣

1. 从教育引导入手,培养职业院校学生的体育兴趣

兴趣是人们力求趋向某种事物并由此获得情感满足的心理倾向。兴趣是多种多样

的:有由事物或行动本身引起的直接兴趣,也有由事物或行动的目的和任务引起的间接兴趣;有产生于活动过程而在活动结束后即消失的短暂兴趣,也有成为个人心理特征的稳定兴趣。直接体育兴趣是指学生被某项体育活动本身所吸引,一旦产生这种兴趣,就会表现出极大的热情。间接体育兴趣是指让学生充分认识练习的意义,从而对体育效果感兴趣,它离不开自身的意志努力。对学生体育兴趣的培养应从教育引导入手:一是使学生加强知识学习,从而体会到参加锻炼的价值,加入锻炼的行列;二是使学生树立正确的目标,对已形成兴趣的学生进一步明确方向,保持其稳定的兴趣。

2. 教学手段要多样化

教师可通过灵活多样的教学手段和练习形式来激发学生的体育兴趣:一是丰富教材内容,尽可能满足学生的不同兴趣,促使学校体育面向全体学生;二是尽可能扩大选用教材的范围,从学生兴趣出发,因材施教;三是选择具有较强吸引力的教材,运用各种新的教学方法,培养学生的学习兴趣;四是按兴趣进行分组教学,即根据学生的兴趣爱好和体育专长,结合学校实际,每次课中安排一定的时间进行选项分组教学。

3. 理论与实践相结合

体育兴趣的培养,需要通过实际锻炼加以维持和巩固。没有实践活动,任何兴趣都难以产生。兴趣产生于活动对象的持续接触,只有持续的接触,才能产生心理相容。学生只有在持之以恒的锻炼中,才能看到锻炼的作用与效果,才能对体育及其方法有更深刻的认识,从而形成稳固的体育兴趣。

第四节 职业院校学生的体育能力及其培养

一、什么是体育能力

能力是指人在顺利完成某一活动时所表现出的身心统一、协调配合的才能。心理学研究表明,能力是掌握知识、技术与技能的必要前提,也是影响一个人活动效果的基本因素。

按能力的性质不同,可分为一般能力和特殊能力。一般能力是指人在日常活动中必须具备且广泛使用的一般智力,如观察能力、想象能力、思维能力、记忆能力、注意能力等。特殊能力是相对于一般能力来讲的,它是指人在进行某项专业活动中所表现出来的能力,如音乐、绘画、色彩的鉴别及体育能力等。

体育能力是一种特殊能力,它是由知识、技术、技能和智力构成的一种个性身心品质的综合体。这一综合体在体育运动中表现出来,就是能顺利地、成功地完成一系列体育活动,它是在实践中逐步形成和提高的。从事的体育活动越多样,掌握的知识越丰富,体育能力发展就越全面;体育技能训练越复杂,体育能力就越能提高。

立足现实,着眼终身,依据体育发展身体、增强体质这一本质特征,可以发现构成体育能力的六种基本成分:

(1) 身体锻炼能力。
(2) 运动能力。

（3）开拓创新能力。
（4）组织管理能力。
（5）保健能力。
（6）运用体育环境和条件的能力。

二、职业院校学生体育能力的培养

（一）身体锻炼能力的培养

学校体育中加强对学生身体锻炼能力的培养，不仅是学生本人的事，也是关系到增强中华民族体质和提高中华民族文化素养的大事。学生的身体锻炼能力，是指学生能运用所学的科学锻炼理论和方法，结合环境和自身条件加以创新，培养起来的独立进行体育锻炼的能力。学生身体锻炼能力的培养，主要有以下几个方面的内容：

（1）自学：让学生明确体育锻炼的意义，学习有关体育知识和方法，能够结合环境和自身条件，制订锻炼计划和方案，坚持经常持久的锻炼，并养成良好的锻炼习惯。

（2）自练：把所学到的体育知识、技术和方法综合运用到体育锻炼实践中，使自练活动成为日常生活、学习中不可缺少的一部分。

（3）自调：在身体锻炼的活动中，能够根据自己的身体条件、健康水平，掌握和合理安排运动负荷、运动强度及运动时间，并能进行自我调节。

（4）自控：指执行锻炼计划的自我控制能力，即在身体锻炼效果自我评价的基础上不断修正并实施锻炼计划的能力。

其中，培养其自学能力是主要的，但是不可忽视各要素之间相互联系、相互制约、互为补充的关系。

（二）运动能力的培养

运动能力是指人在社会生活中，在掌握一定的体育知识、技术和技能的前提下，所获得的从事各种运动的本领。运动能力是锻炼身体、参加劳动及各种文化活动的基础。培养学生的运动能力，应贯穿体育课程的始末。教学中应考虑以下几点：

（1）不断改进体育课的教学方法，切忌"满堂灌"，多给学生练习的时间，但也要避免运动教学走过场，或只重学习技术，而不顾学生实际锻炼的情况。

（2）要创造良好的运动环境，提供足够的体育设施，使每个学生都有条件、有兴趣、有机会参加运动，以发展他们的运动能力。

（3）鼓励学生主动、积极地参加运动。学生在做练习时，教师应及时进行指导，多给予鼓励，尽量避免学生站在运动场上而不运动。

三、职业院校学生参与体育锻炼应与专业学习相结合

学生在发展终身体育时应该考虑到所学专业和未来职业的需要，学习并掌握未来职业所需要的身体锻炼的知识、手段、技能和方法，掌握职业实用性的运动技能，提高未来职业所需要的体能和身体素质，培养未来职业所需要的心理素质、对外界环境的适应能力和对疾病的抵抗能力。所以，学生在发展终身体育时应注意与专业学习、未来职业的需要相结合，从应掌握的体育知识、主要的运动项目、技能、技巧、运动能力和身体素质入手。

根据学习专业和未来职业的活动特点，文科及师范院校大部分专业的学生应该掌握

的体育知识包括体育理论、卫生健康、运动保健、自我锻炼的原则和方法、自我监督与自我评价;应该掌握的主要运动项目包括球类(足球、篮球、排球、羽毛球、乒乓球、网球等)、游泳(掌握一种或两种姿势)、体操(垫上运动、单双杠)、有氧运动(健身操、慢跑等)、民族传统体育项目(如武术)、娱乐休闲体育等;应全面发展运动能力和健康体能,重点发展腰背肌、上肢力量。需要指出的是,文科职业工作的特点是长时间伏案工作,极易造成脊椎病和办公室综合征,通过自编具有针对性的体操进行锻炼可防治或缓解这些症状。师范专业的学生进入社会要为人师表,因此必须养成端正的行、走、坐、立的身体姿势。

理工科专业的学生应该掌握的体育知识包括体育理论、卫生健康、运动保健、自我锻炼的原则和方法、自我监督与自我评价;应该掌握的主要运动项目包括球类(足球、篮球、排球、羽毛球、乒乓球、网球等)、游泳(掌握一种或两种姿势)、体操(垫上运动、单双杠)、有氧运动(健身操、慢跑等)、民族传统体育项目(如武术)、娱乐休闲体育(如登山、健美、保龄球);应全面发展健康体能和力量、耐力、速度、柔韧性、灵敏性等身体素质。

对一些特殊专业的学生,除了应掌握上述体育知识理论,具备全面的运动技能和良好的身体素质外,还有一些特殊的要求。

法律、公安、警察专业的学生,应该掌握的体育知识主要包括人体生理学、解剖学及自我防卫知识;应该掌握的主要运动项目包括拳击、摔跤、擒拿、格斗、武术、散打、射击、驾驶;应该具备力量、速度、耐力、灵敏性等身体素质和攀爬、格斗能力、快速奔跑及长距离奔跑的追击能力。

医学专业学生,应该掌握的体育知识主要包括人体生理学、解剖学、运动医学、医疗体育、保健康复、自我锻炼的原则和方法、自我监督与自我评价;应该掌握的主要运动项目包括球类(足球、篮球、排球、羽毛球、乒乓球、网球等)、游泳(掌握一种或两种姿势)、体操(垫上运动、单双杠)、有氧运动(健身操、慢跑等)、民族传统体育项目(如武术)、娱乐休闲体育(如登山、健美、保龄球);应全面发展健康体能,重点发展灵敏协调的能力、快速反应判断能力等身体素质,以及上肢各个部位的力量,如指力、腕力、臂力及手眼的协调配合能力。

航海、水产、水上运输和水上作业等专业的学生,应该掌握的体育知识主要包括自我锻炼知识和海上航行及救护知识;应该掌握的主要运动项目包括游泳(爬泳、蛙泳、蝶泳、仰泳、侧泳、反蛙泳)、潜水、跳水、水上救护、划船、驶风、浪木、伏虎、旋梯、爬绳、爬杆,近年来由于国际海盗的频繁出现和我国船员在国外钱物被抢,许多航海院校开设了自我防卫课程;应该具备全面的运动素质,尤其是平衡能力和上肢力量、耐久力。

铁路、航空和建筑专业的学生,应该掌握的体育知识主要包括自我锻炼知识和救护知识;应该掌握的主要运动项目包括体操、技巧、伏虎、旋梯、爬绳、爬杆、秋千等各种发展前庭分析器的练习;应全面发展健康体能,重点发展力量、速度、灵敏协调的素质。

地质、矿产、石油、野外勘探、林业、农业等野外专业的学生,应该掌握的体育知识主要包括旅行知识、自我救护知识、野外生存知识和自我锻炼知识;应该掌握的主要运动项目包括旅行、登山、攀爬、攀岩、越野跑、野营、游泳、泅渡和结合自然力的锻炼手段;应该具备力量和耐力、长时间走和跑的能力,以及对恶劣环境条件的适应能力,如对高温、高湿、高寒、高山缺氧及阳光辐射的适应能力。

第三章
体育锻炼与体育竞赛

生活多美好啊,体育锻炼乐趣无穷!

——普希金

第一节 体育锻炼的定义、作用及计划制订

一、体育锻炼的定义

体育锻炼是人类的一种特有的社会行为方式,是人们运用各种身体练习方法,并结合自然力和卫生因素,以身体发展、增进健康、增强体质、调节精神、丰富文化生活为目的的身体活动。它以健身为目的,通过身体活动来实现,在内容选择和方法应用方面要遵循科学规律。

二、体育锻炼的生理和心理作用

体育锻炼的作用很多,最主要的包括生理作用和心理作用两种。生理作用是指它可以增强体力,提高免疫力,减少疾病的发生。心理作用是指体育锻炼可以调节锻炼者的心理素质,并且对锻炼者的心理健康有着积极的作用。

(一)体育锻炼的生理作用

1. 对新陈代谢的影响

(1)体育锻炼能促进体内组织细胞对糖的摄取和利用能力,增加肝糖原和肌糖原储存。体育锻炼还能改善机体对糖代谢的调节能力。如在长期体育锻炼的影响下,胰高血糖素的分泌表现出对运动的适应,即在同样强度的运动情况下,胰高血糖素分泌量减少,其意义是推迟肝糖原的排空,从而推迟衰竭的到来,增加人体持续运动的时间。

(2)脂肪是在人体中含量较多的能量物质,它在体内氧化分解时放出能量,约为同等量的糖或蛋白质的两倍。长期坚持体育锻炼能提高机体对脂肪的动用能力,为人体从事各项活动提供更多的能量来源。

2. 对运动系统的影响

坚持体育锻炼,对骨骼、肌肉、关节和韧带都会产生良好的影响。经常运动可使肌肉保持正常的张力,并通过肌肉活动给骨组织以刺激,促进骨骼中钙的储存,预防骨质疏松,同时使关节保持较好的灵活性,韧带保持较佳的弹性。锻炼可以增强运动系统的准确性

和协调性,保持手脚的灵便,使人可以轻松自如、有条不紊地完成各种复杂的动作。

3. 对心血管系统的影响

适当的运动是心脏健康的必由之路。有规律的运动锻炼,可以减慢静息时和锻炼时的心率,这就大大减少了心脏的工作时间,增强了心脏功能,保持了冠状动脉血流畅通,可更好地供给心肌所需要的营养,使心脏病的发生率降低。

(1) 经常参加体育锻炼可使心肌细胞内的蛋白质合成增加,心肌纤维增粗,使得心肌收缩力量增加,这样可使心脏在每次收缩时将更多的血液射入血管,心脏的每搏输出量增加。长时间的体育锻炼可使心室容量增大。

(2) 体育锻炼可以增加血管壁的弹性,这对人体健康的远期效果是十分有益的。人随着年龄的增长,血管壁的弹性逐渐下降,因而可诱发高血压等退行性疾病。通过体育锻炼,可增加血管壁的弹性,预防或缓解退行性高血压症状。

(3) 体育锻炼可以促使大量毛细血管开放,加快血液与组织液的交换,从而加快了新陈代谢的水平,增强机体能量物质的供应和代谢物质的排出能力。

(4) 体育锻炼可以显著降低血脂含量、改变血脂质量,有效地防治冠心病、高血压和动脉粥样硬化等疾病。

(5) 体育锻炼还可以使人安静时脉搏徐缓,血压降低。

4. 对呼吸系统的影响

(1) 经常参加体育锻炼,特别是做一些伸展、扩胸运动,可以使呼吸肌力量加强,胸廓扩大,有利于肺组织的生长发育和肺的扩张,使肺活量增加;经常性的深呼吸运动,也可以促使肺活量增加。大量实验表明,经常参加体育锻炼的人,肺活量值高于一般人。

(2) 体育锻炼由于加强了呼吸力量,可使呼吸深度增加,从而有效增加了肺的通气效率。研究表明,一般人在运动时肺通气量能增加到 60 升/分钟左右,而有体育锻炼习惯的人运动时肺通气量可达 100 升/分钟以上。

(3) 一般人在进行体育活动时只能利用其氧气最大摄入值的 60% 左右,而经过体育锻炼后可以使这种能力大大提高,体育活动时,即使氧气的需要量增加,也能满足机体的需要,而不致使机体缺氧。

5. 对消化系统的影响

体育锻炼能加速机体能量消耗的过程。能量物质的最终来源是通过摄取食物获得,因此,运动会促进消化系统的功能变化,使人饭量增大,消化功能增强。

6. 对中枢神经系统的影响

体育锻炼能改善神经系统的调节功能,提高神经系统对人体活动时错综复杂的变化的判断能力,并及时作出协调、准确、迅速的反应。研究指出,经常参加体育锻炼能明显提高脑神经细胞的工作能力;反之,如缺乏必要的体育活动,大脑皮层的调节能力将相应下降,造成平衡失调,甚至引起某些疾病。

(二)体育锻炼的心理作用

1. 体育锻炼为心理健康发展提供坚实的物质基础

人的心理活动就是人脑的活动。心理的健康发展,必须以正常健康的身体尤其是正常健康发展的神经系统和大脑为物质基础。体育锻炼能促使学生身体正常、健康地发展,为心理发展提供坚实的物质基础。这是心理健康发展的重要条件。

2. 体育锻炼是心理发展的一种动力

体育锻炼与日常自然的身体运动相比,无论内容和形式都不尽相同。所以,原有的心理水平往往不能满足学生所学运动项目的需要。就一个人的自然发展水平来说,当然不能满足运动学习和运动竞赛的需要。但是,在学生为了不断提高自己的运动水平或战胜对手而进行的运动活动中,原有心理水平便慢慢获得提高。

3. 体育锻炼能推动自我意识的发展

体育锻炼有助于学生认识自我。体育锻炼大多是集体性、竞争性的活动,自己能力的高低、修养的好坏、魅力的大小,都会明显表现出来,使其对自我有一个比较符合实际的认识。体育锻炼还有助于自我教育。在比较正确地认识自我的基础上,便会自觉或不自觉地修正自己的认识和行为,培养和提高社会所需要的心理品质和各种能力,使自己成为更符合社会需要、更能适应社会的人。

4. 体育锻炼能培养良好的意志品质

体育一般都具有艰苦、疲劳、激烈、紧张、对抗以及竞争性强的特点。学生在参加体育锻炼时,总是伴随着强烈的情绪体验和明显的意志努力。因此,体育锻炼有助于培养学生勇敢顽强、吃苦耐劳、坚持不懈、克服困难的思想作风,也有助于培养其团结友爱、集体主义和爱国主义精神,以及机智灵活、沉着果断、谦虚谨慎等意志品质,使学生保持积极健康向上的心理状态。

三、体育锻炼计划的制订

体育锻炼能够增强体质。但是,不是随便怎样活动都可以达到最佳锻炼效果,只有结合自身的实际,有计划、有步骤、有针对性地锻炼,才能有效地增强体质。

为了选择最适宜的锻炼内容,采取最佳的途径与方法,取得最佳的锻炼效果,青少年学生必须学会制订适合自身特点的体育锻炼计划。

(一)体育锻炼计划制订的"四条原则"

(1)从实际出发。要根据个人的兴趣爱好、身体状况以及学习负担、学校、家庭、社区体育场地设备的实际,选择锻炼内容。

(2)循序渐进。锻炼过程要循序渐进,逐步提高运动负荷和技术难度。

(3)持之以恒。要坚持锻炼,不可间断。

(4)全面发展。要选择多种方法进行身体全面锻炼。

(二)根据自身的形态、机能、素质现状确定锻炼内容

有的同学脂肪较多、耐力较差,可确定长距离跑、越野跑、定时跑、变速跑、跑走交替等练习;有的同学身材瘦弱,可有目的地选择发展肌肉力量的系统练习;有的同学速度较差,可选择快速跑、冲刺跑、听信号变向跑等练习;有的同学协调性较差,可多练习一些球类项目。总之,练习的内容要根据性别、健康状况和锻炼水平差异,因人而异,有的放矢。

(三)根据运动技术掌握的水平和体育课成绩确定锻炼内容

体育与健康课的任务之一是掌握基础知识、基本技术和基本技能。"三基"掌握的情况是体育与健康课成绩考核的重要组成部分。在制订锻炼计划和运动处方时,要考虑自己在体育学习中的弱项是什么,薄弱环节在哪里,就可以有针对性地加强这方面的练习,使体育技术、技能和成绩尽快提高。

（四）根据个人兴趣、爱好确定锻炼内容

对于青少年学生，兴趣不再是参加体育锻炼的唯一驱动力，但是兴趣作为一种心理需求，仍然是青少年学生在体育锻炼中所追求的。根据个人的兴趣爱好，选择适宜的运动项目进行锻炼，能取得较好的效果。

（五）根据学习、生活的规律确定锻炼时间

青少年学生学习很紧张，如果不安排体育锻炼，身体会渐渐变弱。生命在于运动，每天都要进行一小时左右的体育锻炼（包括体育与健康课），贵在坚持。锻炼的时间可以在早晨起床后，也可以在下午课后。这样才能使学习、生活更有规律和节奏，使身体健康，精力充沛地投入学习。

（六）根据人体生理机能活动规律合理安排运动负荷

要想获得身体锻炼的理想效果，必须掌握好适宜的运动负荷。运动负荷过小或过大，都不能对身体产生积极的影响。如果运动负荷过小，则对身体的刺激程度不够，达不到锻炼的目的；如果运动负荷过大，超过了身体承受能力，反而会影响健康甚至损伤身体。

运动负荷（通常称运动量），是由负荷强度和负荷量组成的。影响负荷强度的因素有练习的速度、高度、远度、重量和练习的密度（单位时间重复练习的次数）等。影响负荷量的因素有练习的持续时间、重复次数与组数、负重的总重量等。通常衡量运动负荷的方法是测量运动时心率的变化情况。它是根据人体最大摄氧量的原理，即摄氧量越大，能源物质的消耗也越大的原理划分强度的。对青少年学生来说，运动时每分钟心率达到170~180次时，耗氧量接近于最大摄氧量的90%~100%，为大运动强度；每分钟心率达到140~160次时，耗氧量为70%~80%，是中等运动强度；心率在120次以下，是轻微的运动强度，锻炼身体的作用不大。但适应运动负荷的能力，还与年龄、性别、体质和健康水平、项目特点等各种因素有关。衡量运动负荷大小，也可根据自我感觉和恢复情况来判定。

第二节　体育锻炼的原则、方法和评定

一、体育锻炼的基本原则

（一）自觉积极性原则

自觉积极性原则又称主动性原则，是指体育锻炼者有明确的健身目标，充分认识体育锻炼的价值，并能自觉、积极地从事体育锻炼活动。体育锻炼是一个自我锻炼、自我完善，并需要克服自身惰性、战胜各种困难的过程，它要有一定的作息制度作保证。毛泽东同志在《体育之研究》中指出："欲图体育之有效，非动其主观，促其对于体育之自觉不可。"锻炼者要把体育锻炼当作生活中不可缺少的一部分，因为如果不是自觉自愿的，就没有办法坚持下来。

如何提高体育锻炼的自觉积极性？

（1）明确"生命在于运动"的科学道理，了解体育锻炼是现代人类生活不可缺少的一

个组成部分,从而树立正确的锻炼目的,并且把体育锻炼当作是日常学习和生活的自觉需要,来激发锻炼的主动性,最终调动锻炼的积极性。

(2) 培养兴趣。兴趣是指人们认识事物和从事活动的倾向。当一个人对一项体育活动产生兴趣时,就会对这项体育活动表现出极大的主动性和自觉性,做到身心融为一体。所以我们就要根据职业院校学生这一群体的特定身份来制订适当的体育活动计划,激发他们的兴趣,调动他们参加体育锻炼的积极性。

(二) 循序渐进原则

循序渐进原则是指体育锻炼必须遵循人体自然发展、机体适应的基本规律,从不同的主客观实际出发,合理安排运动负荷,在渐进的基础上提高锻炼水平。在体育锻炼过程中,运动负荷的大小直接影响人体机能的变化,负荷是否适宜,会直接影响锻炼效果。运动负荷的大小因人、因时而异。即便是同一个人,在不同的机能状态、不同的时间,人体对负荷的承受能力也不尽相同。因此,进行体育锻炼时应循序渐进,随时调整运动负荷,逐步提高锻炼水平。

如何贯彻循序渐进的原则?

(1) 体育锻炼力戒急于求成,必须根据锻炼者自身的实际情况确定运动负荷的大小,做到量力而行,尤其要注意锻炼后疲劳感的适度。

(2) 运动负荷应由小到大,逐步提高。开始从事体育锻炼或中断体育锻炼后恢复锻炼时,强度宜小,时间宜短,密度适宜。

(3) 注意提高人体已经适应的运动负荷,使体能保持不断增强的趋势。一般应在逐步提高"量"的基础上,再逐渐增大运动强度,使之适应感到胜任的愉快,然后进行相应的调整。随时加强自我监督,密切注意身体机能的不良反应。

(4) 锻炼开始时,重视准备活动;锻炼结束后,做好放松整理活动。

(5) 缺乏一定体育锻炼基础的人,或中断体育锻炼过久的人,不宜参加紧张激烈的比赛活动。

(三) 持之以恒原则

持之以恒原则是指体育锻炼必须经常性进行,使之成为日常生活的重要内容。体育锻炼对机体给予刺激,每次刺激都产生一定的作用痕迹,连续不断的刺激作用则产生痕迹的积累。这种积累使机体结构和机能产生新的适应,体质就会不断增强,动作技能形成的条件反射也会不断得到强化。因此,体育锻炼贵在坚持,不能期望在短时间内取得显著效果,需要长久的积累。

如何才能使体育锻炼持之以恒?

(1) 根据个人能力所及,确立一个能够实现的体育锻炼目标(不宜太高),制订一个切实可行的锻炼计划(能长期坚持)。

(2) 强化锻炼意识,把体育锻炼列为日常生活的一项内容,定期保证一定的体育锻炼时间,逐步养成习惯,使体育锻炼成为生活的重要组成部分。

(3) 体育锻炼的效果并非一劳永逸。如果锻炼间隔时间过长,效果就不明显。因此,每次锻炼要坚持安排合理的锻炼间隔。

(四) 全面性原则

全面性原则是指体育锻炼必须追求身心全面和谐发展,使身体形态、机能、身体素质及心理素质等方面得到全面协调的发展。人体是由各局部构成的一个整体,各局部均按"用进废退"的规律发展,体育锻炼能促进新陈代谢的普遍旺盛,使身体各系统、组织、器官和谐发展,达到身体相对的完善和完美。

怎样才能做到全面锻炼?

(1)身心的全面发展,要从提高适应环境和抵御疾病的能力、改善机体形态和提高机体功能、陶冶性情、丰富文化生活等方面着眼。

(2)体育锻炼的内容、方法要尽可能考虑身体的全面发展,一般以一些效果好、兴趣大的运动项目为主,以其他项目为辅来进行全面锻炼。

(3)注意全身的活动,不要限于局部。

(4)在全面锻炼的基础上,有目的、有意识地加强专业实用性的体育锻炼。

(五)安全实用性原则

安全实用性原则是指在从事任何形式的体育锻炼过程中都要注意安全性和实用性。如果体育锻炼安排得不合理或者在一些高危险的体育活动过程中缺少保护和帮助,违背科学规律去进行一些不符合自身条件的体育项目,就可能出现伤害事故。

那么,应如何选择安全又实用的体育锻炼项目呢?

(1)根据个人的实际情况,制订一套适用可行的锻炼计划或运动处方,执行时应当严格按照计划或处方中的要求来做,并注意阶段性的调整。

(2)选择锻炼内容时,要注意它的锻炼价值,不要追求动作的形式,以及在力所能及的情况下去从事高难度技术动作的训练,而应选择简便易行、锻炼价值大、效果好的身体练习作为身体锻炼的主要内容。

(3)安排运动负荷时要根据锻炼者所能承受和克服的难度,一般以自我感觉舒适和不影响正常学习、工作和生活为准。

二、体育锻炼的基本方法

体育锻炼方法是指根据人体发展规律、贯彻体育锻炼原则、运用各种身体练习和自然因素,以提高身体素质、达到体育锻炼目的的途径。

体育锻炼的方法有很多种,常用的方法如下:

(一)循环锻炼法

循环锻炼法是指把不同类型的动作和具有不同练习效果的练习动作按照一定的顺序组成一组锻炼项目,然后按照组成的动作循环反复地进行锻炼,这种方法具有综合锻炼的效果。

循环锻炼法所安排的各个练习点,其内容要选用大家已经掌握的那些简易的动作,同时要规定好练习的次数、规格和要求。由于各个练习点的动作要求及运动器械不相同,在练习过程中不断地翻新花样、交替进行,可以激发练习者的兴趣、减轻疲劳、提高练习密度,具有很显著的健身效果。采用循环锻炼法要强调练习的质量,不要片面强调运动的密度和数量。

(二)重复练习法

重复练习法是指按照一定的负荷标准,多次重复进行某项练习。重复的次数和时间能够决定此次练习的效果。决定和调节重复的次数和时间要考虑这项练习的特点。运用重复练习法时要注意克服厌倦情绪,特别要防止机械呆板。

(三)间歇练习法

间歇练习法是指进行重复锻炼时的两次练习之间要有合理的休整。它是提高锻炼效果的一种常用的锻炼方法。间歇锻炼的间歇时间长短,主要以运动负荷的值域为标准。一般情况下运动负荷超过上限时,要将间隙时间加长些,以防止运动负荷过大导致体力下降过快甚至造成运动伤害;运动负荷在下限时,间歇时间应短些,间隙时间过长会导致前次的锻炼效果消失,就失去了间歇的意义。

(四)变换练习法

变换练习法是指在锻炼过程中,采取变换环境、变换条件、变换要求等各种手段来提高锻炼效果的一种锻炼方法。采用变换练习法,可以有效地调节生理负荷,强化锻炼意志,克服疲劳和厌倦情绪。

(五)自然因素锻炼法

自然因素锻炼法是指人体为了适应外界环境的变化,利用自然条件进行身体锻炼,以提高适应能力和增进健康、增强体质的锻炼方法。我们常用到的几种自然因素锻炼法有阳光浴、空气浴、冷水浴等。每个人可以根据自身的不同特点和自身的适应能力选择适合自己的锻炼方法。

三、体育锻炼的评定

体育锻炼的目的是增强体质,提高各器官系统的机能能力,而要验证体育锻炼对身体机能的良好影响,就要对体育锻炼进行客观的评定。体育锻炼效果是指经常参加体育锻炼者在体育锻炼的影响下各器官、系统在形态、结构和机能等方面所产生的适应性变化和良好反应。评定体育锻炼效果的指标有许多,这里主要介绍一些比较容易测定而又客观的生理指标。

(一)心率(或脉搏)的评定

心率是指心脏每分钟跳动的次数,正常成年人的心率为60~100次/分。心率可用听诊器在心脏表面直接测定,也可用其他仪器测定。在体育活动中,心率次数也可用脉搏次数表示,脉搏可用手在桡动脉、颈动脉和足背动脉直接测定。

用心率监测运动强度是一项比较灵敏的指标,而评定体育锻炼的效果却不太敏感,短时间体育锻炼的效果不可能通过心率表现出来。只有长期从事体育锻炼取得较明显的效果时,心率的良好变化才能显示出来,而一旦从心率表现出良好的机能变化,说明体育锻炼的效果已非常明显。

(二)血压的测定

血压是指流动的血液对血管壁的侧压力,一般常指动脉血压,血压值随心动周期的变化而有所不同。动脉血压的最高值为收缩压,正常值为100~200毫米汞柱;最低值为舒张压,正常值为60~80毫米汞柱。血压可用血压计测定。

体育锻炼时血压的变化较大。体育锻炼对血压变化的良好影响要经过长时间的锻炼才能表现出来。应用血压这一指标评定锻炼效果时,要考虑到血压变化这一特点。对于高血压患者和老年人,要经常注意观察血压的变化。对于一般体育锻炼者,则多在定量负荷后测定血压,以便对心血管机能进行综合评定。

(三) 肌肉力量的评定

肌肉力量是指肌肉收缩产生的张力,不同肌肉群、不同关节角度和不同收缩速度产生的肌肉力量不同。但对人体的某一块肌肉来说,一般情况下肌肉力量是相对恒定的。以肌肉力量作为评定体育锻炼效果的指标时,多用简单的肌肉力量测定计测定其肌肉群的最大肌力,也可测定身体承受一定负荷的重复次数。

肌肉力量是一项比较敏感的指标,短时间体育锻炼后,特别是在有针对性的力量练习后,肌肉力量就会明显增加。因此,肌肉力量可用于短时间体育锻炼的运动效果评定指标。应用肌力指标评定锻炼效果,最好在力量练习后的几天或一周后进行,因为在力量练习后的第二天,可能会由于身体疲劳或肌肉疼痛而影响评定效果。

(四) 呼吸频率的测定

体育锻炼后呼吸频率的变化可以在很大程度上反映肺通气功能的变化。人体安静时呼吸频率为 12～16 次/分,体育锻炼时呼吸频率明显增加。呼吸频率可以通过胸廓的起伏次数测定。

呼吸频率受心理因素的影响较大,如果直接告诉受试者测定呼吸频率,往往会由于受试者注意力过于集中而有意识地控制呼吸频率。所以,在测定呼吸频率时最好通过转移注意力的方法测定。如在测量心率的同时测定呼吸频率,或在受试者不知道的情况下测定,以免由于心理因素的干扰而影响测定结果。

(五) 体育锻炼时间的评定

体育锻炼的运动时间一般是指在一次性体育锻炼过程中从活动开始到感到疲劳而停止运动的时间,一般主要是通过锻炼者的主观感觉去判断疲劳、终止运动。由于这一指标是通过锻炼者自己去感受,所以锻炼者在应用时,应做到前后一致以保证客观性。

用运动时间评定体育锻炼效果也是比较敏感的,一般通过短时间(两周左右)的体育锻炼,运动时间就可延长。另外,在应用这一指标时,也可用同样的锻炼时间而身体的不同感觉评定锻炼效果。如果同样的运动时间,而身体的疲劳反应程度小,说明身体机能有所提高。

第三节 小型体育竞赛的组织和编排

一、小型体育竞赛的组织

组织一次令人满意的小型体育竞赛,需要经过赛前准备、竞赛中的组织管理和赛后总结等具体而细致的运作过程。

(一) 赛前准备

充分而细致的准备工作,是竞赛活动顺利、圆满进行的重要保证。赛前准备包括:争取团委、学生会、体育老师和班主任等多方面的支持和配合,利用多种形式进行宣传,聘请裁判员,联系场地,准备器材,制订竞赛表格等。

竞赛前关键要做好下面两项准备工作:

1. 制订竞赛规程

体育竞赛规程是具体实施一项竞赛的政策和规定,是竞赛的参加者和管理者都必须遵循的法规。在体育竞赛中,竞赛规则和规程共同协调和制约竞赛的过程。竞赛规程的内容一般包括以下几项:

(1) 竞赛的名称。

(2) 竞赛的目的、任务。

(3) 竞赛的时间、地点、承办单位。

(4) 参赛办法(组队单位、分组办法、限报人数)。

(5) 竞赛办法(竞赛项目、使用规则、录取名额、计分、处罚、奖励办法)。

(6) 报名日期和地点。

(7) 裁判员和仲裁委员会。

(8) 特殊规定和注意事项。

竞赛规则是对技术规范和场地器材的规定,而竞赛规程则着重于竞赛的组织管理。

2. 进行竞赛编排

在收到参赛队(人)的报名后,根据竞赛项目的特点和规定的竞赛办法进行竞赛编排。

(二) 竞赛中的组织管理

竞赛中的组织管理工作包括组织啦啦队、维持场地次序、场地器材的管理、现场的宣传鼓动以及提供必要的医务防护等工作。另外,及时核计每场比赛的结果和各队的得分是竞赛中的重要工作之一。

由于竞赛项目的不同,计分和评定名次的方法也有所不同,但必须在竞赛规程中有明确的规定。下面介绍几种常用的球类比赛的计分和评定名次的方法。

1. 足球计分和评定名次的方法

(1) 胜一场得3分,平一场得1分,负一场或弃权得0分,按积分决定名次。

(2) 如果两队或两队以上积分相等,按净胜球决定名次;如净胜球数也相等,按进球总数决定名次;如进球总数还相等,可抽签决定名次。如在第二阶段踢成平局,可进行加时赛,可规定加时赛实行"突然死亡法"决定胜负;如还是平局,罚点球决定胜负。

例如,江苏省职业院校足球比赛成绩记录表如表3.3.1所示。

表3.3.1 江苏省职业院校足球比赛成绩记录表

比分		队名					积分	进球总数	失球总数	净胜球数	名次
		铁道学院	海事学院	交通学院	工程学校	职教中心					
队名	铁道学院										
	海事学院										
	交通学院										
	工程学校										
	职教中心										

2. 篮球计分和评定名次的方法

（1）胜一场得 2 分，负一场得 1 分，弃权得 0 分，按积分决定名次。

（2）如果两队积分相等，两队之间比赛胜者在先。

（3）如果三队或三队以上积分相等，按它们之间比赛胜负场数多少决定名次；如比赛胜负场数也相等，则按它们相互比赛净胜分数决定名次；如净胜分数相等，按它们比赛的得失分率（得分之和/失分之和）决定名次。

例如，江苏省职业院校篮球比赛成绩记录表如表 3.3.2 所示。

表 3.3.2　江苏省职业院校篮球比赛成绩记录表

比分		队名					积分	得失分率	总得失分率	名次
		信息学院	卫生学校	女子中专	化工学院	建筑学校				
队名	信息学院									
	卫生学校									
	女子中专									
	化工学院									
	建筑学校									

3. 排球计分和评定名次的方法

（1）胜一场得 2 分，负一场得 1 分，弃权得 0 分，按积分决定名次。

（2）如果两队或两队以上积分相等，按全部比赛的胜负局率（胜局总数/负局总数）决定名次，分值高者列前；如胜负局率也相等，则按全部比赛总的得失分率（得分总数/失分总数）决定名次，分值高者列前。

例如，江苏省各地职业院校排球比赛成绩记录表如表 3.3.3 所示。

表 3.3.3　江苏省各地职业院校排球比赛成绩记录表

比分		队名					积分	胜负局率	得失分率	名次
		南京	徐州	淮阴	盐城	无锡				
队名	南京									
	徐州									
	淮阴									
	盐城									
	无锡									

（三）赛后总结

比赛虽然结束，但不可轻视赛后的总结。这是难得的吸取经验教训、增长才干的机会。

赛后应做的工作有：

（1）及时公布比赛结果。

（2）奖励优胜，宣传高尚的体育道德作风。

（3）整理总结比赛成绩和经验，并报学校存档。

二、小型体育竞赛的编排方法

小型体育竞赛的编排方法与一般体育竞赛的相同,都是按照体育竞赛的规则和竞赛规程的要求进行的。这里介绍几种最常用的方法。

(一)淘汰法

淘汰法是指在比赛的过程中逐步淘汰失败者,最后得出优胜者的一种比赛方法。

淘汰法的优点是可以在较短的时间内,用较少的比赛场地,安排较多的运动员参加比赛。其缺点是如果安排不当,强手会过早相遇而遭淘汰。为弥补这一缺点,可采用设立"种子"的办法来克服淘汰赛的不合理性。

淘汰赛又分为单淘汰赛和双淘汰赛两种。单淘汰赛是失败一次即失掉比赛资格的方法,最后只取一名冠军,所以又称冠军比赛法,多用于乒乓球、羽毛球、网球的单打比赛。其编排方法一般有如下几个步骤:

1. 确定参赛队(人)号码位置数

采用单淘汰法时,应根据参赛队(人)数,选择与2最接近、较大的乘方数(即2自乘若干次的积数)作为号码位置数。常用的号码位置数有:$4(2^2)$、$8(2^3)$、$16(2^4)$、$32(2^5)$等。

2. 计算出比赛轮次和场数

轮次数:所确定的号码位置数2的乘方数。

例如,32队(人)参加比赛,需要比赛:5轮。

场数,参赛队(人)数减1。

例如,32队(人)参加比赛,需要比赛场数:$32-1=31$。

3. 编排比赛次序

编排比赛次序的方法以16队参赛为例,如图3.3.1所示。

比赛次序排好后,由参赛队(人)抽签填入号码位置,然后将比赛时间、场地等写在表中,即成为正式竞赛次序表。例如,4队比赛次序表如图3.3.2所示。

4. 算轮空数

淘汰赛第一轮合适的位置数目应是2的乘方数。如果参赛队(人)没有达到2的乘方数(如5、6、7、9、10、11、12等),则在第一轮比赛设置必要数量的轮空。其计算方法如下:

轮空数:等于或大于参赛队(人)数的乘方数减去参赛队(人)数的差数。

例如,12队(人)参赛,轮空的数量应是:$16(2^4)-12=4$队(人)。

编排次序表时,如果有一个轮空队,通常排在最后的位置上(图3.3.3);如果有几个轮空队,一般均匀分布在各半区内,使机会尽可能相等(图3.3.4)。

有的项目(如乒乓球、羽毛球)参赛的人数较多,为了避免强者过早相遇而遭淘汰,一般先将强者确定为种子,将其均匀地放在相对等的区内,使他们在最后几轮相遇。

淘汰赛中的种子应为2的乘方数。种子的位置通常按运动员的水平顺序安排:1号"种子"一般放在上半区的顶部;2号"种子"一般放在下半区的底部;3、4号"种子"放在上半区的底部和下半区的顶部;5、6号"种子"放在第二和第三$\frac{1}{4}$区的顶部和底部;7、8号"种子"放在第四和第一$\frac{1}{4}$区的顶部和底部,以使同一区的种子相隔最远(图3.3.5)。

也可以用抽签的方法将种子安排在相应的位置上,尽可能使前几轮参赛队(人)的实力相当,使比赛更加精彩。

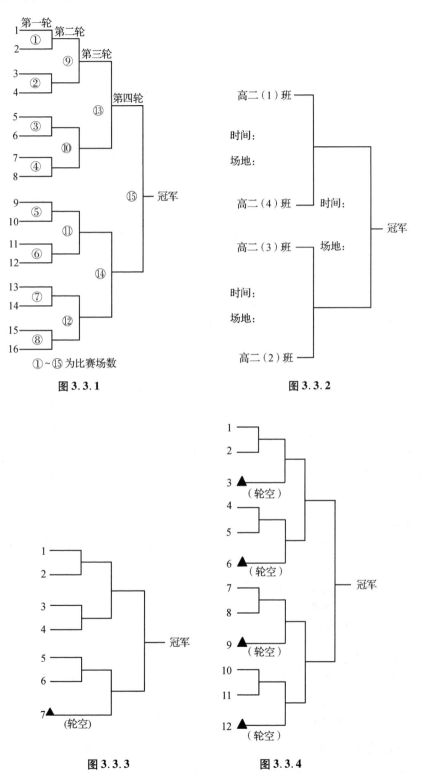

图 3.3.1

图 3.3.2

图 3.3.3

图 3.3.4

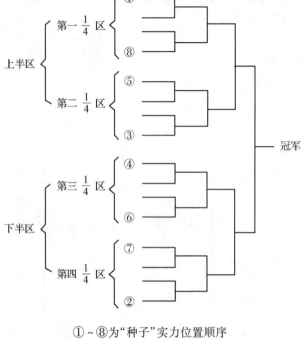

①~⑧为"种子"实力位置顺序

图 3.3.5

（二）循环法

循环法又称循环赛,指参赛者在比赛过程中,按一定的顺序互相轮流进行比赛,最后综合全部比赛的成绩来决定胜负的一种比赛方法。我国足球的超级联赛、甲级联赛和篮球的职业联赛,美国的 NBA 都是采取这种比赛方法。

循环法是一种较为合理的比赛方法。它的优点是强手不会过早相遇而遭淘汰,但赛程较长,比赛场次较多,有一定的局限性。

循环法可分为单循环、双循环和小组循环等几种形式。下面介绍常用的两种循环方法。

1. 单循环法

单循环法指所有的参赛队（人）都要轮流相遇一次,最后根据各队（人）全部比赛的积分决定名次的比赛方法。

单循环法比赛轮数和场次计算办法：

轮数：参赛队（人）各赛一场（包括轮空）为一轮。

如果参赛队（人）为奇数时,则轮数 = 参赛队（人）数。

如果参赛队（人）为偶数时,则轮数 = 参赛队（人）数 - 1。

$$场数 = \frac{队数 \times (队数 - 1)}{2}。$$

例如,10 个队参赛,则轮数为 10 - 1 = 9,场数 = $\frac{10 \times (10-1)}{2}$ = 45。

单循环比赛轮次的编排：7 个和 8 个参赛队（人）单循环次序表见表 3.3.4 和表 3.3.5。

表 3.3.4　7 个参赛队(人)单循环次序表

轮　次	第一轮	第二轮	第三轮	第四轮	第五轮	第六轮	第七轮
比赛顺序	1－0 2－7 3－6 4－5	1－7 0－6 2－5 3－4	1－6 7－5 0－4 2－3	1－5 6－4 7－3 0－2	1－4 5－3 6－2 7－0	1－3 4－2 5－0 6－7	1－2 3－0 4－7 5－6

注：0 表示轮空。

表 3.3.5　8 个参赛队(人)单循环次序表

轮　次	第一轮	第二轮	第三轮	第四轮	第五轮	第六轮	第七轮
比赛顺序	1－8 2－7 3－6 4－5	1－7 8－6 2－5 3－4	1－6 7－5 8－4 2－3	1－5 6－4 7－3 8－2	1－4 5－3 6－2 7－8	1－3 4－2 5－8 6－7	1－2 3－8 4－7 5－6

轮次排完后进行抽签，按照抽签号填入队(人)名，最后将比赛次序编成竞赛日程表(表 3.3.6)。现以 8 队比赛的第一轮为例制得表 3.3.6。

表 3.3.6　竞赛日程表

轮次	比赛队	比赛时间	比赛场地	裁判员
第一轮	运输—信号 路桥—汽运 轮机—物流 工民建—建材	4 月 15 日 16:00	1 号场地 2 号场地 3 号场地 体育馆	吴老师、刘老师 王老师、丁老师 蒋老师、邬老师 倪老师、方老师

2. 分组循环法

分组循环法是把参赛的队(人)分成若干小组分别进行单循环赛，各组分出高低来，再根据竞赛规程进行下一阶段的比赛，如足球世界杯决赛的小组赛。一般将比赛分成两个阶段，第一阶段即为单循环赛，第二阶段把第一阶段各小组名次相同(或几至几名)重新编组，进行决定名次的比赛。

例如，12 个队(人)参赛，第一阶段分成两组进行单循环赛，各小组第一至第三名进入第二阶段的 A 组进行单循环赛，决出第一至第六名，各小组第四至第六名进入第二阶段的 B 组进行单循环赛，决出第七至第十二名。

第四节　体育竞赛的欣赏

现代社会把欣赏体育竞赛作为社会文化生活的重要内容，体育竞赛的魅力吸引着亿万人去关心它、欣赏它。体育竞赛，有着激烈的竞争性和规则的公平性，其运动技术不断向高、难、新、险、奇的方向发展，使运动技艺更为精湛，竞争更为激烈，再加上和谐的韵律，鲜明的节奏，微妙的配合，将人体美展现得淋漓尽致，能给人们带来精神的、心理的愉悦和美的享受。因此欣赏竞赛已成为人们日常生活中不可缺少的一部分，特别是随着人们生活方式的改变、生活质量的提高，体育竞赛欣赏作为一种文明高尚的精神生活，已经为越来越多的人所喜爱。体育既是人体文化，又是人本文化。体育竞赛不仅体现了健与美的结合，竞争与协调的融会，同时也展示着体育的精神价值，既突出为国争光、振奋民族精神的激励价值，又发扬了竞争精神的竞争价值和宣扬公平、公开、公正精神的道德规范价值。体育竞赛既有欣赏价值，又有现实的教育意义。

一、体育欣赏能力的内涵及构成

（一）体育欣赏能力的内涵

所谓体育欣赏能力，是指欣赏主体在观看体育比赛时，对体育美的认识和评价能力。它是在欣赏主体充分调动感知、想象、情感、理解等各种心理能力的基础上形成的，包括感知力、想象力、理解力等。其主要目的是让欣赏主体在体育欣赏活动中，通过感知美、鉴赏美、评价美来获得美好的情感体验，提高个体的体育文化素质。体育欣赏能力的特点主要体现在以下几个方面：

（1）后天性。体育欣赏需要视、听感官的积极参与，不强调体能的遗传影响，具有很强的后天塑造性。如果一个人的审美体验多次或是较频繁的发生，那么他感知、分析和评价美的能力就会大大提高。

（2）心理性。体育欣赏的目的就是要使欣赏主体获得美的感受。这种感受是人们接触到美的事物时，心里所引起的感动，往往表现为一种心旷神怡的心理状态。与此同时，欣赏内容的动态性、不可预知性、期待性和寄托性决定欣赏者必须充分调动自身的认知和情感。可见，体育欣赏强调心理行为的投入。

（3）差异性。主要体现在两个方面：一方面，具有不同性格爱好和审美修养的审美者，他们的欣赏能力有所差异；另一方面，同一审美者，处于不同的审美环境和审美心境之中，其欣赏能力也有一定的差别。

（二）体育欣赏能力的构成

体育欣赏能力主要包括感知能力、想象能力、理解能力三个方面。

（1）感知能力是指欣赏主体对审美对象的感觉和知觉能力。它是体育欣赏能力的第一要素，是审美活动产生的前提条件，包括感觉能力和知觉能力。感知能力是外在世界和内部心理结构契合的通道，具有主动探索性和高度选择性，它的高低直接决定了人们对体育审美事物的感知程度。欣赏者的感觉器官、审美经验、知识结构、审美需要、知觉定式等因素将对感知能力产生重要影响。

（2）想象能力是指欣赏主体对过去感知过的事物的表象重新结合而构成事物新形象的能力。它能够借助情感的推动，把审美感知和审美理解连接起来，并将它们改造成为新的审美对象，创造出新的事物形象。想象能力的高低是在人已有的知识和生活经验的基础上形成的，从来没有练过体育或看过体育比赛的人，在想象中也不会有体育动作的表象，所以说，想象能力是以现实生活为基础的。

（3）理解能力是通过揭示事物之间的联系而认识新事物的能力，是主体在直觉过程中对审美对象理性内涵的直接领悟。它的高低受欣赏主体的体育知识、经验储备的影响较大。

二、欣赏体育竞赛的意义

(一) 陶冶情操，美化生活

当代人把欣赏体育竞赛作为社会文化生活中一项重要的内容。因为在现实生活中，人们追求的是完美的、快节奏的生活，而体育竞赛则恰恰适应和迎合了现代人生活的要求。

任何一项比赛都是通过个人或集体，发挥其体格、体能、运动能力、心理、智慧等方面的潜力进行的角逐。通过体育竞赛，观众不仅能欣赏到运动员健康、强壮、匀称、优美的身体，而且可以欣赏到运动员所展现出来的准确、干净、利落、新颖、洒脱的动作造型，给人以愉悦的享受，同时还激发观赏者热爱体育、追求美好生活的愿望。

(二) 振奋民族精神

通过欣赏体育比赛，可以强化集体观念，激发爱国主义热情，振奋民族精神。各式各样的比赛，其参赛者都有一定的社会群体的代表性，他们在比赛场上，一要实现自己的价值，二要为所代表的群体争取荣誉。而欣赏者往往与运动员有着千丝万缕的社会关系，如同一学校、同一单位、同一地区或同一国家，因此，运动竞技的胜负与欣赏者息息相关。

在一些重大的国际比赛上，我们常常可以看到，比赛队与国家的关系越是密切，欣赏者的心理越受胜负的牵制，情感就越发激昂。特别是当本国运动员获胜后升国旗、奏国歌时，欣赏者会与运动员一样情不自禁地热泪盈眶，激动万分，把本国运动员的胜负视为自己国家和民族的莫大荣耀，从而产生了强烈的民族自豪感。例如，在美国洛杉矶第23届奥运会上，中国健儿实现了金牌"零"的突破，洗尽了"东亚病夫"的耻辱，赢得了"东方巨人"的称号，此时，全国人民无不为之欢欣鼓舞，激发了全国人民"团结起来，振兴中华"的热情，同时也感染了海外侨胞，他们把祖国体育健儿夺得金牌看成是中华民族的光荣、炎黄子孙的骄傲。

(三) 激发体育意识

体育意识是人们对体育这一社会现象及其功能、作用的认识和反映。体育比赛能启迪和激发人们以下几个方面的体育意识：

(1) 健康意识。举办各种体育竞赛的目的是启迪群众对体育意义的认识，激发群众积极参加体育活动，以提高全民族的体质和健康水平。

(2) 拼搏意识。运动员在场上表现出的高超技艺、灵活多变的战术和充沛的体力，都是运动员经过多年训练，战胜了身体上和精神上的疲劳，努力拼搏的结果。没有拼搏意识和拼搏精神，就不可能取得金牌。这种拼搏意识，是激发人们在各项事业中取得优异成绩的保证。

(3) 创新意识。一个运动员或一个运动队要在场上战胜对手，除了要靠自己真实的硬功夫之外，还要根据自己的特点，不断改进和创新技术、战术。具有创新意识才能保持和争夺世界冠军的称号，这种创新意识可以促进各项事业不断向前发展。

(4) 道德意识。一般是指在社会生活中处理人与人，个人与集体，以及社会中各类关系的规范和准则。运动员在赛场上胜不骄，败不馁，互相尊重，团结友爱，文明礼貌，守纪律，光明正大，这些良好的道德规范，将成为欣赏者学习的榜样，从而影响整个社会的风气。

(5) 法制意识。在任何运动项目的比赛中,要求运动员都要严格遵守比赛规则、法规,服从裁判裁决,否则就要受到惩罚。如运动员服用了兴奋剂,就要受到严厉的制裁。这种法制意识,会使比赛有序,同时也会对社会产生积极影响。

(6) 竞争意识。体育比赛具有强烈的竞争性,双方对垒,针锋相对,胜负立见分晓。这种竞争意识对于当今社会中每一个人来说,都是一种不可缺少的素质。

三、体育竞赛欣赏的内容

(一) 竞赛过程中技术、战术的欣赏

无论什么比赛项目,技术和战术是构成的核心,也是体育欣赏的主体。所以,在欣赏某项比赛时,首先应该基本上了解该项目的技术与战术,了解最高超、难度最大、最优美、最常规的技术是什么,欣赏比赛时,要着重看运动员能否在激烈的对抗中合理地运用技术和战术。另外,在欣赏过程中,还应该善于分析运动员的技术和战术水平与该项目发展趋势的差距,善于评价运动员的技术与战术特点。

(二) 运动员身体素质和心理素质的欣赏

身体素质包括速度、力量、耐力、柔韧性、灵敏性等。身体素质是运动员表现技术、战术的基础。欣赏一个运动项目,要看运动员是否具有良好的身体素质,由此可以推测运动员平时的训练水平和艰苦磨炼的经历。运动员身体素质和运动技术的良好体现,可以使欣赏者赏心悦目。在体育比赛中,运动员心理素质的好坏,在决定比赛胜负过程中显得越来越重要,并且比赛的水平层次越高,对抗越激烈,对运动员心理素质的要求越高。运动员在比赛中心理素质的表现,往往给欣赏者以启示和教育。

(三) 运动美的欣赏

1. 身体美的欣赏

身体美是指人类健康的身体所呈现的美。它是一种由机体良好的生理和心理状态综合显示出的健康之美,是生命灌注之美。身体美一般包括形态美、体型美、健康美、姿势美、肤色美、强壮美、素质美和风度美等。

欣赏体育比赛,首先映入眼帘的是运动员健康的躯体美;机体比例匀称,线条和谐的形态美;四肢修长、骨骼强壮、肌肉发达的体型美;连贯流畅、协调柔和的姿势美;力量、速度、耐力、灵敏性、柔韧性潜藏在人体内的素质美;不仅技术高超,而且胸怀坦荡、体态端庄、风度翩翩、典雅的风度美。透过运动员的身体,可使人产生一种特殊的美感,同时也带来一种生机勃勃的心灵感受。

2. 动作美的欣赏

动作美就是指在运动过程中,人的形体或部位的造型所展现的美。其特点在于准确、干净利落、协调、连贯、敏捷、舒展而有节奏,给人以完美无瑕的感觉。

体育竞赛通过各种人体动作展示多姿多彩的生动形象。球类运动以它动作技巧的形式多样、结构复杂、变化莫测的特点和巧妙流畅的战术配合创造美;体操类运动以它动作难度大、舒展大方、协调连贯、节奏感强、姿态优美的韵律和动作,塑造了美,表现了美。

3. 技术美的欣赏

运动技术,一般指人们合理地运用身体能力和动作,提高运动成绩的有效方法。技术美是人们对体育活力真实的审美要求,是身体美和动作美的综合体现,具有准确、协调、连贯、节奏感强以及平衡性、实效性等特点,它以特有的魅力使人们欣喜、愉悦、惊奇和赞叹。例如,篮球的投篮、补篮、扣篮技术,足球的带球过人、突破射门技术,排球的拦网、扣球技术,跳水比赛的走板起跳、入水时的"压水花"技术等,无不组成一幅绚丽多彩的画卷。

(四)体育道德风尚美的欣赏

体育竞赛所创造的文化环境是以其特有的价值观念、道德意识和审美情趣,在健康、进取、意志、信念等方面,对人的行为施加影响,并为增进团结和友谊,丰富人民群众的文化生活创造有利条件。因此,通过欣赏体育竞赛,不仅可以体验奥林匹克精神和原则,而且还能从运动员遵守道德、服从裁判、公平竞争的行为表现中,接受道德情操的教育,体会良好的体育道德风尚美。

四、体育欣赏者应具备的条件

(一)应提高体育文化意识水平

现代体育所涉及的领域越来越广,它的功能已明显超出自身的范围。因此,作为欣赏者,首先要认识到体育是一种文化现象,而不仅仅是一种竞技比赛。体育运动具有文化的特征,包括价值观念、运动知识、运动规范和体育设施。只有充分地认识到体育的固有特征,才能够理解体育对社会的进步、政治的稳定、民族的团结、世界的和平起着十分重要的作用。只有这样,欣赏者对体育比赛才有更深入的认识,对体育的欣赏才会更加投入。

(二)应熟知项目的特点和比赛规则

任何一项体育运动都有自己完整的技术和战术体系、特定的场地和比赛规则,而且其技术、战术和比赛规则也在不断地演变和发展。如果对相关的知识了解甚少,那么对体育的欣赏将产生影响。例如,我们在欣赏世界排球锦标赛时,首先就应知道,现在的排球比赛规则的记分方法已更改,是每球得分制,每局 25 分,每场五局三胜,最后一局先到 15 分者为胜。如果对这些知识都掌握了,那么欣赏者的心情会跟着比赛的节奏起伏不定,从而投入到比赛之中,获得体育欣赏的最佳效果。

(三)应加强个人修养,文明欣赏

现代体育比赛,场面激烈而紧张,战术机智而灵活,让欣赏者情绪时而亢奋,时而消沉。如果欣赏者此时不能控制自己的情绪,也许会发生连自己都意想不到的事情。在足球比赛中,如果欣赏者所拥护的球队失利或被裁判误判,往往会发生球迷冲向球场殴打对方球员和裁判的情况。这在英国足球锦标赛中经常出现,就是那些被称为"足球流氓"的球迷所为。所以,如果提高了欣赏者的自身修养,那么这种情况就很少会发生。

五、竞赛项目欣赏要点

(一)计分类项目欣赏要点

计分类项目主要以比赛的得分多少来评定成绩和名次。这类项目主要包括球类、拳击、击剑、摔跤等。如各种球类,欣赏时主要看全队运动员之间的组织配合是否默契,全队战术的运用及场上组织,运动员的精湛技艺及比赛作风与风格,运动员的比赛精神、斗志,以及顽强拼搏、胜不骄、败不馁的场上表现。对于拳击、击剑等项目,主要欣赏运动员是如何运用技术击中或击倒对方的,同时也要看他们是怎样躲过对方攻击的,还要看优良的技术、战术和良好的风格等。

（二）评分类项目欣赏要点

评分类项目主要包括跳水、体操类、花样滑冰、花样游泳、武术等项目。欣赏时主要看运动员的动作是否具有独特性、熟练性、优美性和审美性。具体来说,主要看运动员的动作是否大方、协调、连贯;运动员的形体、造型、姿势、节奏、编排、难度、韵律等是否具有难、新、力、健、快、险、美的表现力、准确性和优美性。跳水比赛的得分,主要是根据组别、动作编号、姿势、高度和起跳方式等动作评定的。在欣赏跳水比赛的过程中,我们主要看运动员的动作是否具有高难度,在空中的姿势是否优美,再看运动员入水时是否像竖直的针一样插入水中。体操类项目的评判,第一看运动员的动作是否舒展大方、协调、连贯和落地稳定;第二看运动员在做空翻、跳跃、平衡和静止动作时,体态和造型是否优美,动作是否独特、新颖等。

（三）测速与测距类项目欣赏要点

体育竞赛中很大一部分项目是通过测速与测距来评定比赛成绩和名次的,如田径、游泳等项目,观赏时主要看运动员的速度、力量和耐力等身体素质水平,运动员的动作是否有节奏,技术是否合理,运动员的动作是否具有美学的韵味和风格,以及运动员的技术、精神、意志品质的表现情况。

（四）计量类项目欣赏要点

计量类项目以举重项目为典型。欣赏时主要看运动员超极限的发挥和精神意志品质的再现。欣赏举重比赛主要看运动员是如何根据自身的体重和特点举起最大的重量,再看运动员的动作是否连贯、协调和优美,最后看运动员的用力是否经济、省力、合理。计量类项目还包括射击和射箭等比赛,主要看运动员能否在复杂的条件下沉着、镇静地发挥最佳水平,是否具有承受和抵抗各种压力的心理素质。

现代体育竞赛项目越来越丰富,2012年伦敦奥运会上就设有26个大项,302个小项,其他未列入正式比赛但具有较高观赏性的体育项目也相当多。我们在欣赏体育比赛和表演的过程中,不仅要欣赏运动员的身体美,还要欣赏运动本身的技术美,也要关注运动员的风格思想美。

第四章
合理营养与体育保健

以自然之道,养自然之生,不自戕贼夭阏,而尽其天年,比自古圣智之所同也。

——欧阳修

第一节 营养概述

生命的存在,机体的生长发育,各种生命活动及体育活动的进行,都依赖于体内的特质代谢过程,从而机体必须不断地从外界摄取新的构成细胞的物质、能源和其他活性物质,而且主要是从食物中摄取。这一获得与利用食物的过程,称为营养。营养是保证机体生命存在和延续的重要条件,食品营养是生命的物质基础。人类整个生命活动的周期都与食品营养密切相关。机体靠营养维持生命、进行活动、保证生长发育和维护健康。人的整个生命过程都要与外界进行物质交换,摄取各种食物,经消化吸收获得各种营养素。这些营养素构成了生命的整个个体,提供了生命活动所需的能量并产生了各种生理活动的调节物质。进入体内的各种营养素,经过新陈代谢或者是同化和异化作用,使生命的进程按其规律得以延续。

营养与生命密切相关。生命需要营养支持,没有营养也就没有生命。合理的营养对促进机体的生长发育、提高身体机能、增进健康、增强免疫力、预防疾病和延长寿命都具有重要作用。

一、营养素的种类

营养素是指能在体内消化吸收,供给热能,构成机体组织成分,调节生理机能,为机体进行正常物质代谢所必需的物质。蛋白质、脂肪、糖类、维生素、矿物质、食物纤维和水七大类统称为营养素。它们各有独特的营养功用,在机体代谢中又彼此密切联系。因此,营养素与健康有着密切的关系。

营养素的基本功用:糖、脂肪、蛋白质供给热能,构成机体组织;水、矿物质、维生素、食物纤维调节生理机能。

营养素来自食物,单一食物不可能包括所有营养素,一种营养素也不可能具备各种营养的功能,因此,人需要从各种食物中获得各种营养素。

二、营养与健康

营养与健康的关系十分密切。合理的营养不仅能增进健康,提高免疫与应激能力,亦可作为防治疾病和康复的辅助手段。营养摄入过多或不足都会危害人体健康。如长期热能摄入过多会形成肥胖(约 8 000 千卡多余热能就能转变为 1 000 克脂肪),还易发生高血压、冠心病、脂肪肝及糖尿病等。此外,维生素、矿物质摄取不当也会出现中毒症状,而脂肪、蛋白质的长期摄入不足是一些癌症发病的成因。如果热能长期摄入不足,体内贮存的脂肪、糖甚至蛋白质也会先后被动供能,不仅造成机体组织的缺损引起消瘦、贫血、水肿并易感染疾病,而且还会使皮肤干燥、肌肉软弱、脉搏缓慢、体温降低,长期处于精神萎靡、肢体无力、活动能力低下的状态。

近年来,世界各国都对营养与疾病的关系做了大量的研究、论证,发现 40% 的疾病与营养有关,所以有人断言:合理的营养可以使人的寿命延长 20 年。

三、营养与生理机能

营养可以从神经和体液两方面调节人的生理机能。如果营养不良,则机体对外界病原体的防御能力就减弱,表现为免疫器官(如胸腺)萎缩,免疫细胞(如 T 淋巴细胞)产生量减少,吞噬细胞对病原体的吞噬能力和杀灭能力减弱,免疫球蛋白合成减少。这样,由于机体抗病能力下降,细菌、病毒、霉菌易侵入机体而引起各种疾病,同时由于营养不良还将导致不可逆转的智力发育和活动能力障碍。有系统跟踪观察显示,缺乏营养对脑的损害有时长达两代人才能部分恢复。

体液调节是靠体液中的激素、酶、矿物质和维生素来完成的。其中矿物质和维生素直接从食物中摄取,而激素和酶的合成是由食物中摄取的蛋白质、脂肪、矿物质及维生素等参与,所以,营养的好坏对神经体液调节有直接的影响。

第二节 体育锻炼与合理营养

进行体育锻炼时,体内会发生一系列的生理性变化:中枢神经系统活动紧张,内分泌机能提高,酶系统活跃,新陈代谢旺盛,单位时间内的能量消耗数倍于安静状态,体内的糖、脂肪被大量分解供能,蛋白质代谢更新加快,大量的维生素、无机盐参与分解代谢而加快了损耗速度。这些变化,使机体对各种营养物质的需求量大为增多。

一、合理营养对体育锻炼的影响

营养与体育关系密切,对锻炼效果有着很大的影响。体育锻炼造成的能量消耗,要在运动结束后通过合理的营养膳食得到补充。如果缺乏合理的营养保证,消耗得不到补充,机体将处于一种"亏损"状态,久而久之,对机体健康不利,会使锻炼者生理机能及运动能力下降,出现乏力疲劳甚至疾病状态。在这种情况下,想要提高锻炼效果或运动成绩是很困难的。

合理营养与体育锻炼是维持和促进健康的两个重要条件。以科学合理的营养为物质基础,以体育锻炼为手段,用锻炼的消耗过程换取锻炼后的超量恢复过程,使机体积聚更多的能源物质,提高各器官系统的机能。此时获得的健康,较之单纯以营养获取的健康将上升一个新的高度。人体在合理营养加体育锻炼下获得健康的同时,也获得了良好的身体素质。

二、不同锻炼项目的营养特点

各项活动对机体的影响不同,体内物质代谢过程如肌肉能量的来源、肝糖原和储备脂肪的利用量、糖原分解的程度以及组织呼吸等均有所不同。因此在安排营养时,应该注意不同锻炼项目的营养特点。

(一)田径项目的营养特点

田径项目很多,不同项目的运动员代谢类型也不相同。短跑、中跑这类运动的代谢特点是高度缺氧,负有氧债,蛋白质的合成过程受到影响。运动时的能量主要由糖的无氧酵解供应,脂质几乎不分解,并在短时间内形成大量酸性产物。其营养特点应当符合体内能源物质迅速被动员,使 ATP 及磷酸化合物合成加速,并减少体内酸中毒的要求。因此,膳食中应当含有丰富又容易吸收的糖、维生素 C、维生素 B 族、磷、镁及铁等营养素。此外,由于运动时肌肉剧烈收缩及神经活动高度紧张,应供给含蛋白质丰富的食物。同时,为使体内碱储备充足,预防酸性物质积聚过多,应适量增加蔬菜和水果的供给。蔬菜和水果的发热量以占 1 日总热量的 15%~20% 为宜。

中等强度的耐力运动(如长跑)的代谢特点是体内代谢过程比较稳定,糖的无氧代谢逐渐被有氧氧化所取代,能量的消耗与合成过程基本处于平衡状态。由于运动时总热能消耗较大,热能来源于肝脏与肌肉中糖原的分解,因此,食物中应有充足的热能来源,以富含糖、维生素 C 和维生素 B 族为宜。食物中还应含有适量的脂肪以缩小食物的体积,减轻胃肠道负担。

投掷等力量性项目,对体内蛋白质要求较高,其供给量每日每千克体重可达 2.5 克,蛋白质发热量应为总热量的 15%~20%,其中优质蛋白应占 1/3。

(二)操类项目的营养特点

群众喜爱的健美操以及在一些群众体育活动中开展的竞技体操、艺术体操,动作复杂而多样,要求有较强的力量与速度素质以及良好的灵巧与协调性,对神经系统有较高的要求。其营养特点是:高蛋白质、高热量、低脂肪,维生素、矿物质应突出铁、钙、磷的含量及维生素 B_1、维生素 C 的含量。需引起注意的是,参加该类项目有时为比赛需控制体重,但不能过分控制饮食,避免造成营养不良,特别是不能影响参加锻炼的少年儿童的生长发育。

(三)球类项目的营养特点

球类项目对力量、速度、耐力、灵敏性、柔韧性等素质有较高的要求。除快速跑动外,注意力必须高度集中,反应要敏捷,因此,食物中要含丰富的蛋白质、糖以及维生素 B_1、维生素 C、维生素 E、维生素 A。球的体积越小,食物中维生素 A 的量应更高些。足球运动员热能消耗量较高,一场足球赛所跑动的总距离可达 10~15 千米,因此食物的发热量应当充足,同时矿物质、水分丢失较多,应及时补充。

球类运动的比赛间歇一般不必进食,口渴时可服用少量含果酸及维生素 C 的饮料。如有饥饿感,可在饮料中加些葡萄糖。

（四）冰雪项目的营养特点

由于长时间在冰雪上活动,加之周围环境温度较低,机体产热过程增强以维持体温,所以蛋白质和脂肪消耗较多,膳食中可以供给较多的脂肪,可达每日总供应量的 35%～40%,同时增加糖类以提供能源,维生素以 B 族为主并增加维生素 A 的摄入,从而保护眼睛,适应冰雪场地的白色环境。短距离冰雪运动需要较多的蛋白质和磷,长距离冰雪运动需要较多的糖和维生素 B_1。

（五）游泳项目的营养特点

游泳项目在水中进行,机体散热较多、较快,冬泳更是如此。游泳锻炼要求一定的力量与耐力素质,要求在膳食中含有丰富的蛋白质、糖和适量脂肪。在水温较低时出于抗寒需要,可再增加脂肪摄入。摄入的维生素以 B_1、C、E 为主。矿物质中应适当增加碘的含量,以适应低温环境甲状腺素分泌增多的需要。短距离游泳需要较多的蛋白质,长距离游泳需要较多的糖和维生素 B_1、C。

（六）棋牌类项目的营养特点

棋牌类是以脑力活动为主的项目,脑细胞的能源特质完全依赖血糖提供。当血糖降低时,脑耗氧量下降,工作能力下降,随之产生一系列不适症状,所以棋牌类项目对糖类有着特殊的需求,也可在下棋、打牌时随时补充。此外,膳食中应增加蛋白质和维生素 B_1、C、E、A 的供给,提高卵磷脂、钙磷铁的含量;应减少脂肪摄入,以降低机体耗氧,保证脑组织的氧供应。

三、不同季节锻炼的营养特点

（一）冬季锻炼的营养特点

冬季气温较低,寒冷的环境使机体代谢加快,散热量增加,所以膳食中应增加蛋白质及脂肪含量。同时,应增加热能充足的食物和维生素 A、B_1、B_2、C、E 的摄取。因冬季着装较多,户外活动少,接受日光直接照射的机会和时间都较少,所以还应在膳食中补充维生素 D 和钙、磷、铁、碘。

（二）夏季锻炼的营养特点

夏季气候炎热,锻炼应多在通风、树荫处进行。此时体内物质代谢变化很大,大量出汗使能耗增加,并使钙、钠、钾及维生素大量消耗和丢失。所以,夏季锻炼时的膳食有其特殊要求,及时合理地补充水、电解质及维生素比补充蛋白质、糖、脂肪更加重要。在电解质中,氯化钠的摄入,常温下每人每天为 10～15 克,夏季高温下再增加 10 克左右。必须补充的维生素包括维生素 B_1、维生素 B_2、维生素 C、维生素 B_6、胆碱、泛酸、叶酸等。蛋白质的补充应较平日增多,减少脂肪成分的摄入量。膳食搭配应清淡可口,以增加食欲,并多吃一些蔬菜与水果,以增加矿物质、维生素的摄入。

四、体育锻炼过程中的营养调剂

（一）运动前的饮食

适当的饮食可以提高锻炼的效果和比赛的成绩，不适当的饮食则会让你提早感到疲劳或是肠胃不适，无法表现出应有的水准。运动前的饮食依照个人的喜好、习惯、适应的程度和参与的运动而有所不同。总体上讲，运动前的适当饮食应有以下功能：

（1）为体内的肝糖原做最后的补充，保证整个运动的过程有足够的能量。运动中，对糖的利用是渐次的，随着时间的延长，依次动用肌糖原、血糖，最后是肝糖原。如果出现肝糖原存量不足，会使人感觉疲倦，导致运动能力下降。

（2）提供充足的水分，使机体处于水合状态。

（3）安定肠胃道，让你不至于在运动过程中感觉饥饿，也不会因为吃得太多而感觉肚子不适。

（4）提供自信，让你感觉到已经有充足的准备，可以表现出最好的成绩。

没有任何一种食物或是任何的进食时间表可以适合每一个人，每个人都需要在练习时实际体验，找出最合适、最有效的食物和进食的时间。

（二）运动时运动饮料的合理补充

1. 运动时补充运动饮料的目的

（1）运动饮料是一种特殊的饮料，具有维持体内血容量、电解质平衡和调节体温的作用，从而预防运动员运动中过度脱水和体温过高而引起运动能力的下降。

（2）供给人体热量、水、无机盐和维生素等营养物质。

（3）在耐力运动中补充含糖饮料，不仅可以提供热量，还可以预防低血糖的发生。

（4）在饮料中加入抗疲劳物质（如人参、次五加、麦芽油等）可以提高运动能力，延缓疲劳的产生。

2. 运动饮料的选择

在选择运动饮料时必须考虑运动项目和运动员的身体等特点。

（1）首先应考虑运动项目的特点。从事耐力运动项目时，可补充含糖量较高的运动饮料。短时间剧烈运动时，由于缺氧，体内产生的酸性物质较多，可选择碱性电解质饮料，均有消除运动性疲劳和提高运动成绩的作用。

（2）其次应考虑运动员的特殊营养需要。如运动员体力下降时，可选择滋补健身的运动饮料；出现运动性贫血症状时，可选择含铁和维生素含量丰富的运动饮料（如沙棘精、刺梨汁、枣汁等饮料）；有些运动员在比赛时大脑皮质的兴奋性较低，可选择含有少量咖啡和茶水的饮料。

（三）运动后的补充与恢复

体育锻炼后的恢复是体育锻炼中非常重要的环节，恢复的好坏不仅直接影响到锻炼的效果，而且关系到第二天的运动能力。越来越多的研究表明，锻炼后简单的休息仅是恢复的一种手段，如果能适当地进行营养补充，将对恢复和超量恢复有很大帮助。

运动后的营养补充着重于三个方面：补充因流汗而损失的水分和电解质，补充运动中消耗的糖，修复受伤的组织。

1. 电解质的补充

汗液中主要的电解质是钠和氯离子,还有少量的钾和钙。进行了很长时间的运动,如长跑或是在酷热的天气下连续剧烈运动数小时以上,可以在运动后以稀释的盐水或者运动饮料补充水分和电解质。

经常进行体育锻炼的同学或是常在酷热天气下运动的人,汗液中的电解质含量会变得比较少,因为身体有自动适应的机能,倾向于保存电解质,所以,即使流汗的量和平常人一样多,但是流失的电解质也比较少。

2. 糖类的补充

糖原是运动时的主要能量来源之一,存在于肌肉和肝脏中。肌肉中的糖只能供给肌肉细胞所用,而肝脏中的糖可以以葡萄糖的形式释放到血液中,供给肌肉以及身体其他器官所需。体内糖存量不足以应付运动所需是造成疲劳、运动能力降低、无法持续运动的原因之一。运动后体内的糖存量显著降低,若是没有得到积极的补充,下次的运动能力就会受到肝糖原不足的影响而降低。

研究显示,在运动后2小时,身体合成肝糖原的效率最高,2小时后则恢复到平常的水准。因此,如果在运动后迅速补充糖类,就可以利用这段自然的高效率时段,迅速地补充体内消耗的肝糖原。如果下次训练或是比赛是在10~12小时之内,这段高效率时段特别重要,因为如果错过这个时段,即使在后续的时间摄入了足够的糖类,身体可能没有足够的时间完全补充消耗的肝糖原,使得体内的肝糖原存量一次比一次低,越来越容易感到疲劳。若下一次运动在24~48小时之后,则即使错过这段时间,接下来只要着重于高糖类食物的摄入,仍然有足够的时间补充所消耗的肝糖原。

一般的建议是在运动后15~30分钟内吃进50~100克的糖类(每千克体重大约需要补充1克),然后每2小时再摄入50~100克,直到吃正餐为止。正餐以及其他运动期间的饮食也应该以富含糖类的食物为主。

3. 肌肉和组织的修复

即使是没有身体接触的运动,也会造成肌肉纤维和结缔组织的伤害,运动后的酸痛部分是来自于受伤的肌肉组织。身体接触性的运动,如篮球、足球、橄榄球,会造成更多的肌肉损伤。运动后迅速补充蛋白质有助于恢复受伤的肌肉和组织。受伤的肌肉合成和储存肝糖原的效率也会降低。因此,参与身体接触性运动或是比赛后受伤的运动员,需要补充更多的糖类,也更需要把握运动后2小时的那段高效率时段,有效地补充体内消耗的糖原。

五、健康饮食原则与饮食卫生

(一)健康饮食原则

当你追求健美体态时,应重视健康饮食问题。根据锻炼者的总结,有以下几条原则:

1. 选吃高纤维食物原则

纤维素有助于消化系统正常工作,高纤维饮食已被证明可降低血液中的胆固醇,并且能预防癌症。粗纤维对人体生理功能极其重要,它有改善消化道功能、增加排泄物、刺激肠道蠕动的作用。而水溶性纤维除了对人体新陈代谢有促进作用外,还可延长食物在胃中的滞留时间,消除人的饥饿感,有助于减肥;在肠内抑制食物扩散速度,使消化酶的作用减慢,降低机体多余糖和脂肪的代谢吸收,控制餐后血糖浓度,可降低血脂等。同时水溶性纤维提供给人体极少的热量,不增加人体负担,这些都对健美有利。

2. 遵照 1/3、2/3 的低脂原则

由 65% 淀粉、25% 蛋白质、10% 脂肪组成的饮食比例,足以提供人体所需能量和足够的蛋白质。也就是说,饮食最好 2/3 以淀粉食物(如谷麦、面食、米饭)为主,其余 1/3 以鸡、鱼、瘦肉等蛋白食物为主。分餐而食,这种饮食方法很重要。

3. 坚持少食多餐和营养套餐原则

每次只求吃得微饱,可以多餐。每进餐一次,我们的身体代谢作用便有所增进,从而更快地产生热量。争取每日多餐,确保能充分地摄取营养,且不影响机体整个机能状态,有助于维持体力、稳定情绪并使胃口不受影响。此外,当食物被咀嚼得很细时,表面积会增加,胃酸和酶可以有效地发挥作用,唾液和酶才能更好地消化糖类。

早餐应是三餐中最丰富的一餐,晚餐可适量。清晨醒来,代谢作用最活跃,近傍晚时则变缓。晚餐所摄入的热量被人体转化成脂肪的可能性最大。

营养套餐是指在配置各种营养素时,始终强调均衡营养,并利用营养素之间的协同互补,使营养物质起到 $1+1>2$ 的作用。例如,如果想补充铁,可以同时补充维生素 C 和蛋白质,因为这样可以促进机体对铁的吸收,预防贫血;如果要补钙,最好能够同时补充维生素 D,以便使钙离子转化后让肠道更容易吸收。

(二) 饮食卫生

青少年正处在生长发育的关键时期,合理的饮食制度对保障消化器官的正常工作和营养物质的吸收有重要意义。

1. 建立合理的膳食制度

膳食制度常随劳动学习情况、健康状况、生活习惯和季节不同而异。一般以一日三餐为宜,因为食物进入胃后,在正常情况下,4~5 小时即可排完,一日三餐刚好适应胃的消化机能。提倡早餐吃好,中餐吃饱,晚餐吃少。不吃早餐就上学,会使学生身体热量不足,上课精力不足,容易疲劳,严重的可能头晕无力,影响身体健康和学习效果。晚餐不要吃得太饱,以免增加胃的负担,影响睡眠。在正常情况下,一日三餐要定时定量,防止暴饮暴食。经常参加锻炼的青少年可适当增加进餐次数,如一日四餐、一日五餐。

2. 饭菜不单调,吃饭不偏食

有些学生由于各种原因,往往喜欢吃单一饭菜,这是很不好的习惯。各种食品都有其各自的营养成分,经常变换选择饭菜进餐,才能为人体提供足够营养素。一般来说,午餐可吃一些含糖、蛋白质、维生素 B_1 和 C、磷等较多的食物,晚餐应吃一些易消化吸收的食物。

3. 膳食合理搭配

提倡食物混食、粗细搭配。粗粮、细粮、荤菜、素菜相互搭配,混合食用的营养价值要比单吃一种食物高,且容易吸收。混合食用,不但可以比较全面地摄取各种营养素,而且还可以起到蛋白质互补作用,提高蛋白质的营养价值。如单吃黄豆,蛋白质的生理价值为 64,单吃玉米为 57,单吃小米只有 60,如果三种食物磨成粉混合食用,蛋白质的生理价值就可以提高到 77。

用餐时,干稀要搭配,副食品荤素要搭配。鸡鸭鱼肉虽然都含有优质蛋白质,但它们

无法满足机体对其他营养素的需求,而各种蔬菜中所含的大量维生素、无机盐和纤维素等成分恰好弥补了这方面不足。再者,鱼肉禽蛋都属于酸性食物,食用过多会导致血液呈酸性,容易患心血管疾病。每个学生每天应吃250克以上蔬菜,品种越多越好,注意选择食用含钙、铁、维生素较多的食物。

4. 不要暴饮暴食

明代《东谷赘言》中说,多食之人有五患:一者大便数,二者小便数,三者扰睡眠,四者身重不堪修养,五者多患食不消化。现代医学认为,暴饮暴食会增加胃的负担,引起消化液供不应求,从而造成消化不良,甚至造成急性胃炎。另外,暴饮暴食造成血液集中于肠胃,心脑相对缺血,会发生疲劳不适感。吃饭时,要细嚼慢咽,不看书,不逗笑,不说话,不边走边吃,要养成进食前先洗手的良好习惯。

5. 不能乱吃零食

按时吃饭能使消化器官有规律地工作,是维护肠胃健康的一个重要措施。乱吃零食,就破坏了消化器官的规律性活动,到了吃饭时间,消化机能反而下降,这就会抑制正常的进食活动。吃的零食如果是甜食或油腻的食物,则更会降低食欲。在这种情况下,若勉强进食,食物则因消化液减少和胃肠蠕动缓慢无力而难以消化。但水果可加强消化腺的活动,并能供给维生素,不在此列。

6. 加强饮食卫生管理

各级学校必须认真加强饮食卫生管理,充分供应学生饮用的开水,设置必要的卫生设备,做好食品卫生检查、饮水消毒、食具消毒等工作;要教育学生不喝生水,不吃腐败变质的食物,做到饭前便后洗手,牢牢把住"病从口入"这一关,防止食物中毒和肠道传染病的发生。

7. 运动前后的饮食卫生

体育锻炼能提高消化器官的功能,使吃下去的东西能更快更好地消化吸收,但应注意以下几点饮食卫生要求,否则将会引起慢性肠胃疾病。

(1) 运动和吃饭时间要安排得当。如在剧烈运动后很快就吃饭,往往食欲很差,因为运动刚结束时大脑皮层的运动中枢和交感神经仍处在高度兴奋状态,情绪还很紧张,消化腺的分泌仍受到一定程度的抑制。在这种情况下,即使勉强吃下去,食物也不能很好地消化,久而久之,就会引起消化不良,患上慢性肠胃病。一般来说,运动后休息20~30分钟再吃东西是比较合乎卫生要求的。

饭后立即进行剧烈运动,对肠胃的影响很大。因为饭后胃肠的活动和消化腺的分泌加强,消化液分泌增多,如果这时进行剧烈运动,则会引起交感神经兴奋和肾上腺激素大量分泌,进而使肌肉小动脉扩张,毛细血管大量开放,血液较集中供应运动器官,而减少了胃肠的血液供给;同时,胃肠的活动减弱,消化液的分泌也减少,胃壁松弛无力,食物得不到充分的搅拌和消化,就会延长食物在胃里停留的时间,以致发酵酸化、吐酸水。胃液减少了,胃的防腐能力就降低了,这又是消化道易被感染患病的原因。因此,饭后应稍事休息再做运动。

(2) 饭后和运动后不要大量吃冷食。饭后大量吃冷食,首先会使肠胃血管突出收缩,使供给肠胃的血液突然减少,致使消化受到阻碍。其次,消化液必须在一定的温度下才起作用,胃肠温度突然降低,它的能力也随之下降,结果食物就难以消化,日久就会得肠胃病。

运动刚刚结束时,由于体温升高,大量流汗,感到又热又渴,这时,有些人往往为了一时痛快便大吃冷饮冷食,结果肠胃受到刺激而功能紊乱,引起腹泻、腹痛等。

(3)运动后要合理饮水。激烈运动后,常使人感到格外口渴,有些人只图一时痛快,在运动后大量饮水,这是不卫生的。因为在运动结束后,心脏的负担在逐渐减轻,如果这时大量饮水,一部分水经胃吸收进入血液之中,循环血量有所增加,不但给心脏和肾脏增加了负担,而且还会进一步加快出汗,使体内盐分排出过多。

运动后的口渴,并不一定真正表示人体内缺少水分,这主要是由于运动时呼吸加强,水分蒸发较快和唾液分泌减少变稠,致使口腔、咽喉、呼吸道和食道上的黏膜比较干燥,因而产生不舒服的感觉,这时只要漱漱口,湿润一下口腔黏膜,再有意识地克制一下,那么口渴的感觉就会减轻。

(4)长时间运动应及时补水。如果进行长时间的运动,特别是在夏天,不仅消耗大量热能,同时也失去大量水分。机体内的水分减少,会影响正常的生理机能和工作能力。当失水量占体重的4%~5%时,可使肌肉工作能力下降20%~30%;当失水量为体重的10%时,会引起循环衰竭,从而导致机能下降,主要体征是心率加快、体温升高。因此,及时补充水分是十分重要的。

补充水分的方法最好是少量多次。运动中每15~20分钟饮水100~150毫升,这样既可及时保持体内水分的平衡,又不增加心脏和胃的负担。运动中如大量饮水,则对身体不利,因为大量饮水后继续运动,水在胃中晃动,使人不舒服,并可引起呕吐。水中含糖量一般不宜过高,夏天水中含糖量不宜超过2.5%,冬季可增加到5%~15%。

第三节 常见病的体育疗法

一、神经衰弱

产生原因:长时期精神负担过重,或受到不良情绪的刺激,导致大脑皮层的兴奋与抑制过程发生紊乱。症状:情绪控制能力差,易激动、烦躁,注意力不易集中,入睡难、睡眠浅,精神疲乏,记忆力减退,学习成绩下降。

体育疗法:

(1)情绪不易控制、容易激动的患者宜进行平静、柔和的体疗活动,如太极拳、保健操及散步等。

(2)对整日精神不振、孤僻寡言、忧郁、不爱活动的患者,应采取生动活泼的体育疗法,如让其参加一些球类、游泳、长跑等活动。

(3)进行自我按摩。不论何种类型的神经衰弱患者,都可以进行自我按摩。如头痛者可揉按天柱穴和太阳穴,失眠、心悸者可按擦涌泉穴。另外,冷水浴也是治疗神经衰弱的有效方法。

注意事项:

(1)首先要找出病因,合理安排生活制度,保持乐观情绪,消除引起发病的因素,增强战胜疾病的信心。

（2）选择空气新鲜、安静、有绿化景色的地方进行活动。

（3）保持适宜的运动负荷。要根据病情和身体的变化情况及时调整活动内容和运动负荷。

二、近视

产生原因：看书、写字姿势不正确，距离过近，光线不足，以及用眼时间过长造成眼睛的过度疲劳。

体育疗法：

（1）眼睛肌肉调节法。具体方法如下：

① 眼珠按顺时针和逆时针方向各转动 7 次，随即紧闭双眼片刻，然后突然睁开。如此反复练习。

② 远近练习：首先选定目标，然后由近逐渐向远处看。宜在早晨和绿化景色环境中练习。

（2）做眼保健操。

（3）经常参加球类活动，如乒乓球、羽毛球、网球、篮球、排球等项目，可以减轻睫状肌的痉挛，减轻眼部瘀血，消除眼睛疲劳，有利于保护和矫正视力。

注意事项：

做眼保健操时手要干净，手法要准确、柔和，保持全身放松，意念集中。

三、肥胖

产生原因：进食过多，消耗过少，使摄入的热量超过了机体所消耗的热量，过多的热量在体内转变成脂肪并大量蓄积，造成脂肪组织异常增加。

体育疗法：

（1）以耐力性运动为主，同时配合一些具有一定负荷量的医疗体操。耐力性运动有长距离步行、骑自行车、游泳、跑步等。运动时的最佳心率计算公式如下：

最佳心率 =（220 - 年龄 - 安静心率）/2 + 安静心率。

锻炼时间：每次 30~40 分钟，每星期 3~5 次。

（2）做一些医疗体操，如仰卧起坐、直腿抬高运动以及哑铃操、拉力器练习等。锻炼部位需根据肥胖者脂肪蓄积的部位来选择。

（3）进行健身操、太极拳、乒乓球、羽毛球、网球、排球、篮球等多项运动。

注意事项：

（1）实施体疗前应作医学检查，经医生判定体质状况、心肺功能状况及有无心血管系统合并症，以便选择适当的运动强度和运动项目。

（2）在体疗期间，应加强医务监督，定期检查身体，以便及时调整运动量。

（3）体育运动应与控制饮食相结合。饮食以控制糖类、脂肪等的摄入量为主。为了提高疗效，还有人主张适当控制饮水量。

（4）力量性锻炼主要是锻炼躯干肌肉和四肢大肌肉群，其用力程度宜逐渐增加。

（5）运动时，应避免为单纯追求减轻体重而任意增大运动量，以免引起机体的不良反应。

（6）伴有冠心病、高血压、糖尿病及其他合并症的肥胖者,运动时需严格掌握运动量,可分别根据自己的健康状况制订相应的运动处方。

四、慢性肠胃病

产生原因:长期生活无规律,有不良嗜好以及过度疲劳,或是反复受到不良刺激。

体育疗法:

（1）太极拳:练习简化太极拳或杨式太极拳,熟练后配合腹式呼吸。

（2）按摩法:仰卧位,两手擦热后重叠于胃部或腹部,先顺时针方向,后逆时针方向依次交替按摩,要求速度均匀,每次练习数百次。

（3）屈腿运动:仰卧位,两腿交替屈膝提起,使大腿尽可能贴近腹部,重复练习数十次。

（4）侧举腿运动:侧卧位,举腿时,腿要伸直,左右交替进行,重复练习数十次。

（5）模仿踏自行车运动:仰卧位,两腿举起,依次做屈伸动作,速度均匀(稍慢),动作协调柔和。

注意事项:

（1）应以太极拳、腹部按摩为主,坚持长年练习,必有好处。

（2）保持正常的生活规律,保证睡眠时间,培养良好情绪,多愁多虑会有损肠胃功能。

（3）少食油腻食物,平时可补充红枣、莲心、血糯米等,宜煮汤或蒸服。

五、痛经

产生原因:内分泌失调、体质虚弱。症状:下腹胀痛、腰部酸痛、精神不振、乏力、头晕等。

体育疗法:

（1）提肛缩肾法。坐位,全身放松,意念于肛门,做提肛、缩肾、收腹动作。提肛时吸气,放松时呼气,依次重复练习。

（2）增强腹、膈肌力法。屈膝仰卧挺髋:练习者仰卧位,两手放于身体两侧,用力下压,腹部挺起成桥形,稍停后放下,每组做10~15次,做2~3组。仰卧举腿:练习者仰卧位,两手放于枕后,双腿上举,然后慢慢放下,每组做4~8次,做2~3组。前扶后摆腿:练习者上体前倾,手扶椅子,左腿支撑,右腿做单腿向后上方摆8次,然后两腿交换,摆腿的同时要向上抬头。

注意事项:

（1）整个疗程的运动负荷由小渐大,心率一般控制在130次/分钟,以稍微出汗和略感疲劳为宜。

（2）动作要正确、协调,活动幅度由小到大。练习结束后,要做腹部放松活动。

第四节 运动损伤的预防和处理

一、运动损伤发生的原因

造成运动损伤的原因是多方面的,既与锻炼者的运动基础、体质水平有关,也与运动项目的特点、技术难度及运动环境等因素有关。常见的运动损伤原因如下:

(1) 运动前准备活动不充分,特别是缺乏针对性准备活动,运动器官、内脏器官机能没有达到运动状态,易造成损伤。在准备活动方面常存在的问题有:① 不做准备活动或准备活动不充分。由于肌肉的力量、弹性和伸展性较差,身体缺乏必要的协调性,因而容易发生损伤。② 准备活动的内容与正式运动的内容结合得不好或缺乏专项准备活动。③ 准备活动的量过大或强度安排不当。

(2) 运动情绪低下,或在畏难、恐惧、害羞、犹豫以及过分紧张时发生伤害事故。有时因缺乏运动经验、缺乏自我保护能力致伤。例如,体操运动中由于紧张、恐惧,落地时用肘部或直臂撑地,造成肘关节或尺、桡骨损伤。

(3) 身体素质差,技术动作不正确。例如,短跑容易发生肌肉拉伤,原因就是下肢或腰部力量不足。由于缺乏技术训练、动作要领掌握不好,很容易因错误动作引起损伤,如篮球、排球运动中易引起手指关节挫伤。

(4) 教学、训练中运动量安排不合理、组织方法不当。在组织教学、训练过程中,不遵守训练原则,不从实际出发,没有充分认识到不同年龄、性别、健康状况及身体素质、运动能力等方面的差异,千篇一律地对待,就容易造成运动损伤。另外,运动的安排没有遵循运动量从小到大、动作从简单到复杂、循序渐进、逐步提高的原则,也容易造成运动损伤。

(5) 运动场地狭窄,地面不平坦,器械安置不当或不牢固,沙坑没掘松、有小石或坑沿高出地面,锻炼者拥挤或多种项目在一起活动,运动时着装不符合运动卫生要求等,都容易造成各种损伤。

(6) 不良气象的影响。气温过高易引起疲劳和中暑;气温过低易发生冻伤,或因肌肉僵硬、身体协调性降低而引起肌肉韧带损伤;潮湿高热易引起大量出汗,发生肌肉痉挛或虚脱;光线不足、能见度差会影响视力,使兴奋性降低和反应迟钝而导致受伤。

二、常见运动损伤的预防

(1) 加强安全意识。要提高预防运动损伤的意识,克服麻痹思想,积极开展预防运动损伤的宣传工作。

(2) 认真做好准备活动。对可能发生运动损伤的环节和易伤部位,要及时做好预防措施。

(3) 合理组织安排锻炼,合理安排运动量,防止局部运动器官负担过重。

(4) 加强保护与帮助,特别要提高自我保护能力。运动中适当的保护与帮助可避免一些意外事故的发生。例如,摔倒时,立即屈肘低头,团身滚动,切不可直臂或肘部撑地。

(5) 加强医务监督,要善于把握自己在运动前后的生理变化。患有慢性病者要定期体检,并在医生和体育老师指导下进行体育锻炼。

(6)加强场地、器械安全监督。严格实施场地、设备卫生监督,场地、器械和防护用品要定期进行卫生安全检查,及时维修。禁止穿不合适的服装(或鞋)进行活动。

三、运动损伤的急救

当发生严重运动损伤时,要及时进行合理而有效的急救,分秒必争地采取急救措施,然后把受伤者安全迅速地送到医院。

(一)急救原则

现场急救比较复杂,必须抓住主要问题急救。如发现休克,应先施行抗休克急救——针刺人中、内关穴,并及时进行人工呼吸;如伴有出血,应同时施行止血,再作其他损伤的处理。

急救人员必须分工明确,并具有高度的责任感和救死扶伤的崇高品德;要临危不惧,判断正确,有条不紊地抢救;要有熟练、正确的抢救技术和丰富的临场经验。

(二)一般急救方法

1. 止血法

(1)冷敷法。冷敷可以使血管收缩,减少局部充血,降低组织温度,抑制神经感觉,从而起到止血、止痛和减轻局部肿胀的作用。

冷敷止血法常用于急性闭合性软组织损伤。最简便的方法是:用冷水冲洗或用冷毛巾敷于伤处,或将冰块装入热水袋(或塑料袋)内进行外敷,在治疗部位来回移动,每次20~30分钟。有条件的可使用氯乙烷喷射。

(2)抬高伤肢法。将肢体抬高,使出血部位高于心脏,从而使出血部位的血压降低,减少出血。此法适用于四肢毛细血管及小静脉出血。

(3)压迫法。压迫法包括止血带法、包扎法、指压法等。

① 止血带法。常用的止血带有皮管、皮带、布条、毛巾等。采用此法止血时,先将患肢抬高,然后在患处上方缚扎止血。缚扎时最好加垫,以防缚扎太紧,造成肢体组织坏死。这种方法缚扎时间不能太长,一般2~3小时后即可松解。

② 包扎法。主要有绷卷包扎法,如环形包扎法(图4.4.1)、螺旋形包扎法(图4.4.2)、反折螺旋形包扎法(图4.4.3)、"8"字形包扎法(图4.4.4)。

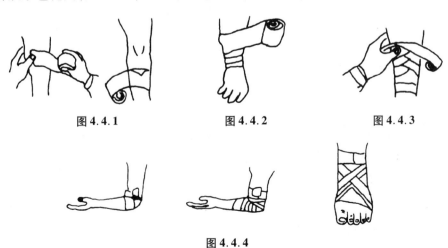

图4.4.1　　　　　图4.4.2　　　　　图4.4.3

图4.4.4

③指压法。包括直接指压法和间接指压法。直接指压法：用指直接压迫出血部位，最好敷上消毒纱布后进行指压。间接指压法：用指腹压迫在出血动脉近心端搏动的血管处，压迫在相应骨面上，阻止出血，达到止血目的。

头部出血的压迫点在耳屏前方，用手指摸到搏动后将该动脉压向颞骨面（图4.4.5）。

面部出血的压迫点在下颌角前面约1.5厘米的地方，用手指摸到搏动后正对下颌压迫（图4.4.6）。

肩部和上臂出血的压迫点在锁骨上方，用手指将该动脉向后内正对第一肋骨压迫（图4.4.7）。

前臂及手部出血的压迫点在上臂内侧下端肱动脉处（摸到有搏动处）（图4.4.8）。

大腿、小腿部出血的压迫点在腹股沟皱纹中点搏动处股动脉，用手掌或拳向下方的股骨面压迫（图4.4.9）、胫骨前动脉压迫（图4.4.10）。

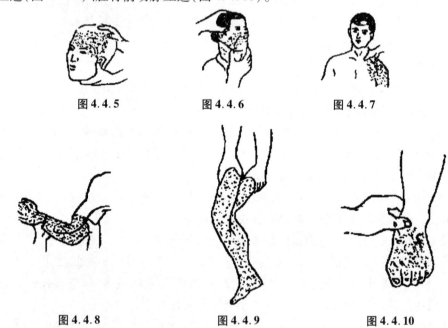

图4.4.5　　　　　图4.4.6　　　　　图4.4.7

图4.4.8　　　　　图4.4.9　　　　　图4.4.10

2. 人工呼吸法

人工呼吸法有口对口人工呼吸法和心脏胸外挤压法（图4.4.11）。

（1）口对口人工呼吸法。患者仰卧，头部后仰。施救者托起患者下颌，捏住鼻孔，压住环状软骨（以防空气吹入胃中），随即深吸一口气，将大口气口对口吹入患者口中，吹气后将捏鼻子的手松开。如此反复进行。吹气频率为每分钟16～18次，直至患者恢复自主呼吸为止。

（2）心脏胸外挤压法。患者仰卧，施救者两手上下重叠，用掌根置于患者的胸骨下半段处，借助于体重和肩臂力量，均匀而有节律地向下施加压力（以将胸壁下压3～4厘米为度），然后迅速将手松开，使胸壁自然弹回。如此反复进行。以每分钟60～80次的节律进行，直至恢复心脏跳动为止。

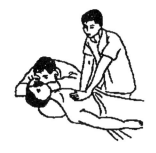
图 4.4.11

图 4.4.12

（三）溺水的急救

溺水时，水经口鼻进入肺内，造成呼吸道阻塞，或因吸水的刺激引起喉痉挛，使气体不能进出，引起窒息。时间一长，就有生命危险。

急救步骤：

（1）立即将溺水者救到岸上，清除口腔中的分泌物和其他异物，并迅速进行倒水。施救者一腿跪地，另一腿屈膝而立将溺水者匍匐在膝盖上，使其头部下垂，按压其腹、背部，使溺水者口、鼻及气管内的水排出（图 4.4.12）。

（2）立即进行人工呼吸。若心跳已停止，应同时施行口对口人工呼吸和心脏胸外挤压。口对口人工呼吸和心脏胸外挤压以 1∶4 的频率进行。施救者之间应密切配合，积极而尽力地抢救，必要时及时送医院。

（四）休克的急救

运动损伤中并发的休克多见于外伤性休克，主要是由损伤引起的剧烈疼痛所致，多见于脑脊髓损伤、骨折、睾丸挫伤等。另外，损伤引起大量出血，如腹部挫伤致腹腔内出血，血容量突然降低，有效循环血量不足。

主要症状：表情淡漠，反应迟钝，面色苍白，四肢厥冷，脉搏细速，尿量减少，血压下降。休克严重时可出现昏迷，甚至死亡。

急救措施：使患者安静平卧或头低脚高仰卧（呼吸困难者不宜采用），保暖，但不要过热，以免皮肤血管扩张，影响生命器官的血液灌注量，保持呼吸道通畅。对昏迷患者，头应侧偏，并将其舌牵出口外，必要时可给氧或进行人工呼吸。可针刺或按摩"人中""百会""涌泉""内关""合谷"等穴。如有外伤出血，应及时采用适当的方法止血，疑有内脏出血者应迅速送医院抢救。

四、常见运动损伤的处理

（一）软组织损伤

软组织损伤可分开放性损伤和闭合性损伤，前者如擦伤、撕裂伤、刺伤、切伤等，后者如挫伤、肌肉拉伤、肌腱腱鞘炎等。

（1）擦伤。即运动时皮肤与粗糙物体相互摩擦而引起的损伤，如跑步时摔倒，体操运动时身体擦磨器械受伤。擦伤后会出现皮肤出血或组织液渗出。

对小面积擦伤，采用红药水涂抹伤口即可。对大面积擦伤，先用生理盐水洗净伤口，然后涂抹红药水，再用消毒布覆盖，最后用纱布包扎。

(2)撕裂伤。在剧烈、紧张运动或受到突然强烈撞击时,可造成肌肉撕裂。其中包括开放性损伤和闭合性损伤,常见的有眉际撕裂、跟腱撕裂等。开放性损伤会顿时出血,周围组织肿胀。闭合性损伤触及时会凹陷,出现剧烈疼痛。

对轻度开放性损伤,用红药水涂抹伤口即可。裂口大时,需止血和缝合伤口,必要时注射破伤风抗毒血清,以防破伤风杆菌感染。如肌腱断裂,则需手术缝合。

(3)挫伤。撞击器械或练习者之间相互碰撞可造成挫伤。单纯挫伤在损伤处出现红肿、皮下出血,并有疼痛。内脏器官损伤时,则出现头晕、脸色苍白、心慌气短、出虚汗、四肢发凉、烦躁不安,甚至休克。

对于轻度挫伤,24小时内冷内敷或加压包扎,抬高患肢或外敷中药,24小时后可按摩或理疗,进入恢复期后可进行一些恢复性锻炼。如果怀疑内脏损伤,应迅速送医院检查和治疗。

(4)肌肉拉伤。通常在外力直接或间接作用下,肌肉过度主动收缩或被动拉长时易引起肌肉拉伤,特别是由于准备活动不充分,动作不协调,以及肌肉弹性、伸展性、肌力差者,更易拉伤。损伤后伤处会出现肿胀、压痛、肌肉痉挛,触诊时可摸到硬块。严重的肌肉拉伤是肌肉撕裂。

对于肌肉拉伤,轻者即刻冷敷,抬高患肢,局部加压包扎,24小时后轻手法按摩及理疗。对肌肉大部分或完全断裂者,加压包扎急救后,立即送医院手术治疗。

(二)关节扭伤

(1)踝关节扭伤。踝关节外侧副韧带最容易扭伤。在跑、跳练习中,运动者处于腾空时,足自然有跖屈内翻的倾向。如果落地重心不稳,向一侧倾斜或踩在其他物品上,就会以足的前外侧着地、足内翻,而导致外侧副韧带扭伤。

主要症状:伤后疼痛、肿胀,外侧副韧带明显有压痛、皮下瘀血,行走困难,严重者外侧韧带完全断裂,患脚不能持重,出现跳跃式跛行。

伤后应立即冷敷,抬高伤肢,用绷带固定包扎,制动4~7天,配合使用跌打损伤药消肿、止痛。轻者24小时后可进行按摩,较重者用石膏固定3~4周,并配合按摩、外敷与内服舒筋活络中药、针灸、理疗等治疗,但要加强功能锻炼,以免出现肌肉力量减弱。

(2)膝关节扭伤。常见的有膝关节侧副韧带扭伤及十字韧带扭伤。膝关节的稳定性主要靠两侧副韧带及前后十字韧带维持。当膝关节伸直时,两侧副韧带即紧张维护膝关节;当膝关节屈曲(130°~150°)时,小腿突然外展外旋,或足及小腿固定、大腿突然内收内旋时,会使内侧韧带扭伤。如踢足球时"二人对脚",跳箱落地不正确身体失去平衡,或关节外侧受到暴力冲击等,均可造成内侧韧带扭伤。当膝关节屈曲、小腿突然外旋时,可能发生外侧副韧带扭伤。

主要症状:膝关节疼痛、肿胀、压痛,严重者会发生韧带断裂,患肢不能持重,不能行走,有可能伴有半月板撕裂、膝关节活动障碍、膝不稳、软弱无力,甚至倒在地上。

轻微扭伤者疼痛、肿胀不明显,可停止活动2~3天,外敷跌打损伤药,24小时后进行按摩。严重扭伤者,可制动2~3天,冷敷,加压包扎,抬高患肢休息2~3天,外敷新伤药,48小时后进行按摩、理疗,加强托板固定。进行加强股四头肌静力收缩的练习,每天做2~3次。10天后加强力度按摩手法,并做直腿抬练习。2~3周以后解除托板固定,开始练习走路。

(3) 急性腰扭伤。人体在负重活动或体位变换时,腰部肌肉、韧带、筋膜、滑膜等受到牵扭、扭转,或肌肉骤然收缩,使少数纤维被拉断、扭转或小关节微动错缝,称为急性腰部扭伤。运动时,身体重心不稳定或肌肉收缩不协调引起的腰部扭伤,多数是因腰部负荷过重,脊柱运动时超过了正常生理范围,如挺身式跳远中展体过大、举重上挺时过分挺胸塌腰、技术动作错误、直膝弯腰提重物等。

主要症状:肌肉轻度扭伤时,患处隐痛,随意运动受限,24~48小时后疼痛达最高峰。如棘上韧带与棘间韧带扭伤,受伤当时即感到局部突然撕裂样疼痛,过度前弯时疼痛加重,伸展时疼痛较轻,疼痛点比较表浅,在棘突与棘突之间。腰背筋膜扭伤多发生在骶棘肌鞘部和髂脊上、下缘,伤处有明显压痛点,弯腰和腰扭转时疼痛加重。

发生腰部急性扭伤后,应让患者平卧于硬板床休息,但腰部应垫一薄枕以放松腰肌,冷敷制动后,敷跌打损伤药,24小时后轻按摩,逐日加重,理疗、针灸,轻者休息2~3天,较重者需休息一周左右。加强腰腹的力量与伸展性练习,达到功能恢复和预防的效果。

(4) 肘关节扭伤(标枪肘)。前臂突然被迫外展、旋后,或屈手肌群和旋前圆肌突然收缩,使肘部肌肉、韧带受到牵拉,纤维断裂受伤,如投标枪、垒球时的最后用力易引起肘内侧副韧带扭伤,体操倒立支撑时易损伤肘关节。

主要症状:肘内侧疼痛,肘关节伸展活动受限,肘关节局部肿胀、皮下瘀血,前臂抗阻力疼痛加重。

对患肢即刻冷敷,加压包扎,敷新伤药,24小时后进行按摩、理疗,疼痛严重者可局部注射强的松龙治疗。

(三) 关节脱位

关节脱位是指关节面失去正常的联系,俗称脱臼。根据脱位的程度可分为半脱位和完全脱位,前者指关节面部分错位,后者是指关节面完全脱离原来位置。运动中发生的关节脱位,一般是由间接外力所致,如摔倒时手撑地、俯卧式跳高时落地姿势不正确均可引起肘关节脱位或肩关节脱位。

主要症状:受伤关节疼痛、压痛和肿胀,关节功能丧失、畸形;关节脱位时伴有软组织损伤、出血或周围神经受牵扯等。如肩脱位时呈"方肩",伴有肢体缩短。

对伤者应立即用夹板和绷带在脱位所形成的姿势下固定伤肢,保持伤员安静,尽快送医院处理。肩关节脱位时,取三角巾两条,分别折成宽带,一条悬挂前臂,另一条绕过伤肢上臂,于肩侧腋下缚结。肘关节脱位时,将铁丝夹板弯成合适的角度,置于肘后,用绷带缠稳,再用小悬臂带挂起前臂。如无铁丝夹板,可直接用大悬臂带包扎固定。

(四) 骨折

骨折是指骨的完整性和连续性遭到破坏性损伤。根据骨折周围软组织的病理情况不同,骨折可分闭合性骨折和开放性骨折。运动中发生的骨折多为闭合性骨折。造成骨折的原因主要是身体某部受到直接或间接的暴力撞击。如在踢足球时小腿被踢造成胫骨骨折,摔倒或跪倒时手臂直接撑地引起尺骨或桡骨骨折,同时可造成髌骨骨折等。常见的骨折有肱骨骨折、前臂骨骨折、手骨骨折、大腿骨骨折、小腿骨骨折、肋骨骨折、脊柱骨骨折等。

主要症状:患处立即出现肿胀,皮下瘀血,有剧烈疼痛(活动时加剧),肢体失去正常功能,肌肉产生痉挛。有时骨折部位发生变形,移动时可听到骨摩擦声。严重骨折时,伴有出血和神经损伤、发烧、口渴甚至休克等全身性症状。

为了避免骨折端造成新的损害（刺伤血管、神经及周围软组织），预防休克，减轻疼痛，便于转送，骨折后可立即做适当的固定。

有休克症状者，应先抗休克。抗休克的措施是：取头低脚高平卧位，保暖；迅速请医务人员到现场给氧气或镇痛药。休克期结束后，用长短合适的夹板固定伤肢。

（1）锁骨骨折固定法：用三条三角巾折成宽带，其中两条做成环套于肩，另一条在背部将两环拉紧打结（图4.4.13）。

（2）肱骨骨折固定法：取一合适夹板，置于伤肢外侧（最好内侧同时放置一块），用叠成带状的三角巾固定骨折的上下两端，再用小悬带将前臂吊起，最后用三角巾把伤肢绑在躯干上加以固定（图4.4.14）。

（3）前臂骨折固定法：伤员前臂掌心和掌背侧各放一块夹板，用三角巾宽带绑扎固定后以大悬壁带悬挂于胸前（图4.4.15）。

（4）股骨骨折固定法：用三角巾5~8条，折叠成宽带，分段放好。取长夹板两块，分别置于伤肢的外侧和内侧。外侧夹板自腋下至足底，内侧夹板自腹股沟至足底。放好后用上述宽带固定夹板，在外侧打结（图4.4.16）。

（5）小腿骨折固定法：取夹板两块，一块在外侧，自大腿中部至足部，另一块在内侧，自腹股沟至足部，然后用宽带4~5条分段固定（图4.4.17）。

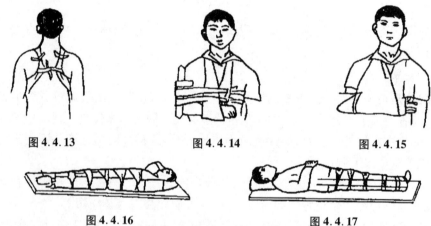

图4.4.13　　　　　图4.4.14　　　　　图4.4.15

图4.4.16　　　　　图4.4.17

（6）脊柱骨折搬运法：由3~4人同时托住头、肩、臀和下肢，把伤员身体平托起来，放上平板担架，最好使伤员俯卧于担架上。绝对不能抱头、抬脚，以免脊柱极度弯曲，加重对脊髓的压迫和损伤（图4.4.18）。

（7）颈椎骨折搬运与固定法：应由三人搬运，其中一人专管头部牵拉固定，使头部与身体呈直线位置，将伤员仰放在硬板床上，在颈下放一小垫，不用枕头，头颈两侧用沙袋或衣服垫好，防止头部左右摇动（图4.4.19）。

图4.4.18　　　　　图4.4.19

（五）脑震荡

脑震荡通常是由于头部受到暴力直接的打击或撞击所致。如在体育运动中，头部被棒（垒）球棒击打或从器械上摔倒时头部撞击地面等均可引发脑震荡。此外，头部遭受间接的冲击力，如从高处摔下，臀部先着地，反作用力传到头部，也可引发脑震荡。

主要症状：伤后当即昏迷，出现短时间的意识丧失，轻者数秒钟，重者可达几分钟甚至半个小时。昏迷时呼吸表浅，脉搏缓慢，四肢松弛无力，瞳孔稍扩大，皮肤和肌腱等神经反射减弱或消失。伤后数日内，可出现较明显的头痛、头晕现象。当情绪紧张、活动头部或变换体位时，症状加重。还可出现恶心、呕吐、情绪不稳、易激动、注意力不集中、耳鸣、失眠等一系列植物神经功能紊乱症状，一般数日后消失。

对伤者立刻急救，让其平卧、安静，对其头部冷敷、身上保暖。对昏迷者可掐"人中""内关"穴。呼吸发生障碍时，可施行人工呼吸。

伤员昏迷时间超过4分钟，或两瞳孔大小对称，或耳、鼻、口内出血及眼球青紫，或伤员清醒后剧烈头痛、呕吐，或再度昏迷者，均表明损伤较严重，应该立即送医院进行处理。在转送医院时，伤员要平卧，头部两侧要用枕头、衣服垫起使之固定，避免颠簸振动。意识不清醒者要注意保持呼吸道的通畅，使伤员侧卧，以防止呕吐物吸入气管或舌头后坠而发生窒息。转送途中应密切观察病情的变化。

第五章
奥林匹克运动

如果你想强壮,跑步吧!如果你想健美,跑步吧!如果你想聪明,跑步吧!

——古希腊格言

第一节　奥林匹克运动概述

一、国际奥林匹克委员会

国际奥林匹克委员会于1894年6月23日成立,共有49个体育组织和12个国家的79名代表参加在巴黎举行的成立大会。国际奥委会总部设在瑞士洛桑。国际奥委会是一个非政府性、非营利性和永久性的国际体育组织。它是领导奥林匹克运动和决定有关奥林匹克运动问题的最高权力机关。国际奥委会与其成员国或地区,以及国际单项体育组织相互承认。

国际奥委会的宗旨是:鼓励组织和发展体育运动和体育竞赛;在奥林匹克思想指导下,鼓舞和领导体育运动,从而促进和加强各国运动员之间的友谊;保证按期举办奥运会。

国际奥委会对每4年举办一次的奥运会拥有一切权力。从1924年开始又单独举行冬季奥运会,也是每4年一次。

国际奥委会是依照《奥林匹克宪章》领导奥林匹克运动的。宪章包括73项规则及其实施细目。国际奥委会是奥运会及其五环会徽的专管机构。国际奥委会全体会议的任务之一是选定每届奥运会的主办城市。根据国际奥委会的规定,主席不参加申办奥运会的投票。由奥委会全体会议选出国际奥委会主席,任期8年,主席任期的延长期限只有4年。全体会议还要选出任期4年的4名副主席和6名委员,由他们与主席一起组成执行委员会。

法语和英语是国际奥委会使用的两种官方工作语言,另外4种工作语言是德语、西班牙语、俄语和阿拉伯语。国际奥委会委员是由奥委会全体会议选举产生的,委员数目并不是固定的。国际奥委会全体会议的职能就像议会一样,每年举行一次。国际奥委会委员是国际奥委会驻委员所在国的使节,而不是委员所在国驻国际奥委会的代表。一个国家只能出任一名奥委会委员,对于已组织过一次以上奥运会(冬季奥运会或夏季奥运会)的国家则不在此列,这样的国家可以出任两名委员。国际奥委会执行委员会每年至少开4次执委会议。1993年奥委会共有委员91人,按洲际分布是:欧洲38人,非洲16人,拉丁美洲16人、亚洲14人、大洋洲4人、北美洲3人。在奥委会委员中,除了1966年以前自行选出的,以及作为终身委员的人士之外,凡年龄达到75岁的委员,就成为名誉委员。截至1993年共有终身委员12位。1999年12月12日,国际奥委会在瑞士洛桑召开了第110届全体会议。在会上国际奥委会采纳了"2000年委员会"提出的50条改革措施,修改了《奥林匹克宪章》,对国际奥委会的组成以及奥运会主办城市的选择方式等作出了重大调整。大会作出如下决定:国际奥委会委员人数增至115人,其中最多可以包括15名运动员、15名国际单项运动联合会的主席、15名国家或各大洲奥委会主席及70名个人委员;国际奥委会的委员任期为8年,可以连任;当选的新委员年龄不得超过70岁;国家奥委会主席的任期不得超过12年;奥委会执行委员会的人数也由11名增加到15名。会议还决定设立由国际单项运动联合会、国际奥委会、运动员委员会等体育组织的代表组成的评价委员会,负责对奥运会申办城市的评估,同时禁止国际奥委会委员访问申办城市。

二、古代奥林匹克运动会

(一)古代奥运会的起源

关于古代奥运会的起源,流传最广的是佩洛普斯娶亲的故事。古希腊伊利斯国王为了给自己的女儿挑选一个文武双全的驸马,提出应选者必须和自己比赛战车。比赛中,先后有13个青年丧生于国王的长矛之下,而第14个青年正是宙斯的孙子和公主的心上人佩洛普斯。在爱情的鼓舞下,他勇敢地接受了国王的挑战,终于以智取胜。为了庆贺这一胜利,佩洛普斯与公主在奥林匹亚的宙斯庙前举行盛大的婚礼,会上安排了战车、角斗等项比赛,这就是最初的古代奥运会。佩洛普斯成了古代奥运会传说中的创始人。

(二)古代奥运会历史

公元前776年,在希腊南部风景秀丽的小镇——奥林匹亚举行了第1届奥运会。全希腊选手及附近黎民百姓相聚于此,多利亚人克洛斯在192.27米短跑比赛中取得冠军,从而成为国际奥林匹克运动会上荣获第一个项目的第一个桂冠的人。后来,古希腊运动会的规模逐渐扩大,并成为显示民族精神的盛会。比赛的优胜者可获得月桂、野橄榄和棕榈编织的花环等。从公元前776年到公元394年,共举行了293届古代奥林匹克运动会。

古代奥林匹克运动会基本上是每4年举行一次,这一周期被称为"奥林匹亚德"。按此周期算,从公元前776年到公元394年间共应举办293届,但实际举行的次数要少得多。不过,古代奥运会有规定:一个奥林匹亚德为一届,不管举行与否,次数照算。

1. 古代奥运会比赛项目

古代奥运会初期只有几个项目的比赛,后来随着规模的不断扩大,比赛项目也不断增多。到了公元前6世纪,比赛项目已增至24项,其中成年人8项,青少年16项。从第1届到12届古代奥运会,只有一个比赛项目,即短跑。至于短跑的距离则说法不一致,一种说法是192.27米,正好为运动场的长度,所以也叫场地跑(该长度为"大力神"足长的600倍);另一种说法是200码,约合182米,可能是短跑距离的演变。从第13届起增加了中距离跑,也叫两次场地跑;从第15届开始增设了长跑;从第18届开始又增设了角力(类似现在的摔跤)和5项全能比赛。角力是古希腊人喜爱的运动项目之一,当时的规则很简单,不分重量级别,只要在比赛中能将对手三次摔倒即为胜。古代奥运会除了体育比赛外,还设有文艺比赛的内容。文艺比赛的优胜者与体育比赛的优胜者一样,被授予同样的奥运会荣冠,因此,一些著名的诗人、作家、艺术家、演说家、哲人等名流都先后参加过文艺比赛。例如,被誉为希腊"历史之父"的格罗多特就曾荣获古代奥运会上文艺比赛的第一项橄榄枝荣冠。

2. 古代奥运会比赛日程安排

古代奥运会从第1届起,决定每4年举行一次,每届只举行1天。随着比赛项目的不断增多,从公元472年的第77届古代奥运会开始,会期延长到3天,加上开幕式、闭幕式及庆祝活动,整个会期为5天,程序安排如下:

第1天:由大会主持者当众宣读运动员的名字、籍贯以及运动员比赛资格。运动员在宙斯坛前发表最后的宣言。

第2天:举行开幕式,进行五项全能比赛,主要项目有铁饼、标枪、跳远、角力等。

第3天:拳击、格技、战车、赛马、武装赛跑等项目的比赛。

第4天:青少年组项目比赛,如赛跑、拳击和角力等项目。

第5天:举行闭幕式,在宙斯坛前宣布比赛成绩,为优胜运动员颁奖,并举行盛大的宴会,所有优胜运动员都被邀请参加宴会。

三、现代奥林匹克运动会

(一)现代奥运会概况

法国教育家顾拜旦是公认的现代奥林匹克创始人,他为奥林匹克运动的诞生和发展做出了卓越贡献。1893年,根据顾拜旦的建议,在巴黎举行了讨论复兴奥运会问题的国际性体育会议。1894年1月,顾拜旦草拟了复兴奥运会的具体步骤和需要探讨的10个问题,致函各国体育组织和团体。6月16日,"国际体育运动代表大会"在巴黎索邦神学院开幕,到会代表79人,代表着12个国家的49个体育组织,有2 000人参加了开幕式。大会通过了《复兴奥林匹克运动》的决议。6月23日成立了国际奥林匹克委员会。国际奥林匹克委员会的成立,标志着现代奥林匹克运动的诞生。1896年4月5日至15日,第1届现代奥运会终于如期在雅典举行,虽然组织很不完善,但它却是奥林匹克运动正式诞生的重要标志。自1896年起至2016年止,历届奥林匹克运动会概况如表5.1.1所示。

表5.1.1 历届奥林匹克运动会概况

届次	年度	举行地点	运动员人数	项目数
31	2016	巴西(里约热内卢)	11 000	28
30	2012	英国(伦敦)	10 500	26
29	2008	中国(北京)	11 468	28
28	2004	雅典(希腊)	11 099	28
27	2000	悉尼(澳大利亚)	10 651	28
26	1996	亚特兰大(美国)	10 749	26
25	1992	巴塞罗那(西班牙)	10 632	25
24	1988	汉城(韩国)	8 465	23
23	1984	洛杉矶(美国)	7 616	21

续表

届次	年度	举行地点	运动员人数	项目数
22	1980	莫斯科(苏联)	5 872	21
21	1976	蒙特利尔(加拿大)	6 189	21
20	1972	慕尼黑(德国)	7 147	21
19	1968	墨西哥城(墨西哥)	5 531	18
18	1964	东京(日本)	5 140	19
17	1960	罗马(意大利)	5 348	17
16	1956	墨尔本(澳大利亚)	3 184	17
15	1952	赫尔辛基(芬兰)	4 952	17
14	1948	伦敦(英国)	4 099	18
13	1944	因第二次世界大战停办		
12	1940	因第二次世界大战停办		
11	1936	柏林(德国)	4 066	20
10	1932	洛杉矶(美国)	1 048	15
9	1928	阿姆斯特丹(荷兰)	3 014	15
8	1924	巴黎(法国)	3 092	18
7	1920	安特卫普(比利时)	2 607	22
6	1916	因第一次世界大战停办		
5	1912	斯德哥尔摩(瑞典)	2 547	14
4	1908	伦敦(英国)	2 034	21
届间	1906	雅典(希腊)	884	18
3	1904	圣路易(美国)	687	14
2	1900	巴黎(法国)	1 330	17
1	1896	雅典(希腊)	311	9

(二)奥林匹克象征

1. 奥林匹克标志

奥林匹克旗帜上五个不同颜色的圆环(蓝色代表欧洲,黄色代表亚洲,黑色代表非洲,草绿色代表澳洲,红色代表美洲)连接在一起(图5.1.1)象征五大洲的团结,象征全世界的运动员以公正、坦率的比赛和友好的精神在奥林匹克运动会上友好相见,欢聚一堂,以促进奥林匹克运动的发展。

图5.1.1

2. 奥运会会徽

奥运会会徽是奥运会最有权威性的形象标志。

2000年第27届悉尼奥运会的会徽"新世纪的运动员"(图5.1.2),由上而下的画面可以看出:悉尼歌剧院的外形曲线被用来表示火炬,而太阳、岩石和土著人的传统狩猎工具"飞去来器"的图形组成一个举着奥运会火炬奔跑的运动员形象。整个会徽的色彩语言极具象征意义：蓝色代表海港，黄色代表太阳和沙滩，红色代表内陆土地，突出了澳大利亚本土文化的独特性。

2004年第28届雅典奥运会的会徽为"雅典橄榄枝回归爱琴海"（图5.1.3）。2004年，人类文明奇迹之一的奥运会将回归她的发源地。在神圣的奥林匹斯山上，在辉煌的宙斯神庙里，在庄严的古奥运竞技场中，奥林匹克的律动再次跨越时空的界限，将全人类的目光集中在一点，会聚在爱琴海之畔，聚焦在橄榄花冠之上。爱琴海，古希腊文明的摇篮，一片充满诗意的梦幻蓝色。人类，奥林匹克运动的缔造者，手牵手环绕成为橄榄枝花冠。橄榄枝，和平与荣耀的象征，不掺杂一丝世俗的利益。三个简单的要素表达了"奥运发源"的主题。让人们在2004年回归，回到奥林匹克的故乡，在承载起橄榄枝花冠的爱琴海涛声中，细细品味奥林匹克的真谛。

2008年第29届北京奥运会的会徽"中国印·舞动的北京"（图5.1.4），由肖形印、中国字和五环徽有机地结合起来，形似中国传统民间工艺品的"中国结"，又似一个打太极拳的人形，图案如行云流水，和谐生动，充满运动感，象征世界人民团结、协作、交流、发展，携手共创新世纪，表达奥林匹克更快、更高、更强的体育精神。

图5.1.2

图5.1.3

图5.1.4

现代奥林匹克运动不论是从发展规模还是从发展水平上看，都已为举世所瞩目，奥林匹克精神得到了广泛传播。人们看到，作为一种文化现象，奥林匹克主义以竞技的形式，将不同肤色、不同文化背景的民族紧密联系在一起，对人类的社会活动，对人类的文明产生了深刻的影响。作为一种体育现象，奥运会是人类探索体能极限的最引人入胜的赛场。奥运会纪录、奖牌成为运动员追求的崇高目标，奥林匹克运动已成为参与国家和地区众多，具有巨大吸引力、穿透力和凝聚力的一项全球性活动。

四、奥林匹克精神

（一）含义

奥林匹克精神就是互相了解、友谊、团结和公平竞争的精神。没有奥林匹克精神，奥林匹克主义就不能得到全面的、真正的贯彻，现代奥林匹克运动也无法实现其促进世界和平和建立美好世界的目标。为此，顾拜旦竭力主张继承和发扬古代奥林匹克精神，把"和平、友谊、进步"作为奥林匹克运动的宗旨。

（二）本质内容

奥林匹克精神是人们对奥林匹克运动的内容实质（精髓）的认识。为了使奥林匹克精神能够起到指导人们社会实践的作用，可以把它的本质内容分解为如下五个原则：

1. 参与原则

参与原则是奥林匹克精神的第一项原则。因为只有参加到奥林匹克运动这项社会实践中去,才能进而实现奥林匹克理想。所以"参与比取胜更重要",是一种被世界各国运动员和广大群众所广泛接受的信念。

2. 竞争原则

竞争原则表明奥林匹克运动是一项倡导挑战与竞争的社会活动。例如,参与体育运动竞赛必须树立起敢争高下的竞争意识,高举起"更快、更高、更强"的大旗,勇于向世界强手和世界先进水平挑战,不断超越自己,超越他人,超越世界最高纪录。竞争使人类有所发展,有所创新,有所前进。公开地倡导竞争,是奥林匹克运动的一大特点。其对青少年的教育作用,对社会的发展与进步的促进作用,有不可估量的价值。

3. 公正原则

公正原则是指奥林匹克运动的竞争必须服从公平竞争、公正竞赛的要求,遵守规则,照章办事,光明磊落,平等公平。公正原则既是奥林匹克精神本质内容之一,也是奥林匹克精神深得人心、使人向往的重要原因之一。

4. 友谊原则

友谊原则是指奥林匹克运动不仅仅是一项单纯的体育活动,也不仅仅是通过体育活动达到个体健身强心的目的,其最高的目标是要通过体育活动的手段,把世界上不同国籍、不同肤色、不同语言的人凝聚在一起,相互交往,增进了解和友谊,进而达到世界的团结、和平、进步的目的。"胜负是暂时的,友谊是长久的","胜固可喜,败亦欣然",这些口号都是符合奥林匹克精神的。

5. 奋斗原则

奋斗原则是指参与奥林匹克运动要有坚韧不拔、锲而不舍、百折不挠、顽强拼搏、奋斗到底的精神。奋斗精神体现了人类先进分子的一种内在力量,是人类自强不息、发达昌盛不可缺少的高贵品质,体现了无论多么艰难困苦,一切艰险都不在话下,以及"世上无难事,只要肯登攀"的英雄气概。

(三)作用

1. 导向作用

奥林匹克精神是奥林匹克运动的旗帜,如同揭竿而起的标志,召唤着世界各地投身奥林匹克运动的人们,指引着人们实践奥林匹克精神的前进方向。在这面大旗的昭示下,人们为之向往、鼓舞、振奋,纷纷积极投身到如火如荼的奥林匹克运动中去。

2. 促进作用

奥林匹克精神强调友谊、团结、互相了解,这可以促进世界各国人民之间的交流,建立和谐的文化氛围。而正是在这种氛围中,人们才有可能摆脱各自文化带来的种种偏见。在不同文化的展现中看到的不是各种文化之间的差异、排斥,而是人类文化百花齐放、千姿百态的壮丽图景。有了这种精神境界,人们才能跳出各自狭小的民族局限,以世界公民的博大胸怀,去认识和理解自己民族以外的事物,领悟到各个民族都有着神奇的想象力和巨大的创造力,学会对其他民族的尊敬,从而以比较客观和公正的态度去看待别人和自己。只有这样,才能更加深刻地认识自己,虚心地吸取其他文化的优秀成分,不断丰富自己。也只有这样,奥林匹克运动所提倡的国际交流、互相学习才能真正得以实现。

3. 激励作用

奥林匹克运动以体育,特别是竞技体育作为它的主要活动内容。竞技体育具有教育、文化、娱乐等多种功能,它的一个突出特点就是具有鲜明的对抗性、比赛性和娱乐性。在剧烈的身体对抗和比赛中,运动员的身体、心理和社会公德可以得到良好的锻炼,观众也可得到健康的娱乐享受。但是这些功能的发挥需要一个前提条件,这就是公平竞争。只有在公平的基础上竞争,才具有真正意义,各国运动员才能保持和加强团结、友谊的关系,奥林匹克运动才能实现它的神圣目标。因此,奥林匹克精神不断激励人们从事公平、公正的竞争,以实现自我存在的价值。

第二节　奥林匹克运动的组织体系与奥运会的申办流程

一、奥林匹克运动的组织体系

奥林匹克运动自从创立以来,之所以能够发展到当今这样的规模,是因为奥林匹克运动有一个结构完备、功能齐全的组织体系。它包括国际奥委会、国际单项体育联合会和国家奥委会,三者构成了奥林匹克运动组织的三大支柱。国际奥委会是奥林匹克运动的领导机构,它的任务是按照《奥林匹克宪章》领导奥林匹克运动。它根据《奥林匹克宪章》所作出的决定是最终决定。国际奥委会的绝对领导地位是奥林匹克运动顺利发展的保证。国际单项体育联合会由各个国家或地区的单项体育协会组成,其最高权力机构是定期召开的代表大会,主要任务是负责它所管辖运动项目的技术和行政管理方面的工作。国家奥委会是按照《奥林匹克宪章》的规定建立起来的,并得到国际奥委会承认的负责一个国家或地区开展奥林匹克运动的组织,它担负着各自国家或地区发展和维护奥林匹克运动的重大任务。

二、奥运会的申办流程

奥运会是世界上规模最大、水平最高、影响最广的国际性综合运动会。奥林匹克运动的活动是持久的、全球性的,其最高层次的活动是使世界上的优秀运动员欢聚一堂的奥林匹克运动会,所以其申办流程也是非常严格的。

遴选奥运会主办城市是国际奥委会的独特权利,遴选工作必须在奥运会举办前7年完成。国际奥委会首先向各国奥委会发出是否申请举办奥运会的征询书,同时规定各申办城市提交申请书的截止日期,在此期间各申办城市必须经过本国奥委会的批准才具备申办资格。在取得国家奥委会同意后,申办城市的政府向国际奥委会提交举办奥运会的正式申请。申办城市还必须以书面形式表示尊重国际奥委会执行委员会发出的"申办城市条件"以及管辖奥林匹克运动会比赛项目的各国际单项体育联合会所制定的技术标准。递交申请后,国际奥委会便向各申办城市发出国际奥委会和国际单项体育联合会的技术调查等有关文件及调查表,同时也规定其呈交截止日期。2008年奥运会的申办调查文件及《奥运会申办手册》是于2000年5月发出的,回答截止日期是2000年底。各申办城市回答这个调查是整个申办工作中最重要的内容之一。国际奥委会执委从申办城市中确定若干个城市为候选城市。只有候选城市才能进入下一阶段的申办工作。候选城市要根据《奥运会申办手册》要求提交申办报告。这份报告要送到投票人手中,同时也是一个法律文件,一旦决定了某城市获得举办权,该城市必须兑现其在报告中所许下的诺言。国际奥委会要从各申办城市的报告中了解该城市与奥运会有关联的所有情况,包括政治、经济、文化以及城市现有或规划中的设施,乃至奥运会期间的气温、湿度等环境条件。

国际奥委会接到各城市的申办报告后,调查工作也随之开始进行。根据《奥林匹克宪章》的规定,国际奥委会要派出一个正式的"申办城市调查委员会",进行细致全面的考察。这个委员会的成员组成也有明文规定,即国际单项体育联合会代表3人,国家奥委会代表3人,国际奥委会委员4人,以及来自运动员委员会的委员1人。还规定,申办城市调查委员会的主席必须由国际奥委会的委员担任。调查委员会要研究所有申办城市的申办资格,调查所有地点,并将有关全部申办资格的书面报告在国际奥委会投票前两个月提交国际奥委会。

遴选奥运主办城市的最后程序是:国际奥委会以投票方式来确定奥运会的主办城市。在投票中,如果有一个城市获得半数以上的票,便确立其为主办城市。如果在第一轮投票中没有一个城市得票超过半数,则淘汰得票最少的一个城市,再进行下一轮投票,直至有一个城市的得票超过半数为止。投票由国际奥委会委员采取不记名投票方式进行,每个投票的国际奥委会委员在每轮投票中只拥有一票的权力。

第三节 中国与奥林匹克运动会

一、早期的中国奥运

中国与奥林匹克运动的联系最早可以追溯到1894年。当时,中国清政府曾经接到了希腊王储和近代奥运会发起人顾拜旦代表国际奥委会发出的邀请书。但由于昏庸的清政府不知"体育"为何物而未做答复。

1904年,许多中国报刊曾报道过第3届奥运会的消息。

1906年,中国的一家杂志介绍了奥林匹克历史。

1907年10月24日,著名教育家中国奥委会第一任主席张伯苓先生在天津学界运动会发奖仪式上,以"奥林匹克"为题发表了著名的演说。他指出,虽然许多欧洲国家的获奖机会甚微,但仍然派出选手参加奥运会。他建议中国组队参加奥运会。

1908年伦敦奥运会后,天津一家报纸再次介绍了奥林匹克运动的历史,还提出要争取这一盛会在中国举行。天津体育界人士用幻灯展示了伦敦奥运会的盛况,举办了奥林匹克专题演讲会。

1910年10月18日至22日,在"争取早日参加奥运会"和"争取早日在中国举办奥运会"口号的鼓舞下,在南京举办了中国历史上第一次全国运动会——"全国学校区分队第一次体育同盟会"。

1913年开始举办的远东运动会(最初名为"远东奥林匹克运动会"),是奥林匹克运动在亚洲的先驱,中国是发起者之一。在远东运动会上中国运动员取得了较好的成绩,表现了良好的体育道德。

1915年,国际奥委会致电远东运动会组委会,承认了远东体协,并邀请中国参加下届奥运会和奥委会会议。

1922年,我国的王正廷当选为国际奥委会委员。

1924年中华全国体育协进会成立后,中国陆续加入了田径、游泳、体操、网球、举重、拳击、足球、篮球8个国际单项体育联合会。在第8届奥运会上,我国3名选手参加了表演赛。

1928年第9届奥运会上,我国派观察员宋如海参加,并进行了考察工作。

1931年,当时的中华全国体育协进会被国际奥委会承认为"中国奥林匹克委员会"。中国正式参加奥运会的历史由此开始。

1932年,第10届奥运会在美国洛杉矶举行。我国本不想派选手参加,仅由全国体育协进会总干事沈嗣良前往观礼。而日本帝国主义扶持的伪满,为了骗取世界各国的承认,竟然电告国际奥委会:拟派刘长春、于希渭作为"满洲国"选手参加奥运会。举国一片哗然,刘长春也予以拒绝。在强大的舆论压力下,国民党政府决定,刘长春、于希渭作为运动员,宋君复为教练员,沈嗣良为领队,代表中国参加奥运会。在开幕式上,刘长春执旗前导,沈嗣良、宋君复以及中国留学生和美籍华人刘雪松、申国权、托平6人组成了中国代表团。于希渭因日方阻挠破坏,未能成行。刘长春在100米、200米预赛中位于小组的第五、六名,未能取得决赛权,但他以我国第一位参加奥运会的选手而留名于中国奥运会史。

1936年,第11届奥运会在德国柏林举行。中国派出了140人组成的代表团,其中运动员69人,参加篮球、足球、游泳、田径、举重、拳击、自行车7个项目的比赛。另外,还有11人的武术表演队和34人组成的体育考察团。其中篮球比赛胜过法国队,撑竿跳选手符宝卢取得复赛权。中国武术队的多次表演轰动了欧洲。

1945年抗日战争胜利后,中国第一位国际奥委会委员王正廷和体育家袁敦礼、董守义等人提出请求第15届奥运会(1952年)在中国举行,引起了国人的兴奋。

1948年,第14届奥运会在英国伦敦举行。我国派出了33名男运动员参加了篮球、足球、田径、游泳和自行车5个项目的比赛,但没有一人进入决赛。奥运会结束后,代表团在当地华侨总会的帮助下解决了路费,才得以返回祖国。

二、重返奥运的历程

1949年10月下旬,原中华全国体育协进会改组成立了中华全国体育总会(简称全国体总),也就是对外代表中国的国家奥委会。尽管中国派出代表团首次参加了1952年赫尔辛基奥运会,但是在奥运会上还是出现了"一中一台"的问题。为此,中国奥委会向国际奥委会发出抗议,但国际奥委会对此持漠视的态度。为了维护中国领土的统一和完整,中国奥委会于1958年8月19日宣布断绝与国际奥委会的关系,并从1958年6月至8月间,先后退出了15个国际单项体育组织。当时的中国国际奥委会委员董守义毅然辞去了国际奥委会委员的职务。

在之后的20余年里,中华人民共和国都无法代表中国参加许多国际体育比赛。为了打破这层坚冰,中国团结第三世界的体育力量,开始了漫长的破冰之路。第一个突破是在1962年夏天,印度尼西亚举办第4届亚运会,拒绝了台湾以中华奥委会的名义参加。为此,一些国际单项体育联合会取消了印度尼西亚的会员资格,禁止其参加奥运会。面对这样的现实,印度尼西亚总统苏加诺提议,举办新兴力量运动会(GANEFO)。第1届新兴力量运动会于1962年9月在雅加达举行,来自亚洲、非洲、拉丁美洲和欧洲的48个国家和地区的2 404名运动员参加比赛,中国派出了一支新中国历史上最大的体育代表团参加比赛。第二个突破口是被广为流传的"乒乓外交"。作为"乒乓外交"的硕果,1972年中国恢复了在联合国中的合法席位。1979年,中国奥委会向国际奥委会正式提出关于解决中国合法席位的建议。国际奥委会意识到,为尽快恢复中华人民共和国国际奥委会的合法地位,就必须解决台湾问题。这一建议得到了包括国际奥委会主席基拉宁在内的大多数人的赞同。同年11月,国际奥委会以通信表决方式让国际奥委会全体委员投票,结果以62票赞成,17票反对,2票弃权,通过国际奥委会执委会于10月25日在日本名古屋做出的"有关恢复中华人民共和国在国际奥委会合法席位"的决议。国际奥委会的这一决定,最终扫清了中国重返奥林匹克大家庭的障碍。从此,中国奥委会与国际奥委会建立了良好的、密切的合作关系。

三、扬威奥运的辉煌

中国在1979年重返奥运大家庭之后,就开始积极备战奥运会。

1980年2月,在国际奥委会中恢复席位的中国体育代表团首次出现在奥运会赛场上,参加了第13届冬季奥运会。

1984年,第23届奥运会在美国洛杉矶举行。中国派出大型代表团参加这项体坛盛事。开赛第一天,射击选手许海峰在男子自选手枪慢射比赛中勇夺冠军,从而实现了中国在奥运会历史上金牌零的突破。在2002年盐湖城冬奥会上,中国女选手杨扬又为中国实现了在冬季奥运会上金牌零的突破。回顾中国运动员参加奥运会的故事,细看他们的突破和取得的成绩,无疑是我国竞技体育的实力和水平的最好证明。在从"东亚病夫"到世界冠军的变化中,我们见证了中国体育发生的翻天覆地的变化。

从1979年恢复席位到2013年,中国体育健儿已经参加了8届夏季奥运会,获得了201枚金牌、144枚银牌和129枚铜牌。中国还参加了8届冬季奥运会,一共赢得了9枚金牌、18枚银牌和17枚铜牌。

在中国体育健儿扬威奥运会赛场的同时,有三名中国人先后当选了国际奥委会委员。1981年,中国的体育领导人何振梁当选为国际奥委会委员,他还于1989—1993年担任国际奥委会副主席,并多次担任执委。1996年,当时的国际羽毛球联合会主席吕圣荣也以国际单项体育联合会主席的身份当选为中国第一位国际奥委会女委员。2000年,国家体育总局副局长于再清当选为国际奥委会委员,成为中国活跃在国际奥委会舞台上的又一中坚力量。

四、申办奥运足迹

早在20世纪80年代初,邓小平同志就表示,中国要申办奥运会。在成功地举办了1990年北京亚运会之后,邓小平同志在视察亚运村时,再次强调中国要申办奥运会。

1991年12月,中国北京向国际奥委会第一次提出了申办2000年第27届奥运会的申请,开始了北京的第一次奥运会申办尝试。不过1993年9月23日在国际奥委会全会蒙特卡罗的表决中，北京以微弱的2票的劣势输给了悉尼，与2000年第27届奥运会擦肩而过。

1998年11月，党中央、国务院批准北京再次申办奥运会。1998年11月25日，北京市正式向中国奥委会递交承办2008年奥运会申请书。1999年1月6日，中国奥委会在首都体育馆举行全体会议，审议并批准了北京市人民政府关于举办2008年奥运会的申请。1999年4月7日，北京市市长刘淇和中国奥委会前主席伍绍祖在洛桑向国际奥委会主席萨马兰奇正式递交了北京市申办2008年夏季奥运会的报告。1999年9月6日，由国家体育总局、北京市人民政府和国务院相关部门组成北京2008年奥运会申办委员会，北京申办2008年奥运会工作正式启动。

2000年2月1日，北京奥申委主席刘淇提出中国北京申办奥运会的六大理由：第一，作为世界上人口最多的国家，中国对发展奥林匹克运动、促进世界和平应当做出贡献。第二，举办奥运会是北京市人民和全国人民的强烈心愿，并得到了我国政府的有力支持。第三，改革开放20多年来，我国在社会、经济、文化等各个领域都取得了世人瞩目的成就。第四，举办奥运会可以加快环境建设，促进经济发展，是北京迈向新千年的有利机遇。第五，举办奥运会将推动我国体育事业的发展，将更广泛地提高奥林匹克运动的普遍性。第六，申办奥运会，有利于北京作为现代化国际大都市的发展，借申办的契机，把自己悠远深厚的文化底蕴、兼容并蓄的宽广胸怀、谦和礼貌的公德素养、奋发有为的进取精神展现给全世界。

2000年6月20日，北京奥申委秘书长王伟在瑞士洛桑向国际奥委会正式递交申请报告。报告回答了国际奥委会向申请城市提出的22个问题，陈述了关于北京筹办2008年奥运会的计划和构想，是北京市申办2008年奥运会向国际奥委会递交的第一份正式答卷。2000年12月，北京奥申委聘请香港著名艺员成龙为申奥形象大使，随后又与杨澜、巩俐、邓亚萍和桑兰四位杰出女性签订协议，她们和后来加盟的刘璇、王治郅等一道竭力宣传北京申奥，并利用各自的国际关系，帮助北京在申办2008年奥运会的竞争中获得胜利。

2001年1月17日上午，北京奥申委代表团将申办报告交到国际奥委会总部。两天后，国际奥委会通知北京奥申委，北京的申办报告完全符合要求，可以将剩余的报告寄给120多名国际奥委会委员等人士和28个国际单项体育组织。从1月21日开始，北京奥申委向世界各地寄出182套北京2008年奥运会申办报告。

由荷兰人海因·维尔布鲁根和瑞士人吉尔贝·费利领衔的国际奥委会评估团17名成员，从2001年2月19日至2月24日对北京申奥工作进行考察。评估团在新闻发布会上评价说，北京申办奥运会得到了中国政府和北京市民的强有力支持。

2001年7月13日，莫斯科时间22时11分（北京时间18时11分），是中国体育的一个历史性时刻，一个特大喜讯降临华夏大地。2008年第29届奥运会的主办权属于中国，属于北京。这一直是中国人民和中国体育界殷切期待的梦想，是申办艰辛努力的成果！

经过改革开放的洗礼，北京以崭新的、多姿多彩的面貌进入新世纪，她以饱满的热情欢迎全世界的体育健儿和各界朋友，共同参与奥运盛会。历经百年沧桑的现代奥林匹克运动会，在拥有世界人口五分之一的中国举办，使奥林匹克精神得到更广泛的传播，翻开了奥林匹克运动的崭新一页。

五、中国与奥运大事记

1908年,第4届奥运会在伦敦举行之际,天津基督教青年会杂志上的一篇文章提出三个问题:中国何时才能派一位选手参加奥运会?中国何时才能派一支队伍参加奥运会?中国何时才能举办奥运会?

1913年,由中国、日本、菲律宾发起,在菲律宾马尼拉举行了首届远东奥林匹克运动会(后改称远东运动会)。

1922年,外交官王正廷当选国际奥委会成员。

1928年阿姆斯特丹奥运会,宋如海任观察员,海外华裔自行车手何浩华参加,但在比赛前受伤。

1932年洛杉矶奥运会,日本傀儡政府"满洲国"希望派短跑选手刘长春参赛,但遭拒绝。后来在张学良将军干预下,他代表中国参加,参加了100米和200米预选赛,但均被淘汰。

1936年柏林奥运会,中国派出69名运动员,参加的比赛有篮球、足球、田径等,没有获得奖牌。

1948年伦敦奥运会,中国派出了33名男运动员参加篮球、足球、田径、游泳、自行车5个项目的比赛,没有获得奖牌。

1949年,中华全国体育协进会改组为中华全国体育总会(中国奥委会)。

1952年赫尔辛基奥运会,由男足、男篮以及一名游泳选手组成的中华人民共和国代表团抵达时已经错过一些比赛,仅游泳选手吴传玉一人参加了游泳(100米仰泳)预赛。

1958年,中国因台湾问题退出国际奥委会。

1979年10月25日,国际奥委会执委会会议在日本名古屋召开,通过承认中国奥委会为全国性奥委会、恢复中国在国际奥委会合法席位的决议。11月26日,国际奥委会于洛桑宣布,经国际奥委会全体委员通信表决,批准执委会名古屋会议有关中国代表权的决议。中国奥委会是中国全国性组织,中国台北地区以中国台北奥委会名称,使用经国际奥委会批准的新旗、歌、徽参加奥林匹克活动。

1980年2月13日至24日,第13届冬季奥运会于美国普莱西德湖举行,中国首次派选手参赛。同年,第17届奥运会在苏联莫斯科举行,由于苏联出兵入侵阿富汗事件,包括中国、美国在内的几十个国家未派队参赛。

1984年萨拉热窝冬奥会,我国派出37名运动员参赛,没有获得奖牌。同年洛杉矶奥运会,中国奥委会派出175名男女运动员参加了16个大项的比赛。中国射击运动员许海峰夺得本届奥运会的第一枚金牌,实现了中国在奥运会中金牌零的突破。中国运动员在本届奥运会上共获得15枚金牌、8枚银牌和9枚铜牌,位居金牌榜第4位。

1988年卡尔加里冬奥会,中国队没有获得奖牌。同年汉城奥运会,中国派出301名运动员参加比赛,共获得5枚金牌、11枚银牌和12枚铜牌。

1991年,中国北京2000年奥运会申办委员会成立。1991年2月26日,中国奥委会和北京市决定向国际奥委会申请在北京举办2000年第27届奥运会,并于同年12月4日递交申请书,但未能如愿。

1992年,第16届冬奥会于法国阿尔贝维尔举行,叶乔波获女子500米、1 000米速滑银牌,李琰获女子500米短跑道速滑银牌。同年,第25届奥运会于西班牙巴塞罗那举行,中国派出251名运动员参加了20个项目的比赛,中国台北有37名运动员参加了7个项目的比赛。中国运动员获得16枚金牌、17枚银牌、16枚铜牌。同年,中国奥林匹克学会成立。

  1993年,第1届东亚运动会于中国上海举行。国际奥委会主席萨马兰奇于北京授予伍绍祖、张百发、张彩珍等奥林匹克银质勋章。奥林匹克博物馆新馆在洛桑落成,中国的体育美术展品被选为永久展品。中文版《奥林匹克理想——顾拜旦文选》一书出版。国际奥委会第101届全会于摩纳哥蒙特卡洛召开,中国申奥以2票之差落选。

  1994年第12次国际奥林匹克大会在法国巴黎贝尔西体育馆举行。国家体委主任伍绍祖、中国奥委会主席何振梁出席了这次大会。何振梁再次当选为国际奥委会执行委员。同年,第17届冬季奥运会于挪威利勒哈默尔举行,中国获1枚银牌、2枚铜牌。

  1996年吕圣荣在美国的亚特兰大举行的国际奥委会第105次全会上,当选为国际奥委会中国委员。她是中国第一位担任国际单项体育组织(羽毛球)主席和国际奥委会委员的妇女。同年,第26届奥运会在美国的亚特兰大举行,中国派出310名运动员,中国在本届奥运会上4破世界纪录,取得16枚金牌、17枚银牌、12枚铜牌。

  1997年,国际奥委会主席萨马兰奇宣布香港将以"中国香港"的名义参加奥运会。

  1998年第18届冬奥会在日本长野举行,中国获得6枚银牌、2枚铜牌。

  2000年第27届奥运会在澳大利亚悉尼举行,中国体育代表团共夺得28枚金牌、16枚银牌和15枚铜牌,在金牌榜和奖牌榜上均排在第三位。中国首次进入奥运会金牌榜前三名,取得了历史性的突破。

  2001年7月13日,通过激烈的竞争,北京以56票赢得2008年第29届夏季奥运会主办权。

  2002年第19届美国盐湖城冬奥会,中国队的杨扬在短道速滑女子500米决赛中夺取了冠军,为中国获得了第一枚冬奥会金牌。

  2004年雅典奥运会,刘翔在110栏比赛中追平了世界纪录,并且也刷新了奥运会纪录,如愿拿下了中国短跑选手在奥运会中的首枚金牌。

  2006年第20届都灵冬奥会,韩晓鹏夺得自由式滑雪空中技巧男子金牌,这是第一块雪上项目金牌,也是中国男子的第一枚冬奥会金牌。

  2008年,第29届奥运会在北京举行,武术以特设项目身份亮相北京奥运会。此次奥运设置了三大理念:绿色奥运、科技奥运、人文奥运。本届奥运会举行了28个大项、38个分项的比赛,产生了302枚金牌,有2万多名运动员、教练员和官员参加了北京奥运会。除大部分比赛在北京举行外,帆船比赛在青岛举行,马术比赛在香港举行,部分足球预赛在天津、上海、沈阳和秦皇岛举行。其中,由香港协办2008年奥运马术项目,是奥运历史上第二次由不同地区的奥委会承办。

  2012年,第30届奥运会在伦敦举行,中国体育代表团表现出色,获得了38枚金牌、27枚银牌、23枚铜牌,在金牌榜和奖牌榜上均排在第二位。

六、北京奥运会

  北京奥运会是在奥林匹克运动史上留下辉煌一页的体育盛会。来自204个国家和地区的1万余名运动员在16天里挑战极限、攀越新高,刷新了38项世界纪录和85项奥运会纪录,多个国家和地区实现了奥运会金牌和奖牌零的突破,奏响了更快、更高、更强的激情乐章,描绘了团结、友谊、和平的壮丽画卷。作为东道主的中国,为把北京奥运会办成一届有特色、高水平的奥运会作出了巨大努力。完善的比赛场馆设施,出色的组织服务工作,赢得了奥林匹克大家庭和国际社会的广泛好评。中国代表团共获得51枚金牌、21枚银牌、28枚铜牌,创4项世界纪录,第一次名列奥运会金牌榜首位,创造了中国体育代表团参加奥运会以来的最好成绩。

实践篇

第六章
田径运动

田径运动(Track and Field)是一种结合了速度与耐力,力量与技巧的综合性体育运动。田径是世界上最为普及的体育运动之一,也是历史最悠久的运动项目。田径与游泳、射击被视为奥运金牌三大项目,奥运会上田径的金牌是所有项目中最多的,"得田径者得天下"也由此而来。奥林匹克运动精神"更高、更快、更强"在很多方面都能够通过田径运动得到集中体现。

田径运动由走、跑、跳、投等所组成,分为田赛与径赛两个部分。"径赛"是在跑道或公路上等举行的比赛项目,"田赛"是在专门场地上举行的比赛项目。另外,由部分跑、跳、投掷项目组合的综合项目,用评分办法计算成绩的叫作"全能运动"。《田径史话》一书对田径运动的解释为:田径运动是人类从跑、跳、投这些自然运动而发展起来的体育运动和竞技项目。

田径运动包括竞走、跑、跳跃、投掷以及全能运动5个部分,共计40多个单项。

正式国际田径比赛的项目如表6.1.1所示。

表6.1.1 正式国际田径比赛的项目

项目		男子	女子
1.竞走		10千米、20千米、50千米	5千米、10千米、20千米
2.跑	短距离跑	100米、200米、400米	100米、200米、400米
	中距离跑	800米、1 500米、3 000米	800米、1 500米
	长距离跑	5 000米、10 000米	5 000米、10 000米
	跨栏跑	110米栏、400米栏	100米栏、400米栏
	障碍跑	3 000米	3 000米
	马拉松	42.195千米	42.195千米
	接力跑	4×100米、4×400米	4×100米、4×400米
3.跳跃		跳高、撑竿跳高、跳远、三级跳远	

项目		男子	女子
4.投掷	铅球	7.26千克	4千克
	标枪	800克	600克
	铁饼	2千克	1.5千克
	链球	7.26千克	4千克
5.全能		男子十项全能： 第一天：100米、跳远、铅球、跳高、400米； 第二天：110米栏、铁饼、撑竿跳高、标枪、1 500米	女子七项全能： 第一天：100米栏、铅球、跳高、200米； 第二天：跳远、标枪、800米

第一节 跑

跑是人体水平位移的一种基本运动形式，是单脚支撑与腾空相互交替、蹬与摆相配合的周期性运动。跑步中的一个周期是由一个复步（即跑两步）构成的。它经过两个支撑时期和两个腾空时期。

支撑时期：从脚着地时起到脚离地时止。

腾空时期：从脚离地时起到另一只脚着地时止。

在跑的一个周期中，每条腿的动作是连贯不能截然分开的。但是，为了便于分析动作，通常采用以身体重心处于支撑点的垂直上方（即垂直支撑）为参照，以下肢所处的位置来划分跑时一条腿的动作阶段。将支撑时期分为前支撑和后蹬两个阶段，将腿的摆动时期分为后摆和前摆两个阶段。

前支撑阶段：从脚着地起到身体重心移到支撑点的垂直上方为止。

后蹬阶段：从身体重心移过支撑点的垂直上方起到脚即将蹬离地面为止。

后摆阶段：从脚蹬离地面起到大腿垂直于地面为止。

前摆阶段：从后摆结束到脚着地为止。

一、短距离跑

短距离跑（简称短跑）是指用最快的速度跑完规定的较短距离。经常练习短跑，能有效地发展学生快速奔跑的能力，增强学生的体质，培养学生坚毅、顽强和勇往直前的意志品质。

（一）基本技术

短跑技术是一个不可分割的整体，为便于分析，可分为起跑、起跑后的加速跑、途中跑和终点跑4个部分。

1. 起跑

起跑的任务是对枪声（或"跑"的口令）作出迅速、准确的反应，使身体迅速摆脱静止状态，获得向前的最大冲力，为起跑后的加速跑创造有利条件。

短跑起跑采用蹲踞式起跑,短跑比赛时必须使用起跑器。常见的起跑器安装方式有"普通式"和"拉长式"两种(图6.1.1)。无论采用哪种方式,都应从运动员的实际情况出发,以能发挥最大肌肉力量、获得最大的向前冲力和在"预备"姿势时感到舒适而放松为准。目前,我国多数优秀运动员都采用适合于自身特点的"普通式"。

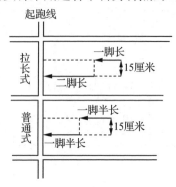

图6.1.1

在学校的体育教学和课外体育锻炼中,如是煤渣跑道未配有起跑器,可采用挖起跑穴代替,起跑穴的位置与安装起跑器的位置基本相同;如是塑胶跑道,必须按规定配齐起跑器。

起跑过程包括"各就位""预备""鸣枪"或"跑"3个环节。如图6.1.2所示,当听到"各就位"口令后,做1~2次深呼吸,轻快地走到起跑器前,两手撑在起跑线前的地面上,两脚依次踏在起跑器的前、后抵足板上,后膝跪地。然后两手收回置于起跑线的后沿,两臂伸直,两手距离比肩稍宽,四指并拢与拇指成"八"字形支撑于地面。此时,身体重心应稍前倾,颈部自然放松,两眼视前下方50厘米处,注意听"预备"口令。

当听到"预备"口令后,随之吸一口气,从容地抬起臀部,使之稍高于肩,同时身体重心适当前移,肩稍超出起跑线(10厘米左右),体重主要落在两臂和前脚上。前腿大、小腿夹角90°左右,后腿大、小腿夹角120°左右。注意力高度集中,静听枪响。

当听到枪响(或"跑")后,两手迅速推离地面,两臂及时做有力的前后摆动,同时两腿迅速蹬离起跑器,后腿以膝领先向前摆出,前腿要快速有力地蹬伸髋、膝、踝3个关节,把身体向前送出。

图6.1.2

2. 起跑后的加速跑

起跑后立即转入加速跑,其任务是在较短的距离内(通常为20~25米)尽快获得最大的速度。起跑第一步不宜过大,一般为3.5~4脚长,以后每步约增加半脚长,逐渐增加到途中跑步长。加速跑时,上体前倾较大,随着步长和速度的增加,逐渐抬起到途中跑的姿势(图6.1.3)。

图 6.1.3

3. 途中跑

途中跑的任务是保持高速度跑。在跑的一个周期中,单腿经历着地缓冲、后蹬前摆阶段。当摆动腿摆到最高点时大腿积极下压,膝关节放松,使小腿自然向前伸出,脚掌微翘起做由前向下向后的"扒地"动作,前脚掌离重心投影点约1.5脚掌处着地。着地后迅速转入合理的缓冲动作,支撑腿的膝、踝适度弯曲,脚跟稍离地,为快速有力的后蹬做好准备(图6.1.4)。

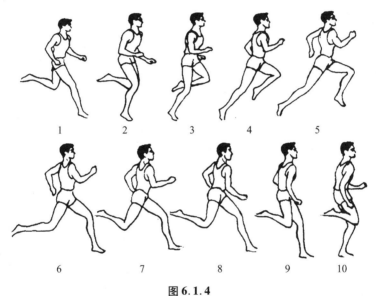

图 6.1.4

当身体重心移离支撑点,即开始后蹬。在摆动腿的大小腿折叠积极前摆配合下,支撑腿迅速伸展髋、膝、踝3个关节,最后用脚趾蹬离地面。后蹬角度约为50°(图6.1.5)。

图 6.1.5

当支撑腿蹬离地面,即转入前摆。随着大腿前摆,小腿随惯性向大腿靠拢,当摆动腿膝关节摆过支撑腿膝关节稍前部位时,大小腿折叠达到最大程度,脚跟几乎触及臀部。接着,摆动腿继续前摆,当摆到最高点时与支撑腿之间的夹角为100°~110°。

途中跑时,上体应稍有前倾,头部正直并与上体保持一致。

摆臂的主要作用是维持身体平衡和调节跑的节奏。摆臂时,两手半握拳、屈肘,以肩为轴做前后摆动。前摆时稍向内,后摆时稍向外。

200米和400米跑有一半以上的距离在弯道上进行。在弯道跑时,身体应向圆心倾斜。弯道半径越小,跑的速度越快,倾斜程度就应越大。为了跑最短距离,脚的着地点应尽量靠近左侧分道线。

4. 终点跑

终点跑的任务是尽量保持高速度跑过终点。此时上体稍前倾,并加强摆臂。在距终点线约一步时,上体急速前倾,以胸部或肩部撞终点线,并跑过终点,然后逐渐减慢速度。

(二)主要练习方法

短跑的主要练习方法如图6.1.6所示。

图6.1.6

(三)比赛规则简介

(1)运动员挤撞或阻挡别的运动员而妨碍其跑进时,取消此运动员该项比赛资格。

(2)在分道径赛中,运动员应自始至终在各自分道内跑进。

(3)运动员由于受他人推、挤或被迫跑出自己的分道,但未从中获得实际利益,则不应取消其比赛资格;如运动员在直道上跑出自己分道或在弯道上跑出自己的分道外侧分道线,未从中获得实际利益,也未阻挡其他运动员,则不应取消其比赛资格。

(4)400米及400米以下各项径赛运动员必须使用起跑器和蹲踞式起跑。在"各就位"口令之后,运动员必须完全在自己分道内和起跑线后做好准备姿势,双手和一膝必须与地面接触,双脚必须接触起跑器。在"预备"口令之后,运动员应立即抬高重心做好起跑姿势,此时双手仍与地面接触,双脚不得离开起跑器。

(5)"各就位"或"预备"口令发出,所有运动员应立即做好最后预备姿势,不得拖延。经适当时间仍不服从命令者,以起跑犯规论。

(6)"各就位"口令下达后,如运动员用声音或其他方式干扰比赛中的其他运动员,以起跑犯规论。

(7)运动员在做好最后预备姿势之后和鸣枪之前开始起跑动作,判为起跑犯规。

(8)起跑犯规的运动员必须予以警告。对于任意第2次起跑犯规的运动员都要取消其比赛资格。

(四)最新世界纪录

目前,男子100米跑和200米跑的世界纪录由牙买加选手博尔特保持,成绩分别为9秒58和19秒19;男子400米跑的世界纪录保持者是南非的范尼·凯克逊,成绩为43秒03。女子100米跑和女子200米跑的世界纪录由美国名将乔伊纳在1988年创造,成绩分别为10秒49和21秒34;女子400米跑的世界纪录由前东德选手科赫在1985年创造,成绩为47秒60。

二、中长跑

中长跑是中距离跑和长距离跑的合称。经常参加中长跑锻炼,能改善呼吸系统和心血管系统的机能,发展耐力素质,培养坚毅、顽强的意志品质。因中长跑不受场地、器材、年龄、性别等条件限制,近年来在世界范围内掀起长跑热,以健身为目的的长距离跑被人们广泛作为锻炼身体的重要手段。

中长跑比赛项目有800米、1 500米、3 000米、5 000米、10 000米等项目。

(一)基本技术

中长跑是耐力性运动项目,要求运动员在保持高频率跑的情况下,合理地分配体力,尽可能少地消耗能量。

1. 起跑和起跑后的加速跑

中长跑一般采用站立式起跑(图6.1.7)。当运动员听到"各就位"的口令后,迅速走到起跑线后将有力脚放在起跑线后沿,另一脚在后,两脚前后间距约一脚长,左右间距约半脚长,两腿微屈,上体前倾,体重落在前脚,后脚用前脚掌着地,前脚异侧臂自然下垂,同侧臂置于体侧,眼看前方5~10米处,身体保持稳定,集中注意力听枪响。

当听到枪响后,两腿迅速用力蹬地,两臂配合两腿做快速有力的摆动,使身体迅速向前冲出。加速跑时上体前倾较大,蹬摆积极,当跑到能发挥个人跑速的战术位置时,就进入匀速而有节奏的途中跑。

图 6.1.7

2. 途中跑

中长跑中的途中跑的技术原理与短跑的基本相同,由于距离和跑速不同,在技术上存在着不同程度的差异。

(1) 后蹬用力的程度较短跑小些,后蹬的角度较短跑稍大些,一般为55°。

(2) 大腿前摆的高度比短跑低些,前摆时大小腿折叠动作比短跑小些(图6.1.8)。

图 6.1.8

(3) 身体前倾的角度比短跑小些(上体正直或稍前倾5°左右)。

(4) 弯道跑时,技术动作变化的程度较短跑小些。

3. 终点跑

中长跑中的终点跑是运动员在十分疲劳的情况下,竭尽全力进行最后一段距离的冲刺跑。终点跑要求运动员具有顽强的意志,动员全身力量,加强摆臂和蹬摆,向终点冲去。终点冲刺的时机,应根据比赛项目、训练水平、战术要求和临场的情况而定。一般情况下,800米可在后200～250米开始加速,若跑的距离更长,开始加速的距离可相应增加。

4. 中长跑的呼吸

中长跑由于能量消耗大,机体要产生一定的氧债,为了保证机体对氧气的需求,呼吸必须有一定的深度和频率,还必须与跑的节奏相配合,一般是跑2～3步一呼气,跑2～3步一吸气。

(二) 主要练习方法

(1) 匀速跑80～100米,主要是培养速度感觉和发展一般耐力。

(2) 加速跑(见短跑练习)。

(3) 变速跑(或走跑交替),即快跑与慢跑(或走)交替进行。例如,100米中(快)速跑+100米慢跑(或走);200米中(快)速跑+100～200米慢跑(或走)。

(4) 重复跑,即多次重复固定距离的跑法。重复跑的距离比个人专项距离要短,如800米、1 500米等项,可进行200～400米的重复跑。

(5）定时跑，即在规定的时间内跑完一定的距离，可以发展专项耐力和培养跑的速度感觉能力。

（6）越野跑（或自然地形跑），即在野外进行的跑。跑的距离、时间可长可短，跑的速度可快可慢。

（7）登山。根据不同山的高度和练习者要达到的要求，重复次数可以进行选择。登山是发展耐力的好方法。

（三）比赛规则简介

（1）运动员擅自离开跑道，不得继续比赛。

（2）中长跑起跑口令是"各就位"，运动员准备就绪等待"鸣枪"。

（3）800米跑比赛，运动员应在第一个弯道沿分道跑，未过跑道标志线提前切入里道或过标志线后强行切入阻挡他人为犯规。

（4）起跑出发时强行切入里道阻挡他人或在跑道上采用不合理的方法超越他人则取消其比赛资格。

三、超长距离跑

超长距离跑是指马拉松，距离是42.195千米。

目前，男子马拉松的世界纪录保持者是肯尼亚选手埃鲁德·基普乔格，成绩为2小时25秒。女子马拉松的世界纪录保持者是肯尼亚选手玛丽·凯塔尼，成绩为2小时17分1秒。

四、跨栏跑

跨栏跑是在快速跑中跨越一定数量、一定距离和一定高度栏架的径赛项目，也是田径运动中技术比较复杂、节奏性比较强、锻炼价值比较高的项目之一。经常练习跨栏跑，可以培养勇敢、顽强、果断和克服困难的意志品质，并能有效地发展速度、弹跳力、柔韧性和灵敏性等身体素质。在室外举行的成年组跨栏跑比赛项目有男子110米栏和400米栏，女子100米栏和400米栏。

（一）基本技术

跨栏跑完整技术可分为起跑至第一栏、跨栏步、栏间跑和终点跑四个部分。

1. 男子110米栏

（1）起跑至第一栏。

起跑后快速准确地跨过第一个栏是跑好全程的重要环节。跨栏跑都要采用蹲踞式起跑，起跑技术与短跑基本相同。由于起跑线到第一个栏的距离和加速跑的步数是固定的，所以起跑和起跑后的加速跑与短跑又不完全一样。例如，起跑时身体与地面的夹角比短跑大；起跑后抬腿幅度大，步长增加快，起跑后上第一个栏架时步长已接近途中跑步长。

（2）跨栏步。

指起跨腿踏上起跨点开始到摆动腿的脚过栏后着地为止，包括起跨攻栏与腾空过栏两个阶段。

① 起跨攻栏。起跨点一般距栏架2~2.2米，起跨腿的脚着地点应在身体重心投影点的稍前方，当身体重心移过支点时，迅速蹬伸，同时充分高抬摆动腿，起跨腿同侧臂有力

前伸,上体随后蹬用力重心前移而逐渐加大前伸。当结束起跨攻栏动作时,起跨腿髋、膝、踝3个关节充分伸直,躯干和起跨腿基本成一直线(图6.1.9)。

② 腾空过栏。起跨腿蹬离地面后,摆动腿大腿随惯性继续高抬,摆动腿异侧臂积极前伸。当摆动腿脚掌越过栏板后,即开始做积极的下压动作,同时起跨腿膝外展经体侧迅速向前提拉,起跨腿同侧臂屈肘后摆,以维持身体平衡。摆动腿着地时以前脚掌扒地,上体适当前倾,着地点尽量靠近身体重心投影点,着地点距栏1.4~1.5米(图6.1.9)。

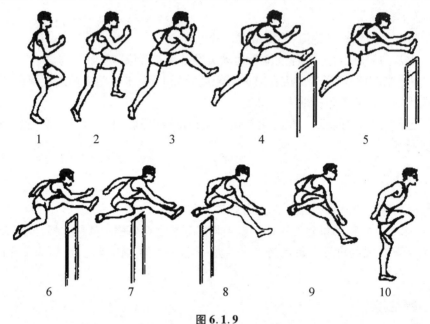

图6.1.9

(3) 栏间跑。

9.14米的栏间距离一般用3步跑完,跑的动作和短跑基本相同,但3步的步长不等:第1步最短,约1.5~1.6米;第2步最长,约2.1~2.2米;第3步因准备起跨,步长较第2步缩短20厘米左右,形成一个快速短步。栏间跑要求身体重心高、跑的直线性强和加速节奏明显。

(4) 终点跑。

当跨越最后一个栏架时摆动腿应更积极地下压,着地点较近,起跨腿一过栏架即向前摆出。终点跑要加大身体前倾,加快频率,加强蹬摆,以最快的速度冲向终点,撞线动作与短跑相同。

2. 女子100米栏

女子100米栏与男子110米栏技术相比,由于栏架较低,栏间距离较短,所以起跨的后蹬角度和上体前倾角度都较小,摆动腿前摆较低,起跨腿前拉幅度和两臂的摆幅也较小。过栏时身体重心腾起的高度低,过栏速度接近短跑。起跑至第一栏一般跑8步,起跨点距栏约为2米,下栏着地点距栏架为1.05~1.1米(图6.1.10)。

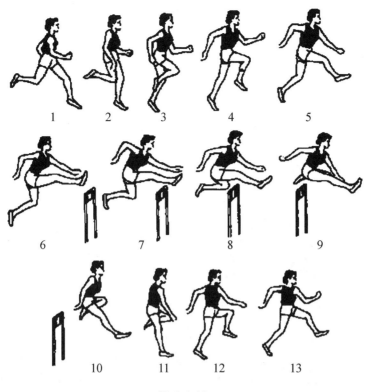

图 6.1.10

（二）主要练习方法

（1）原地或行进间做摆动腿的抬（屈膝高抬）、伸（小腿自然前抬）、压（积极下压）动作。

（2）原地或行进间做摆动腿"鞭打"练习。

（3）行进间（跑 3～5 步）由栏侧做攻摆练习。

（4）手扶肋木站立，体侧纵或横向放一栏架，做起跨腿提拉练习。

（5）行进间（跑 3～5 步）由栏侧做摆动腿过边栏和起跨腿提拉练习。

（6）行进间（跑 3 步）做"跨栏步"动作，过 2～3 个栏。栏间距离为 7～8 米。

（7）做站立式起跑过栏练习，栏间跑 3 步。

（8）设置较短栏距，栏间跑 1～3 步过栏练习。

（三）比赛规则简介

（1）跨栏比赛均为分道跑，运动员应自始至终跑在各自的分道内。

（2）运动员在过栏瞬间其脚或腿低于栏顶水平面，或者跨越他人的栏架，或者裁判长认为有意用手或脚推倒栏架，应取消其比赛资格。

五、接力跑

接力跑是田径运动中唯一的集体项目。接力跑以队为单位，每队 4 人，每人跑相同距离。其起源有多种说法，有的认为起源于古代奥运会祭祀仪式中的火炬传递，有的认为与非洲盛行的"搬运木料"或"搬运水坛"游戏有关，也有的认为是从传递信件文书的邮驿演变而来。练习接力跑可以发展速度和灵巧性等身体素质，培养团结协作的集体主义精神。

接力跑比赛项目分别为男子和女子4×100米、4×400米接力跑。

(一) 基本技术

接力跑的技术包括短跑技术和传接棒技术。接力跑的成绩取决于队员的速度和传接棒动作的配合。

1. 4×100米接力跑技术

(1) 持棒起跑。第1棒运动员右手持棒,采用与短跑相同的蹲距式起跑。持棒人用右手中指、无名指和小拇指握住棒的末端,拇指和食指分开撑地(图6.1.11)。接力棒不得触地及起跑线或起跑线前面的地面。

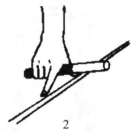

图6.1.11

(2) 接棒人起跑。接棒人常采用半蹲式起跑。起跑时第2、4棒运动员站在本分道预跑区内的外侧(第3棒在内侧),用一手撑地,头转向侧后方,目视跑来的队员和自己起跑的标志。当传棒人跑至标志线时,接棒人即迅速起跑。

2. 传接棒的方法

常用的传接棒方法有上挑式和下压式两种。

(1) 上挑式。接棒人手臂自然后伸,掌心向后,虎口张开朝下。传棒人将棒由下向前上方送到接棒人手中(图6.1.12)。这种方法的优点是动作比较自然、容易掌握;缺点是接棒人握棒的位置随着多次传接过程会越来越下移,容易出现因传接棒而减慢跑速和掉棒的现象。

(2) 下压式。接棒人手臂自然后伸,掌心向上,虎口张开朝后。传棒人将棒的前端由上向前下方送到接棒人手中(图6.1.13)。这种方法的优点是每次接棒都能接到棒的前端,便于下次接棒;缺点是接棒人手腕动作较紧张,不容易掌握。

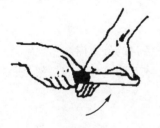 

图6.1.12　　　　　　　　图6.1.13

(3) 在比赛中经常采用混合式,即综合上挑式和下压式的优点,第1、3棒队员右手持棒,用上挑式把棒传到第2、4棒队员的左手中。第2棒队员左手持棒,用下压式把棒传到第3棒队员的右手中。

4×100米接力跑全程由4名队员共同完成,因此在分配棒次时,必须考虑发挥每个队员的特长。一般第1棒应安排起跑和弯道跑技术好的队员;第2棒应是速度耐力好和传接棒技术好的队员;第3棒队员除具备第2棒队员的条件外,还要善于跑弯道;第4棒应安排速度最快,意志品质和冲刺能力最强的队员。

（二）主要练习方法

（1）原地做传接棒练习。

（2）跑动中做传接棒练习。

（3）双人在接力区内快速跑中完成传接棒。

（4）各种距离的双人、3人、4人异程接力。

（5）进行4×100米接力跑比赛。

（三）比赛规则简介

（1）4×400米接力跑各队必须在各自的分道上跑完3个弯道,跑过抢道标志线后方可进入里道。

（2）运动员须手持接力棒跑完全程,如棒掉落须由掉棒运动员拾起,拾棒时不得阻碍其他运动员,否则将取消其比赛资格。

（3）在所有接力跑中,必须在接力区内完成传接棒。是否在接力区内,应以接力棒的位置为准,不以运动员的身体或四肢位置为准。

（4）4×400米接力跑的第3、4棒接棒运动员应在裁判员的指定下,按照同队传棒运动员跑完200米时的先后顺序,由内到外地排列各自的接棒位置。

（5）运动员传棒后,应留在各自分道或接力区内,直到跑道通畅,以免阻挡其他运动员。凡因跑错位置或跑出分道而阻碍他队队员者,将取消本队比赛资格。

（6）凡被推动跑或通过其他方法受到帮助者,将取消其比赛资格。

（7）接力队一旦开始比赛,在下一赛次比赛中,只准许有两名队员作为候补队员;在每赛次比赛前,必须声明各棒运动员的顺序;已参加过比赛的运动员,一旦被人替换,则不能再参加后继赛次的接力比赛。

（四）最新世界纪录

男子4×100米接力跑的世界纪录由牙买加队创造,成绩为36秒84;男子4×400米接力跑的世界纪录由美国队保持,成绩为2分54秒2。女子4×100米接力跑的世界纪录由美国队创造,成绩为40秒82;女子4×400米接力跑的世界纪录为3分15秒17,由苏联队创造。

六、障碍跑

障碍跑就是在田径场地上跑越一定障碍的竞赛项目。它不但要求运动员具有长跑的耐力和技术,还要掌握跨越障碍和水池的本领。正式比赛项目只有3 000米障碍一项,全程共跨越35次障碍,其中有7次为带水池的障碍。途中障碍设置方法有两种:一种每圈长390米,跑7圈,起点至第一圈起点270米,第一圈起点至第一障碍10米,第二障碍至第五障碍78米,第五障碍至终点68米;另一种每圈长410米,跑7圈,起点至第一圈起点130米,第一圈起点至第一障碍10米,第二障碍至第五障碍82米,第五障碍至终点72米。

越过障碍栏架的方法有两种:一种是直接跨栏法,近似400米栏的动作,起跨点约距栏架1.5~1.8米,起跨角略大,身体重心腾起稍高;另一种是踏上跳下法,用有力腿蹬地起跳后,前伸的摆动腿屈膝以脚跟踏上横木后沿,随之身体前移,待重心移过障碍栏架后,支撑腿也转为脚尖蹬横木使身体向前落下,用起跨腿落地。跨过水池障碍的方法也采用踏上跳下法。

女子障碍跑开展较晚,国际田联1997年才开始推广。在2008年第29届奥运会上,女子3 000米障碍才被设为正式比赛项目。

目前,男子3 000米障碍跑的世界纪录由卡塔尔沙辛创造,成绩为7分53秒63;女子3 000米障碍跑的世界纪录由俄罗斯名将加尔金娜保持,成绩为9分01秒59。

第二节 跳 跃

田径运动中的跳跃项目,是运用人体自身的能力(或同时借助一定的器材——撑杆),通过一定的运动形式,使人体腾越尽可能高的高度或跳越尽可能远的远度。

跳跃项目属非周期性项目,各个跳跃项目,虽然运动形式和要求不同,但有其共同点,即人体的运动都是从静止状态开始向前跑进,而后转变为腾空,最后是落地。因此,各项跳跃运动都可以分成四个紧密相连的动作阶段:人体向前水平移动阶段,技术上称作助跑;人体向前水平移动转变为向前上运动阶段,技术上称作起跳;人体离地后的空中腾越阶段,技术上称作腾空;人体腾空后着地阶段,技术上称作落地。

一、跳高

跳高是人体通过快速的助跑和起跳,采用合理的过杆姿势和动作,使身体腾越垂直距离的运动项目。它是广大青少年喜爱的锻炼手段。练习跳高能有效地增强腿部的肌肉力量,发展灵敏性、协调性等身体素质,还可培养勇敢、果断等优良品质;熟练的跳高技术给人以美的感受。跳高可以在比较简易的条件下进行,是符合我国当前国情的一项运动。目前我国各级各类学校的体育课中均有跳高内容。

在跳高技术的发展过程中,曾出现过跨越式、剪式、滚式、俯卧式、背越式5种姿势。目前,剪式、滚式由于技术落后已被淘汰。从竞技和表现运动成绩的角度来看,俯卧式也很少见,唯有背越式跳高被世界优秀运动员普遍采用。另外,在学校体育教学和课外体育锻炼中,简单的跨越式跳高也是重要而常用的锻炼手段。

(一)基本技术

完整的跳高技术是由助跑、起跳、过杆和落地4个紧密相连的动作环节所组成。从力学上讲,跳高成绩受下列几个因素的影响:腾起初速度、腾起角度及过杆补偿动作。腾起初速度是助跑水平速度与起跳的垂直速度之合速度。腾起角则是人体重心轨迹与地面的夹角。通过运动增加人体内力(肌肉用力)和外力(支撑反作用力),以合理的技术有意识地提高初速度和形成适宜的腾起角是提高跳高成绩的关键。

1. 助跑

助跑的任务是使人体获得一定的水平速度,为有力地起跳和顺利地过杆创造有利条件。

（1）助跑的种类。跳高助跑可分为直线助跑和弧线助跑两种形式。

① 直线助跑(图6.2.1)：人体脚尖正对助跑方向沿直线跑进。直线助跑适用于跨越式跳高和俯卧式跳高。跨越式是摆动腿靠近横杆一侧起跳，俯卧式则是起跳腿靠近横杆一侧起跳。

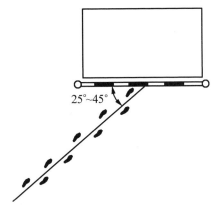

图6.2.1

② 弧线助跑(图6.2.2)：实际上这是一种呈"丁"字形的助跑路线，即助跑的前段为直线，后3~4步成弧线。弧线助跑适用于背越式跳高。靠近横杆一侧是摆动腿。

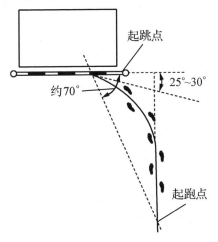

图6.2.2

（2）助跑丈量步点的方法。助跑丈量步点的方法有走步丈量法、等半径丈量法和直角坐标丈量法，通常采用走步丈量法(图6.2.3)。

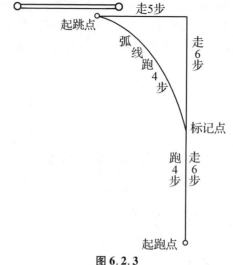

图 6.2.3

先确定起跳点。起跳点一般在离近侧跳高立柱 1 米、离横杆垂直投影线 60～90 厘米处。由起跳点沿横杆的平行方向走 5 步,再向右转成直角自然走 6 步做一标记,再向前走 6 步画起跑点。由标记点向起跳点画一弧线连接,即成最后 4 步的助跑弧线。直段也跑 4 步,全程共 8 步。直段丈量一般用公式 $2x-2$ 确定,如跑 4 步,则 $4\times 2-2=6$,即用自然步走 6 步也可。直线助跑步点丈量,也可采用反向跑的方式来确定。

(3) 助跑的方法和要求。按照完成动作的先后,可把助跑分为加速阶段和准备阶段。加速阶段的要求是助跑动作轻松自然、重心平稳、步点准确和逐渐增大跑速。准备阶段是指最后几步助跑,也是助跑的主要阶段。这时练习者要注意逐渐加大用力程度,并保持动作的连贯性和合理的节奏,使动作快速有力。

快速助跑起跳是跳高技术的发展方向。提高助跑速度能够使更多的动能转化为压紧身体的弹性势能,使得练习者在瞬间的起跳时间内达到最大的用力效果。

直线助跑准备阶段采用脚跟先接触地面并迅速过渡到前脚掌着地的"滚动式"跑法,后蹬积极有力,摆动腿带髋向前。在助跑倒数第 2 步时应加大步长做专门的降低身体重心动作,以加长起跳工作距离和准备起跳。

2. 起跳

起跳的任务是将助跑所获得的水平速度转化为最大的垂直速度。起跳将改变人体运动的方向,使身体充分地向上腾起,同时还要产生一定的旋转动力,保证过杆动作的顺利完成。由起跳形成的腾起初速度和腾起角是决定高度的主要因素。因此,起跳是跳高技术的关键环节。

背越式起跳动作包括放脚、缓冲和蹬伸 3 个阶段。起跳脚踏上起跳点时,一般与横杆垂直面有 5°左右的夹角,即与助跑弧线的切线方向一致。在助跑最后一步前,摆动腿支撑时要压紧,并积极送髋。由于身体向圆心方向倾斜,身体重心已处于相对于身体直立时较低的位置,因而不需要做专门的降低重心的动作,这能缩短支撑时间、加快动作。起跳脚向前迈出,用脚跟外侧先触地并滚动为全脚着地,同时身体由倾斜转为垂直,摆动腿屈腿以髋带动大腿迅速前摆。起跳腿在脚着地后,伸肌进行退让工作,同时摆动腿继续上摆,把同侧髋带出,带动骨盆扭转,同时蹬伸起跳腿。两臂配合腿的动作向上提肩,提腰摆臂,及时开始做引肩动作,为身体腾起转为水平姿势做好准备(图6.2.4中的1~6)。

3. 过杆和落地

腾空过杆阶段的任务是充分利用身体重心腾起的高度,采用合理的过杆姿势和动作,使整个身体顺利地越过横杆。落地阶段的任务是及时做好缓冲动作,安全落地。

背越式跳高由于骨盆在起跳时已经转动,因此当人体腾空后,身体继续转动成背对横杆的姿势。摆动腿的膝放松,起跳腿蹬离地后自然下垂,肩继续向杆伸展,头和肩先过杆,骨盆向前翻转使髋部充分伸展,两腿有些向后,在杆上成背卧而又有反弓形的姿势。髋部伸展动作要延续到臀部越过横杆,而后过杆的两臂做向前的动作,同时借助向后弓的"反弹"作用,把未过杆的两腿上举,使其越过横杆。身体过杆后,用肩背落于海绵垫上(图6.2.4中的7~18)。

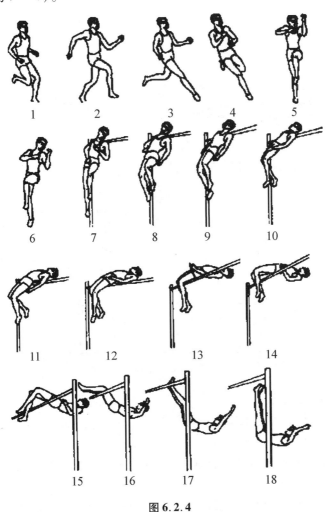

图6.2.4

(二)主要练习方法

跳高是较为复杂的非周期性技术的田径运动项目。因此,在学习跳高技术时应突出重点(起跳),突破难点(助跑与起跳结合),先分解练习,后完整练习,同时注意把发展腿部力量、柔韧性、协调性等身体素质结合起来,这样才能掌握好跳高技术,并使之成为锻炼身体的有效手段。

练习之前,首先应建立正确的跳高技术概念,即结合示范、讲解认识跳高技术的重点和难点,并通过技术录像、图片等,进一步了解背越式跳高的完整技术。背越式跳高的主要教学手段如下:

1. 过杆和落地技术的练习方法

(1) 后倒成"桥",两肩着垫(图6.2.5)。

图6.2.5

(2) 仰卧蹬高物,利用蹬力挺髋,接着收腹举腿(图6.2.6)。

图6.2.6

(3) 原地双脚起跳、引肩、提髋、屈膝、肩背着垫(图6.2.7)。

图6.2.7

2. 起跳技术的练习方法

(1) 摆臂练习。两臂屈肘上摆,提肩、拔腰,在肘与肩平行时急停。摆动腿同侧肩臂略高于起跳腿同侧肩臂。

(2) 摆腿练习。侧立,摆动腿折叠高抬带同侧髋摆出,同时扣膝内转,约转体90°成背对。

(3) 放起跳腿练习。起跳腿由后向前迈出,大腿不高抬,用脚跟及脚掌外侧先着地,同侧肩在后形成髋、肩轴交叉,身体稍内倾的姿势。

(4) 迈步起跳练习。起跳腿前迈起跳,动作快速有力,蹬摆协调,起跳后,保持腾起姿势落地。此练习可由帮助者托腰腾起,进一步体会腾起的感觉。

3. 助跑与起跳相结合技术的练习方法

(1) 弧线助跑练习(图6.2.8)。

(2)在弧线助跑练习的基础上,沿弧线每走3~4步做一次起跳练习,起跳腾空后面对圆心,起跳腿落地。

(3)沿弧线跑3~4步起跳,用摆动腿同侧臂做单手反手触摸高悬物或篮板练习。

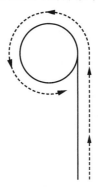

图 6.2.8

4. 完整技术练习方法

弧线助跑3~4步起跳后,仰卧在高置的海绵垫上(图6.2.9)。

(1)弧线助跑3~4步,起跳过杆练习。

(2)短程助跑,起跳过杆练习。

(3)全程助跑,背越式技术完整练习。

图 6.2.9

(三)比赛规则简介

(1)运动员的试跳顺序,应由抽签排定。

(2)比赛开始前,裁判员应向运动员宣布起跳高度及每轮横杆的升高计划,此计划直到比赛中只剩下一名运动员或出现第1名成绩相等的情况。

(3)除非比赛中只剩一名运动员,并且他已获得该项比赛冠军,否则,每轮之后,横杆提升的幅度不得少于2厘米;全能比赛每轮提升高度均为3厘米。

(4)运动员必须用单脚起跳。

(5)如有下列情况之一者,判为试跳失败:① 试跳后,由于运动员在试跳时的动作触及横杆,致使横杆未能留在横杆托上。② 在越过横杆之前,身体任何部分触及立柱之间、横杆延长线垂直面以外的地面或落地区者。③ 运动员在试跳中,若一脚触及落地区,而裁判员认为其并未从中获得利益,则不应判为试跳失败。

（6）运动员可以在主裁判事先宣布的横杆升高计划中的任何一个高度上开始起跳，也可在以后任何一个高度上根据自己愿望决定是否试跳。但不管在任何高度上，只要运动员连续3次试跳失败，即失去继续比赛资格。因成绩相等而进行的第1名决名次的试跳除外。此规则允许运动员在某一高度上第1次或第2次试跳失败后，在其第2次或第3次试跳时请求免跳，并在后继的高度上继续试跳。运动员在某一高度上请求免跳后，则不准在同一高度上恢复试跳，第1名成绩相等的情况除外。

（7）当该运动员在比赛中取胜之后，有关裁判员或裁判长应征求该运动员意见，然后确定横杆提升的高度。此规定不适用于全能运动项目。

（8）每名运动员应以其最好的一次试跳成绩（包括第1名成绩相等决名次的试跳成绩）作为其最后的决定成绩。

（四）最新世界纪录

男子跳高的世界纪录：古巴的索托马约尔保持室外跳高世界纪录2.45米和室内跳高世界纪录2.43米。女子跳高的世界纪录：保加利亚的科斯塔迪诺娃保持室外跳高世界纪录2.09米，瑞典的伯格奎斯特保持室内跳高世界纪录2.07米。

二、跳远

跳远是人体通过快速的助跑和积极的起跳，采用合理的姿势和动作，使身体腾越尽可能远的水平距离的运动项目。

跳远是田径运动跳跃项目，又称急行跳远，由助跑、起跳、腾空和落地等动作组成。运动员沿直线助跑，在起跳板前沿线后用单足起跳，经腾空阶段，然后用双足在沙坑落地。比赛时以跳的远度决定名次。在跳远技术的发展过程中，曾出现过3种空中姿势，即蹲踞式、挺身式和走步式。尽管走步式竞技效果很好，但技术难度大，对身体素质要求高，因此，把跳远作为锻炼身体的手段时，仍普遍采用蹲踞式和挺身式。

三级跳远是助跑后沿直线连续进行3次不同形式跳跃（第一跳为单足跳，用起跳腿落地；第二跳为跨步跳，用摆动腿落地；第三跳为跳跃，必须用双脚落入沙坑），腾越尽可能远的水平距离的运动项目。相对跳远来说，三级跳远技术更复杂，对人体支撑器官要求更高，其锻炼价值很大，常是发展力量、速度和协调性等身体素质的重要手段。

（一）基本技术

完整的跳远技术由助跑、起跳、腾空和落地4个紧密相连的动作环节所组成。用力学观点来分析，跳远成绩取决于快速起跳的腾起初速度与合理的腾起角度，而腾起初速度受助跑获得的水平速度和起跳产生的垂直速度影响最大，因而跳远技术的关键是助跑和起跳的结合，其次是维持身体平衡所需要的空中姿势和正确的落地动作。

1. 助跑

跳远助跑的任务是获得可控制的最大水平速度和为起跳做好准备。助跑的距离要根据练习者的素质状况和技术水平高低来定，男子一般为30~40米，跑16~22步；女子一般为25~35米，跑14~20步。助跑距离的测定，可从起跳板（线）用助跑速度向反方向跑，最后一步踏跳点即为起跑点。助跑起动方式对步点准确性有一定影响，站立式起动和走或跑几步后踏标志线开始助跑是常用的两种起动方式。

全程助跑应轻松而有节奏，速度应逐渐加快，最后几步达到最高速度。助跑的最后几步是跳远技术中的重要环节,它能够影响起跳前的速度、踏板的准确性和起跳动作的合理性。在助跑的最后阶段,为了准备起跳,助跑的节奏稍有变化,主要是倒数第2步的步长稍有增加,身体重心稍有下降。最后一步由于加快起跳腿的放脚动作,故步幅稍短,重心略升高,从而进入起跳状态。

2. 起跳

起跳的任务是在尽量减少水平速度损失的情况下获得必要的垂直速度,改变身体重心向前运动的方向,使人体沿适宜的腾起角向空中腾起。起跳动作包括放脚、缓冲和蹬伸3个过程(图6.2.10)。

图 6.2.10

助跑最后一步,当摆动腿支撑时,应用力蹬地使身体加快向起跳板推进。起跳腿快速折叠前摆,并积极压大腿,用脚跟触地并迅速滚动至全脚掌;身体重心越过支撑点时蹬直髋、膝、踝3个关节;同时摆动腿积极向前上方摆至水平位置,摆动时,小腿自然下垂,上体正直,两臂协调配合,起跳腿同侧臂屈肘摆至体前上方,异侧臂屈肘摆至体侧。

蹬伸不仅是起跳腿快速有力地蹬地,而且要与摆腿、摆臂、提肩、提腰等动作协调配合,使整个身体向前上方伸展。当摆动腿与两臂摆动到一定位置时,要有意识地做"突停"。这个"突停"动作不仅能维持身体的平衡,而且能减小起跳腿的压力,增加起跳腾起的速度。

3. 腾空

跳远腾空阶段的任务是维持身体在空中的平衡,并为合理、完善的落地缓冲动作创造有利的条件。

正确的腾空应上体正直,摆动腿保持起跳时的前摆,起跳腿自然放松地留在身体后面。这一起跳结束时延续在空中的动作姿势,叫"腾空步"(图6.2.11)。

图 6.2.11

"腾空步"以后的空中姿势分为蹲踞式和挺身式。

（1）蹲踞式（图6.2.12）。蹲踞式跳远时，"腾空步"的时间相对较长，摆动腿大腿抬得较高，膝关节的屈度较大，两大腿之间的夹角较大。当身体重心达到抛物线的最高点时，起跳腿屈膝向前提拉并与摆动腿并拢，形成"蹲踞"姿势，上体前倾，两臂同时自前向下、向后摆动，小腿自然前伸准备落地缓冲。

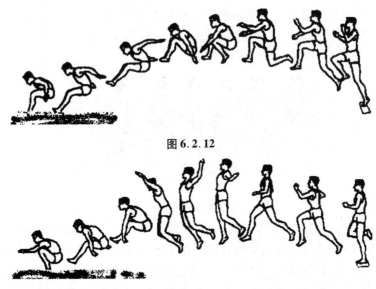

图6.2.12

图6.2.13

（2）挺身式（图6.2.13）。挺身式跳远时，保持"腾空步"的时间比蹲踞式稍短。起跳后，摆动腿自然下放，小腿向后下方弧形摆动，两腿迅速靠拢，形成挺身姿势；两臂在摆动腿放下时同时下落，然后配合收腹举腿做绕环摆动；接着前伸小腿准备落地缓冲。

挺身式跳远的空中动作，能拉长体前肌肉，有利于做收腹举腿和伸腿落地动作，效果比蹲踞式好。但要注意挺身反弓的程度和时机，否则会使动作紧张，不利于身体在空中的平衡。

4. 落地

正确的落地动作能帮助提高成绩，同时可以防止伤害事故发生。因此，当人体将要落地时，应保持上体前倾，高抬大腿，前伸小腿，脚触地刹那，迅速向前屈膝缓冲，髋部前移，两臂屈肘前摆，使身体尽快移过支撑点，并向前或向侧倒体，避免后坐（图6.2.14）。

图6.2.14

（二）主要练习方法

跳远是技术较为复杂的非周期性的田径运动项目，依据其力学特征，应抓住助跑和起跳相结合这个技术关键，将完整练习法和分解练习法很好地结合起来，同时注意把学习、掌握跳远和发展速度、力量、协调性等身体素质结合起来,才能掌握好跳远技术,并使之成为锻炼身体的有效手段。

练习之前,应先建立正确的技术概念,即结合示范、讲解认识跳远技术的重点和难点,并通过录像、图片等进一步了解跳远的完整技术。

1. 助跑与起跳结合技术的练习方法

(1) 摆臂练习。起跳腿同侧臂屈肘向前上方摆动,异侧臂屈肘摆向体侧,两肘与肩平时急停,同时顶肩拔腰。

(2) 摆腿。摆动腿屈腿高抬向前上方摆出,并把同侧髋带出。

(3) 起跳腿放脚扒板练习。起跳腿低平而快前摆,大腿积极下压,脚掌由上向下后扒踏,同时配合摆腿和摆臂动作。

(4) 走步、小步跑、半高抬腿跑等结合起跳成"腾空步"。

(5) 3~4步助跑起跳成"腾空步"。

(6) 6~8步助跑起跳成"腾空步",以摆动腿落坑向前跑出。

2. 落地技术练习方法

(1) 立定跳远练习。空中团身,落地前及时伸腿,并利用两臂前摆,使身体重心移到落地点,然后前倒或侧倒入沙坑。

(2) 原地高抬单腿起跳、团身、落地练习。

3. 蹲踞式动作练习

(1) 悬垂于单杠或支撑于双杠上成"腾空步"姿势,接着起跳腿屈膝提举与高抬的摆动腿靠拢成蹲踞姿势。

(2) 原地单腿起跳成蹲踞式练习。起跳腿提举拉收与摆动腿靠拢成蹲踞姿势。

(3) 4~6步助跑蹲踞式跳远。

4. 挺身式动作练习

(1) 原地模仿练习。成"腾空步"姿势,随即摆动腿下放后摆,手臂配合由上向下向后上方摆动,展髋挺身成"反弓",然后身体跃起收腹举腿落地。

(2) 3步助跑起跳成"腾空步",完成挺身式动作。

(3) 4~6步助跑成"腾空步",完成挺身式动作。

(4) 6~8步助跑成"腾空步",完成挺身式动作。

5. 完整技术练习方法

(1) 丈量全程助跑步点前进行全程助跑练习。

(2) 在准确的步点基础上完成起跳成"腾空步"。

(3) 进行蹲踞式或挺身式的完整技术练习。

(三) 比赛规则简介

(1) 运动员的试跳顺序应抽签决定。

(2) 运动员超过8人,每人先试跳3次,前8名可再试跳3次。如第8名出现成绩相等,则成绩相等的运动员均可再试跳3次。运动员只有8人或不足8人时,每人均可试跳6次。

(3) 如有下列情况之一,则判为试跳失败:① 不论在未做起跳的助跑中或在跳跃动作中,运动员以身体任何部分触及起跳线以外者。② 从起跳板两端之外(不论是起跳线延伸线的前面或后面)起跳者。③ 在落地过程中触及落地区外地面,而区外触点较区内最近触点离起跳线近者。④ 完成试跳后,向后走出落地区者。⑤ 采用任何空翻姿势者。

(4) 除上述情况外,运动员在起跳板后面起跳,应为有效。

(5) 试跳成绩应从运动员身体任何部分着地的最近点至起跳线或起跳线的延长线成直角丈量。

(6) 每名运动员应以其最好的一次试跳成绩,包括第1名成绩相等决名次的试跳成绩,为其最后的决定成绩。

(四) 最新世界纪录

男、女跳远分别于1896年和1948年被列为奥运会比赛项目。目前,男子跳远的世界纪录为美国名将鲍威尔创造的8.95米,女子跳远的世界纪录为苏联选手奇斯佳科娃创造的7.52米。

第三节 推铅球

推铅球是田径运动投掷项目之一,经常练习可以增强四肢和躯干的肌肉力量以及身体的协调性。推铅球的远度,取决于出手的初速度、角度和出手高度3个因素。

一、基本技术

推铅球技术有侧向滑步推铅球、背向滑步推铅球和旋转推铅球3种。其动作方法虽不相同,但都是一个完整连贯的技术。为了便于分析,从技术上可分为握球和持球、预备姿势、滑步、最后用力以及维持身体平衡5个部分。本书着重介绍侧向滑步推铅球技术。

1. 握球和持球(以右手为例)

(1) 握球。握球手五指自然分开,球托于食指、中指和无名指的指根面上,拇指和小指扶在球的两侧,手腕背屈(图6.3.1)。

图6.3.1　　　　　　　　　　　　图6.3.2

(2) 持球。握好球后,将球置于锁骨窝处,颈部贴紧铅球,右臂屈肘稍外展,掌心向前,上臂与躯干约成45°角,完成持球动作(图6.3.2)。

2. 预备姿势

上体正直,身体左侧对投掷方向,两脚左右开立与肩同宽,右脚靠近投掷圈的后沿,左脚前脚掌内侧着地,重心落在右腿上。然后上体稍向右倾,左臂微屈在体前上方自然举起。

3. 滑步

滑步的目的是使器械获得预先速度,并为最后用力推出创造良好的条件。滑步前,左腿向投掷方向做一两次预摆,预摆时左腿微屈,以大腿带动小腿向投掷方向摆起,上体向右倾倒,接着左腿屈膝回摆靠近右腿,同时右腿屈膝,降低重心,上体稍前倾,收腹含胸,左臂摆至身前准备滑步。滑步时,左腿积极用力向投掷方向摆出,右腿用力蹬地,使身体重心向投掷方向移动。在右腿蹬离地面的瞬间,右腿积极收拉右小腿,前脚掌落在圆心附近,同时左腿积极下压用前脚掌内侧着地(与右脚几乎同时着地),并与投掷方向成45°角,以形成稳固有力的左侧支撑,且左脚尖与右脚跟在一条与投掷方向一致的直线上,人体重心落在弯曲的右腿上,完成滑步动作(图6.3.3)。滑步的关键是身体移动快,重心起伏小。滑步结束时,身体处于最后用力前的有利姿势。

图6.3.3

4. 最后用力

最后用力是推铅球技术的关键环节。动作的正确与否直接影响出手速度、角度和出手高度。当左脚即将着地的瞬间,右脚迅速蹬地,右膝内转,右髋积极前送,使上体抬起并转向投掷方向。当身体左侧移至与地面垂直的瞬间,左臂摆至身前制动,以左肩为轴,右肩积极向投掷方向送出,抬头挺胸,右臂快速伸直将球推出,其出手角度一般为38°~42°。当球离手一刹那,两腿充分伸直,手腕内转屈腕,手指拨球,加快铅球出手的初速度(图6.3.3)。

5. 维持身体平衡

在铅球出手后,要及时交换两腿,同时右腿屈膝、降低重心,以维持身体平衡。

二、主要练习方法

1. 原地前抛铅球(1~2千克)

双手持球,面对投掷方向,将球由前下方向前上方抛出,体会用力顺序及上下肢的协同配合。

2. 原地后抛铅球(1~2千克)

双手持球,背对投掷方向,将球由前下方经头上向后上方抛出。

3. 正面原地推铅球

面对投掷方向,两脚前后(左右)站立,前后站立时左腿在前,右手持球于锁骨窝处,用推铅球持球技术将球推出。

4. 侧向原地推铅球

左腿在前,侧对投掷方向,原地将球推出,体会上下肢的协调用力及铅球出手方向,掌握正确推球技术。

5. 徒手或持球做侧向滑步推铅球

徒手做侧向滑步推铅球,持较轻球做侧向滑步推铅球;在投掷圈内做侧向滑步推铅球。

三、比赛规则简介

（1）铅球应从圈内在肩部用单手推出。
（2）运动员必须从静止姿势开始进行试掷。
（3）铅球必须完全落在落地区角度线内沿以内，试掷方为有效。
（4）丈量是从铅球着地的最近点起沿与圆心之间的直线量至投掷圈内沿。
（5）运动员在器械落地后方可离开投掷圈。

四、最新世界纪录

目前，男子铅球的世界纪录为美国名将巴恩斯创造的23.12米，女子铅球的世界纪录为苏联选手利索夫斯卡娅创造的22.63米。

第七章

球类运动

第一节 篮球运动

现代篮球于1891年由美国体育教师奈·史密斯教授发明。开始是将竹篮钉在室内的墙上,向竹篮投球的一种游戏,无固定规则,因而出现了运动员动作粗野等情况。为此,1982年奈·史密斯制订了"不13条"比赛规则,比赛分上、下半时,各15分钟,另外对场地大小也做了规定。此后,每队上场人数从10人减至9人,7人,1893年最后降至5人。1932年国际业余篮球联合会成立,并统一了世界篮球竞赛规则。1936年第11届奥运会将男子篮球列为正式比赛项目,女子篮球于1976年第21届奥运会上被列为正式比赛项目。

一、基本技术和基本战术

（一）基本技术

篮球基本技术是篮球战术的基础,主要包括传接球、运球、投篮、持球突破、防守等技术动作。

1. 传接球

（1）传球技术动作。

传球是进攻队员有目的地转移球和进行战术配合的必要手段。最基本的传球技术有以下几种：

① 原地双手胸前传球。双手持球于胸前,掌心空出,两肘自然下垂。传球时,后脚蹬地,重心前移,伸臂翻腕将球传出(图7.1.1)。

动作要点:蹬、伸、翻、抖、拨。动作协调连贯,双手伸直,用力均匀。

图 7.1.1

② 单手肩上传球(以右手传球为例)。传球时,左脚向传球方向迈出半步,右手引球至肩上方,肩关节外展,重心落在后脚上。通过蹬地、转体、甩臂将球传出。

动作要点:引、蹬、转、甩、扣。

③ 单手胸前传球(以右手传球为例)。传球时,将球引至右肩下部,右手翻腕,掌心向前,左手扶球的侧下部。通过右臂的短促前伸及扣腕、拨球动作将球传出。

动作要点:抖、伸、弹。

④ 反弹传球。这是一种通过球击地后反弹给同伴的隐蔽传球方法,多用于向内线传球。其特点是隐蔽性强,不易被对方抢断。反弹传球的击地点一般应在传接球队员之间距离的2/3处,其动作方法与各种传球方法基本相似,但腕、指用力要更大些,球反弹的高度最好在接球人的腰部位置。

动作要点:击地点及力量要适当,反弹高度要适宜。

(2) 接球技术动作。

接球时,两臂前伸迎球,手指自然分开,两拇指成"八"字形,两手成半球形。当手触球后,两臂后引缓冲,持球在胸前。

动作要点:迎、收、护(保护球)。

(3) 传接球技术练习方法。

① 两人一组一球,面对面站立,做各种传球练习。

② 两人一组两球,面对面站立,做不同高度、不同方向的传接球练习。

③ 两人一组,两人之间距离3~4米,侧身跑,做移动传接球上篮练习。

④ 四角传球练习,从传一个球到三个球同时传(图7.1.2)。

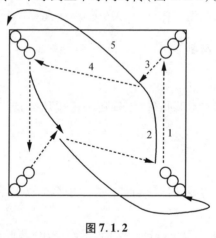

图 7.1.2

⑤ 综合性练习(图7.1.3)。

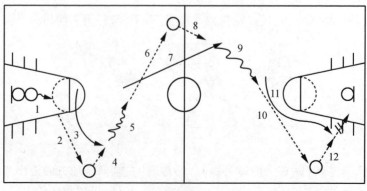

图 7.1.3

2. 运球

运球是指用单手连续接由地面反弹起来的球。运球动作由身体姿势、手臂动作、球的落点、手脚协调配合4个环节组成。

（1）运球技术动作。

① 高运球。球反弹的高度在腰部以上位置叫高运球。运球时，上体稍前倾，抬头看前方，以肘关节为轴，用手按拍球的后侧上方。

动作要点：手脚协调配合，按拍部位正确。

② 运球急停急起。运球急停急起指运球时利用速度的突然变化来摆脱防守的一种方法。急停时，用手拍球的前上方，做跨步急停动作，并转入低运球。急起时，后脚用力蹬地，手按拍球的后上方，加速超越对手。

动作要点：跨、停、推、蹬。

③ 体前变向换手运球。体前变向换手运球是运球队员突然改变运球方向，以突破防守的一种运球方法。运球时，先向对手右侧快速运球（以运球队员左手运球向对手左侧突破为例），当对手向右侧移动堵截时，突然变向，将球按拍至身体右侧，同时，左脚迅速向右侧前方跨出，上体右转并前倾侧肩，换手推拍球的后上方，加速运球突破（图7.1.4）。

动作要点：拍、跨、转、侧、推。

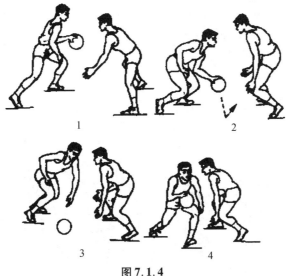

图 7.1.4

（2）运球技术练习方法。

① 原地运球练习。每人一球做高、低运球，左、右手交替在体前做横运球，脚分前后做前推后拉运球等练习。

② 行进间运球练习。让学生在行进间做高、低运球，急停急起运球，曲线运球，弧线运球练习。

③ 综合性运球练习（图7.1.5）。

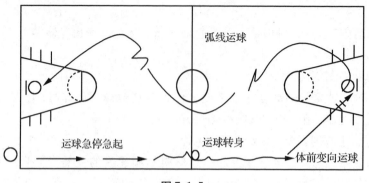

图 7.1.5

3. 投篮

投篮是队员运用各种专门的动作将球投入球篮的方法。其动作主要由手法、瞄准点及抛物线 3 个要素组成。

（1）投篮技术动作。

① 单手肩上投篮。以右手投篮为例,右脚稍前或两脚平跨,两膝微屈,重心落在两脚之间,五指分开,以指根及指根以上部位触球,掌心空出,翻腕托球于肩上,肩内收,左手扶球的左侧,投篮时,通过蹬地、提肘、伸臂、压腕和拨球动作,使球从食指、中指指端后旋式飞出(图 7.1.6)。

动作要点:蹬、提、伸、压、拨。

图 7.1.6

② 行进间单手低手投篮(以右手投篮为例)。右脚跨步接球,左脚上步起跳,右腿屈膝上提,当身体接近最高点时,右手掌心向上托球的下部,右臂向前上方伸展,接近球篮时,用手腕上挑和手指的拨球动作使球前旋入篮(图 7.1.7)。

动作要点:跨、蹬、提、伸、拨。

图 7.1.7

③ 行进间单手肩上投篮(以右手投篮为例)。右脚跨步接球,左脚上步起跳,右腿屈膝上提,双手接球于右肩前上方,跳起后,掌心向前,接近最高点时,用力柔和地将球投出。

动作要点:跳起时身体稍后仰,控制平衡,柔和投球。

④ 原地跳起单手肩上投篮(以右手投篮为例)。双手持球胸腹间,两脚左右开立,屈膝,重心在两脚之间。投篮时,通过蹬地、起跳、提腰等动作,双手持球至右肩前上方,当身体腾空接近最高点时将球投出。

动作要点:蹲、蹬、提、伸、拨。重点掌握好持球、起跳、耸肩及球出手时机。

(2) 投篮技术练习方法。

① 原地做徒手投篮模仿练习。两人一组对投练习,不同位置的近距离投篮练习。

② 行进间接球投篮练习。学生传球给教师,跑至教师面前,跨右脚接球,左脚上步起跳投篮(图 7.1.8)。

③ 原地徒手、持球跳起投篮练习。原地徒手跳起投篮,原地持球跳起不出手练习,原地持球跳起对投,运球上步跳起投篮。

④ 投篮综合性练习(图 7.1.9)。

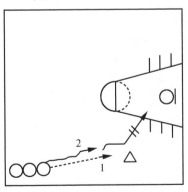

图 7.1.8

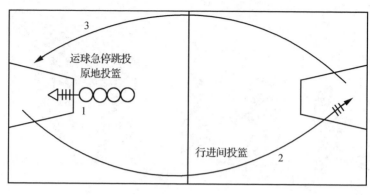

图 7.1.9

4. 持球突破

持球突破是持球队员合理运用运球技术与脚步动作相结合,从而超越防守队员的一项进攻技术。其动作主要由蹬转、假动作转体、探肩、推拍球、加速超越等几个环节组成。

(1) 持球突破技术动作。

① 原地持球交叉步突破。以从防守队员左侧突破为例,突破时,用上体、头部及左脚向左做假动作,左脚前掌内侧蹬地。移重心,体右转,左脚向右侧前方跨一大步,探左肩,右手推拍球超越对手。

动作要点:蹬、移、转、跨、探、拍、蹬。

② 同侧步(顺步)突破。以从防守者左侧突破为例,突破时,体前倾,右脚顺势向右前方跨一大步,体右转,探左肩,左脚内侧蹬地,右手推拍球,左脚跨步抢位,加速运球超越对手。

动作要点:蹬、跨、转、探、推。

(2) 持球突破技术练习方法。

① 在持球突破中,每人一球,做原地持球突破及向前抛球,上步接球后持球突破练习。一定要注意使用中枢脚,并做好突破前的准备动作。

② 两人一组,轮流做原地及抛接球后持球突破练习。

③ 先做原地持球突破,后做行进间接球急停持球突破。

④ 进行接球急停突破练习(图 7.1.10)。

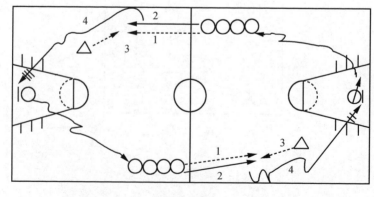

图 7.1.10

5. 防守

防守对手是指防守队员合理地运手脚步移动和手臂动作积极地抢占有利位置,阻挠和破坏对手的进攻动作。

(1) 防守的步伐。

① 基本姿势:两脚稍分前后站立,两脚之间的距离比肩宽,重心在两前脚掌上,两膝弯曲,上体较直,两眼平视,两臂屈肘高于腰。

② 滑步:滑步可分侧滑步、后滑步及前滑步。

侧滑步:两脚平行站立,两膝较深弯曲,上体略前倾,两臂侧伸,向左侧滑时,左脚向左迈出的同时,右脚蹬地滑动,向左脚靠近,两脚保持一定距离,左脚继续跨出。

后滑步:后滑步动作方法与侧滑步相同,只是向后滑步。

前滑步:向前滑步时,前脚向前迈出一步,着地的同时,后脚紧随着向前滑动,保持前后开立姿势。

③ 交叉步:向左后方移动时,体重移向左脚,右脚在体前向左做交叉步。右脚落地时,左脚随即向移动方向撤步。

(2) 防守无球队员。

应站在对手和球之间并偏向有球一侧,随球的转移而不断移动防守位置。当球离防守人较近时,可采用面向人、侧向球的站法;球离得较远时,采用面向球、侧向人的站法,做到人球兼顾,以便伺机断球。

(3) 防守持球队员。

① 重点防突破时,一般采用两脚左右开立,两手左右伸出摇摆,重心下降,与持球人保持一步半距离时,根据对手脚步移动采用左右滑步或后撤步堵截突破。

② 重点防投篮时,采用两脚前后开立,重心下降,前脚同侧手臂前伸并上下摆动,用前后滑步阻挠对方投篮。

(4) 防守技术练习方法。

① 看手势、听信号做向左、右、前、后滑步练习。

② 一人进攻运球,另一人进行防守练习。

③ 进行半场三对三或四对四盯人防守的练习。

(二) 基本战术

1. 进攻基础配合

进攻基础配合是指为了创造进攻机会,二三名进攻队员合理运用技术而组成的合作方法。配合方法主要有传切配合、突分配合、掩护配合和策应配合4种。

(1) 传切配合。

传切配合是进攻队员之间利用传球、切入等技术组成的简单配合,包括一传一切和空切配合两种。

一传一切如图7.1.11所示,④传球给⑤后,立刻摆脱对手向篮下切入,接⑤传来的球投篮。

空切配合如图7.1.12所示,在⑤与⑥互相传球之际,④乘其对手不备之机,突然空切篮下,接外围同伴的传球,然后投篮。

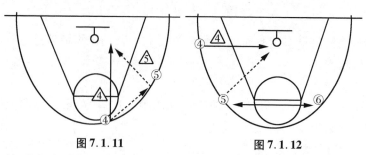

图 7.1.11　　　　　　图 7.1.12

传切配合的要求:切入队员要根据情况掌握切入的时机,果断快速摆脱对手,并随时注意接同伴的传球。传球队员要运用假动作吸引牵制对手,当切入队员已摆脱对手并处于有利位置时,应及时、准确地把球传给他。

(2) 突分配合。

突分配合是持球队员突破后,利用传球与同伴配合的方法。

例如,如图 7.1.13 所示,⑤突破后,遇到△迎上补防,立刻把球传给切入篮下的⑦,⑦接球后投篮或与其他同伴配合。

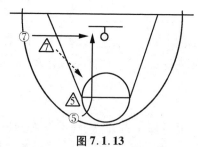

图 7.1.13

突分配合的要求:突破要突然、快速,在突破过程中既要做好投篮的准备,又要随时注意观察场上攻守队员的位置和行动,以便抓住有利战机,及时、准确地把球传给有利进攻的同伴。

(3) 掩护配合。

掩护配合是掩护队员采用合理的行动,用身体挡住同伴的防守者的移动路线,使同伴借以摆脱防守,或利用同伴的身体摆脱防守,从而接球进攻的一种配合方法。

掩护时,掩护队员跑到同伴的防守者前、后或侧面,保持适当距离(要符合规则要求),两脚开立,膝微屈,两臂屈肘于胸前,上体稍前倾,扩大掩护面积。当同伴利用掩护摆脱防守时,掩护队员要及时转身跟进,准备抢篮板球或接回传球。

掩护配合可以由无球队员给有球队员掩护,也可以由有球队员给无球队员掩护,或无球队员给无球队员掩护。

前掩护是掩护队员站在同伴的防守者前面,用身体挡住防守者向前移动的路线,使同伴借机摆脱防守的一种配合方法。

例如,如图 7.1.14 所示,④传球给⑤后,先做向篮下切入的假动作,然后突然跑到△身前,形成前掩护,⑤接球后投篮或做其他进攻动作。

后掩护是掩护队员站在同伴的防守者身后,挡住他的移动路线,使同伴借以摆脱防守的配合方法。

例如,如图 7.1.15 所示,⑤传球给④的同时,⑥到△身后做掩护。⑤传球后先做切入假动作,然后利用同伴的后掩护摆脱防守,切入篮下,接④的传球投篮,⑥及时转身跟进。

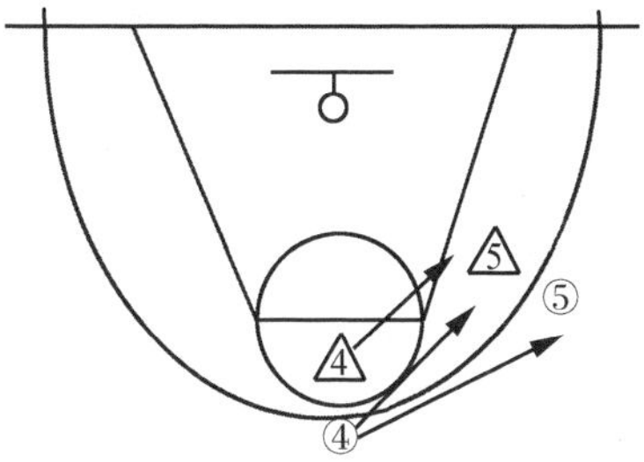

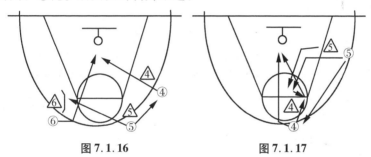

图 7.1.14 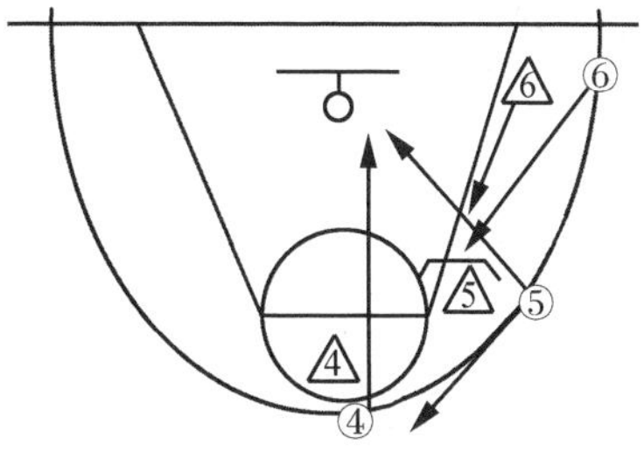　　　　　　图 7.1.15

侧掩护是掩护队员站在同伴防守者侧面,用身体挡住防守者的移动路线,使同伴借以摆脱防守的一种配合方法。

例如,无球队员给无球队员做侧掩护,如图 7.1.16 所示,⑤传球给④后,去给⑥做掩护,⑥摆脱防守切入篮下,接④的传球投篮。④传球前要利用假动作吸引住自己的对手和调整配合的时间。⑤掩护后要及时转身跟进。

图 7.1.16　　　　　　图 7.1.17

（4）策应配合。

策应配合是指进攻队员背对篮筐或侧对篮筐接球,由他做枢纽,与同伴相配合而形成一种里应外合的配合方法。

例如,如图 7.1.17 所示,⑤传球给④后,利用假动作摆脱防守,移动到外策应位置接④的传球做策应,④传球后摆脱防守,然后接球投篮或上篮。

策应配合要求:策应者要及时抢位要球,接球后,两手持球于胸前,两肘外展保护球。策应者如果身材高大,也可把球置于头上,随时观察场上情况,以便及时把球传给处于最有利位置的同伴,同时注意自己的进攻机会,根据攻防情况,处理好内外结合的关系。在策应时,要用转身、跨步等动作协助同伴摆脱防守或个人进行攻击。配合队员要根据策应者的位置,及时把球传到远离防守的一侧,做到人到球到,并设法摆脱防守,准备接球。配合结束(投篮)后,两人立即跟进抢篮板球。

2. 防守基础配合

防守基础配合是二三个防守队员利用合理的技术、协调的动作破坏进攻的一种方法,包括挤过、穿过、绕过、交换防守、关门、夹击和补防等配合。

（1）挤过配合。

它是破坏掩护配合的方法之一。防守队员在掩护队员接近自己时,要迅速向前跨出一步,靠近对手,从两个进攻队员之间侧身挤过,继续防守自己的对手。防守掩护的队员应及早提醒同伴并后撤一步,以备补防。

例如,如图 7.1.18 所示,④传球给⑥后,去给⑤做掩护,④要及时提醒⑤,⑤在掩护队员接近自己时,迅速向前跨一步,靠近△,并从△与④之间侧身挤过,继续防住△,此时,④应向后撤一步,以备补防。

挤过配合的要求:挤时要贴近进攻队员,上前抢步要快,防守掩护者的队员要提醒同伴,并选择协防的有利位置,密切注意两个进攻队员的行动,及时做好补防的准备。

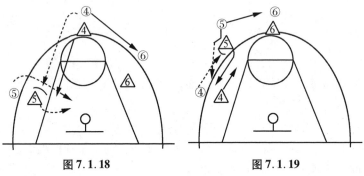

图 7.1.18　　　　　　　图 7.1.19

(2) 穿过配合。

它是破坏掩护的一种方法。当进攻队员掩护时,防掩护者的队员及时提醒同伴并主动后撤一步,让同伴及时从自己和掩护队员之间穿过,继续防守自己的对手。

例如,如图 7.1.19 所示,⑤传球给⑥,④给⑤做掩护,⑤后撤从④和△中间穿过,继续防守自己的对手。

(3) 绕过配合。

它是破坏掩护的一种方法。当进攻队员掩护时,防掩护者的队员贴近对手,让同伴从自己的身后绕过,继续防守自己的对手。

例如,如图 7.1.20 所示,④传球给⑥后,去给⑤做掩护,⑤切入,⑤发现不便于挤过或穿过时,从④身后绕过,④要配合默契,主动贴近自己的对手,以便同伴顺利通过。

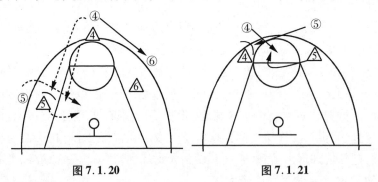

图 7.1.20　　　　　　　图 7.1.21

(4) 交换防守配合。

它是破坏掩护配合的一种方法。进攻队员利用掩护已经摆脱防守时,防掩护的队员及时发出换防的信号,与同伴互换各自的对手。在适当时候再换防原来的对手。

例如,如图 7.1.21 所示,⑤去给④做掩护,⑤要提示同伴,④被挡住时,⑤主动呼唤同伴换防,△防守④的运球,⑤应迅速调整位置防守△。

交换防守配合的要求:交换防守前,一般是由防守掩护者的队员主动提示同伴,换防时,动作要果断、快速。在适当时候再换回来,防守各自原来的对手,以免在个人力量对比上失利。

（5）关门配合。

它是两个防守队员协同防守突破的配合方法。当进攻队员运球突破时,防守突破的队员向侧后方移动挡住其移动路线,临近突破一侧的防守队员应及时快速向突破队员的前进方向移动,与突破队员靠拢,像两扇门一样关起来,堵住进攻者的前进路线。

例如,如图7.1.22所示,④向右侧突破时,△4和△5进行关门配合,向左侧突破时,△4和△6进行关门配合。

关门配合的要求:"关门"时,动作要快,配合要默契,两人要靠紧,不留空隙。与突破队员距离很近时,则可横移"关门",堵截突破者的去路。

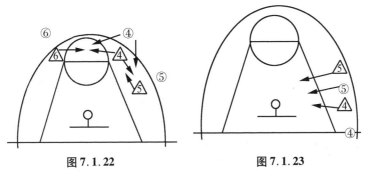

图7.1.22　　　　　图7.1.23

（6）夹击配合。

它是两个防守队员防守一个进攻队员的一种配合方法。

例如,如图7.1.23所示,④在后场掷界外球,△4放弃对④的防守,协同△5夹击⑤。△4面对⑤,积极封阻他从正面接球,△5在⑤的身后控制其快下的路线,并准备截断④的高吊球。△4和△5协同配合,防止⑤接球。

又如,如图7.1.24所示,当④沿边线运球过中线时,△4突然迎上去迫使其停球,并协同△5夹击停球的④。

夹击配合的要求:当对方运球停止和持球队员处于各个场角时,要果断夹击,并积极挥动手臂,封阻其传球路线,不要盲目抢、打球,尽量避免不必要的犯规。

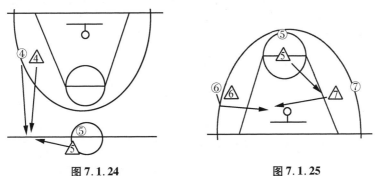

图7.1.24　　　　　图7.1.25

（7）补防配合。

它是两个防守队员之间的一种协同配合方法。当同伴被突破时,临近的防守队员立即放弃自己的对手,去补防那个威胁最大的进攻者,漏人的防守队员则要及时换防。

例如,如图7.1.25所示,当△6被突破后,△7应迅速补防⑥。△5应放弃⑤,撤到篮下,防止⑦切入篮下要球、投篮。

补防配合的要求：补防时，动作要快速，果断。其他防守队员要及时换防威胁最大的进攻者。

二、比赛规则

（一）比赛

篮球比赛分四节，每节12分钟。第二节与第三节之间休息10分钟，第一节与第二节及第三节与第四节之间休息2分钟。比赛中，除了三分投篮区投中得3分以外，投球中篮得2分，罚球中篮得1分。比赛时间终了，双方得分相等时，应延长5分钟，直到分出胜负为止。

（二）场地与器材

如图7.1.26所示，篮球场的长度为28米，宽度为15米，长边的界线叫边线，短边的界线叫端线。场中有跳球圈、限制区和三分投篮区。篮圈距地面的高度为3.05米，篮板的宽度为1.8米，高度为1.05米，篮板下沿距离地面2.9米，罚球线距端线的距离为5.8米。四条界线外至少2米处不得有任何障碍物，如在室内则天花板的高度应至少为7米。球场分中线、前场和后场，中线上的中圈和前、后场罚球区罚球线上的两个半圆半径均为1.8米。篮圈下面的矩形为限制区，通常称禁区。前、后场内的拱形弧线外的地区称三分投篮区，在拱形弧线外投篮命中得3分。

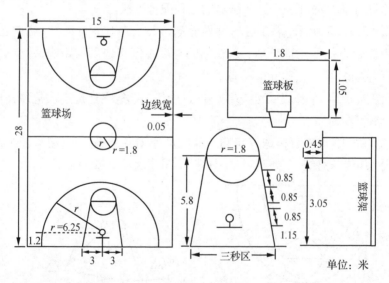

图7.1.26

篮球的外壳是用皮、橡胶或合成物质制成的，篮球呈圆形，暗橙色。其圆周不得小于0.749米，不得大于0.78米；重量不得小于567克，不得大于650克；充气后，使球从1.8米的高度（从球的底部量起）落到球场的地面上，反弹起来的高度不得低于1.2米，也不得高于1.4米（从球的顶部量起）；球面的接缝或槽的宽度不得超过6.35毫米。

（三）球队

比赛3场以上，每队为12名队员，有5名队员上场，并可根据规则的规定进行替换。

球队所使用的号码为 4~15 号。

(四) 替换

当发生争球、犯规、暂停、对方违例、队员受伤、裁判员中止比赛时,可以替换队员。一方换人,另一方也可以换人。换人的信号必须在球重新进入比赛状态前,由替换的队员发出。

(五) 暂停

当发生争球、犯规、对方投中篮、违例、裁判员中止比赛时,可请求暂停。当一方暂停时,另一方也可要求暂停。暂停的信号必须在球重新进入比赛状态前由教练员发出。前三节每队可暂停 1 次,第四节可暂停 2 次。

(六) 违例

(1) 球出界。队员使球触及界线或界线外面的地面、人、障碍物及篮板背面,为该队员使球出界。

(2) 非法运球。运球时球在手中有明显的停顿,第一次运球结束又再次运球,双手拍球等为非法运球(两次运球)。

(3) 带球走。接球时,脚分前后站立,只准以后脚为中枢脚;两脚平行站立,可用任何一脚作中枢脚。比赛中,发生明显的双脚移动、中枢脚移动或抬起中枢脚运球均为带球走。

(4) 3 秒违例。某队控制球时,该队队员在对方限制区内停留时间不得持续超过 3 秒,但篮下连续投篮时不计 3 秒。

(5) 5 秒违例。场内持球队员在紧逼防守下,5 秒内没有传、投、运球;掷界外球时,5 秒内没有能将球传进场内;罚球时,5 秒内没有投篮出手,均为 5 秒违例。

(6) 8 秒违例。在后场控制球的队必须在 8 秒内使球进入前场,否则为 8 秒违例。

(7) 24 秒违例。控制球队,必须在 24 秒内完成投篮,否则为 24 秒违例。在一次进攻中,如球被对方打出界,则按 24 秒连续计时计算。

(8) 球回后场。控制球的队员在前场不得使球进入后场,踏及中线和后场队员,不得接前场球队员的传球,亦不能直接从后场跑入前场接球,发生以上等情况,均为球回后场违例。

(9) 拳击球和脚踢球。比赛中,队员用拳击球,故意踢球或用腿的任何部分拦阻球,均为违例。

(10) 罚球违例。队员罚球时,踩线罚球,故意掷板或过早进入场地等均为罚球违例。

(七) 犯规

犯规是违反规则的行为,发生犯规时,按照规则的有关条款进行处罚。

(1) 侵人犯规。队员明显通过伸展臂、肩、髋、膝或过分弯曲身体成不正常姿势以阻挡、拉人、推人、撞人、绊人来阻碍对方行进的行为,均视为侵人犯规。发生犯规时,应登记犯规队员一次侵人犯规。如对不持球或未做投篮动作的队员犯规,由对方在就近点发界外球。对投篮队员的犯规,若投中,得分有效,再加罚一次;如投篮不中,判 2 次或 3 次罚球。

(2) 故意犯规。队员蓄意造成的侵人犯规和危险动作,视为故意犯规。发生故意犯规时,执行两罚一掷的法则。

(3)技术犯规。当队员、教练员等用不道德的语言或行为干扰比赛或不尊重裁判员,应判技术犯规。发生技术犯规时,执行两罚一掷法则。

(4)6次犯规。队员个人在全场比赛中,各种犯规累计达6次时,必须自动离场,由其他队员替换。

(5)每节一个队各种犯规累计达4次,从第5次开始再发生犯规,则判对方2次罚球。但控制球队犯规时不执行2次罚球。

(八)裁判手势

1. 得分

2. 有关计时钟

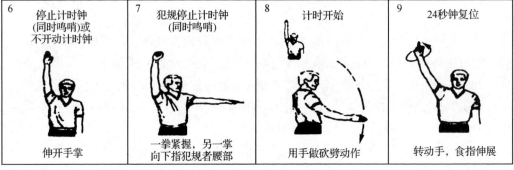

3. 管理

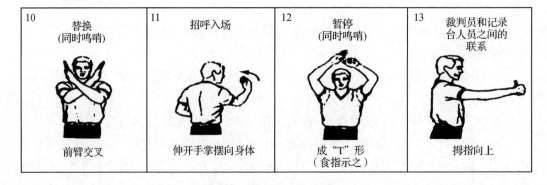

4. 违例的类型

5. 向记录台报告

第一步：队员号码。

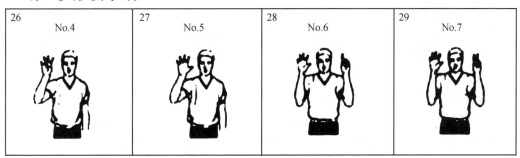

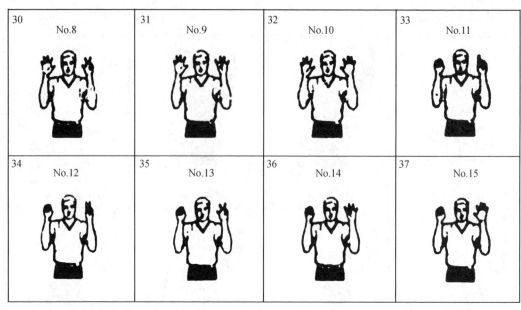

第二步：犯规类型。

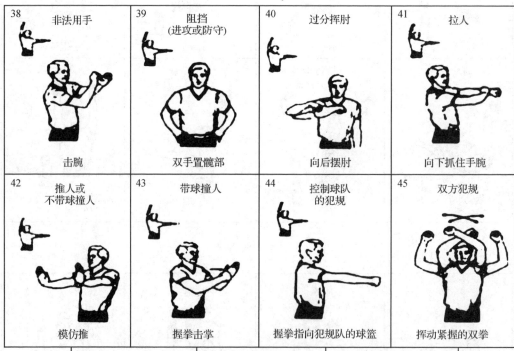

第三步：判给罚球的次数或比赛方向。

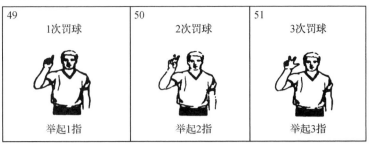

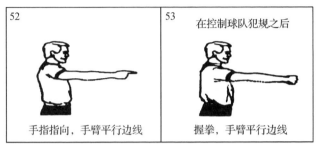

6. 罚球管理

第一步：在限制区内。

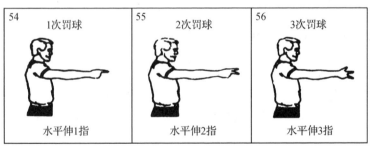

第二步：在限制区外。

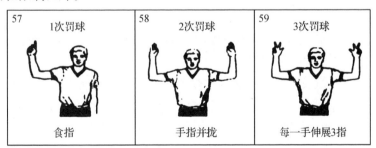

第二节 足球运动

足球运动是世界上最受人们喜爱、开展最广泛、影响最大的体育运动项目，被誉为"世界第一运动"。它最早起源于我国古代的一种球类游戏"蹴鞠"。"蹴"和"踢"都是踢的意思，"鞠"是球名。"蹴鞠"一词最早记载在《史记匪涨亓写》里，汉代的《别录》和唐代的《汉书·枚乘传》均有记载。到了唐宋时期，"蹴鞠"活动已十分盛行，成为宫廷之中的高雅活动。1958年7月,国际足联时任主席阿维兰热博士来中国时曾表示:足球起源于中国。

近代的足球,最早在19世纪的英国产生。进入20世纪后,现代足球开始起步,并逐渐形成了职业联赛。现在最知名的足球联赛是欧洲的五大联赛(意甲、英超、西甲、德甲、法甲)。如今,奥运会足球赛和世界杯足球赛都是足球重大国际比赛。

1896年在希腊举行的第1届奥林匹克运动会上,足球是表演赛的项目。从1900年第2届奥运会起,足球被列为正式比赛项目。国际奥林匹克委员会章程规定,只有业余的足球运动员才能参加奥运会的比赛。1979年又补充规定,欧洲和南美国家,凡参加过世界杯赛的运动员,一律不能参加奥运会足球赛,其他国家的运动员不受此限制。1989年国际足联在此基础上又做了如下规定:允许参加过世界杯赛的职业运动员参加奥运会比赛,奥运会足球运动员年龄限制在23岁以下,每队允许有3名超龄运动员。按规定,经过预选赛进入奥运会足球决赛阶段比赛的共16个队,即欧洲4个队,亚洲和非洲各3个队,北美洲、南美洲各2个队,再加上上届冠军队和本届举办国队。近几届决赛阶段的比赛是:先分4个组进行预赛,每组前2名再编成两组用交叉比赛的方法进行复赛,复赛中两个组的第1名决冠亚军,两个组的第2名争第3、4名。

国际足球联合会世界杯比赛,简称世界杯足球赛,是由国际足球联合会统一领导和组织的世界性的足球比赛。它是世界上规模最大、影响最大、水平最高的足球比赛,也是世界上观众最多的体育比赛项目。

一、基本技术和基本战术

(一)基本技术

1. 颠球

颠球是学习足球运动的一把金钥匙,是初学者熟悉球性、提高兴趣、发展身体的协调性、提高对球的反应能力、学习和掌握其他基本技术的基础。在健身运动中,颠球也是一种很好的娱乐和锻炼身体的方法。

(1)颠球技术动作。

颠球一般有正脚背颠球、脚内侧颠球、脚外侧颠球、大腿颠球、头部颠球、肩部颠球、胸部颠球等,约触及身体12个部位。

① 正脚背颠球。从挑球开始,球放在脚前30厘米处,用脚向后轻拉球,当球的中心部位滚过脚趾时,立即向上挑起,颠球就开始了。颠球时必须触及球的底部。当颠球的高度在膝关节以下时,膝、踝关节要适当放松,并柔和地向前上方甩动小腿,脚尖稍翘起,将球颠起(图7.2.1)。

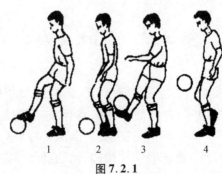

图7.2.1

② 脚内侧颠球。支撑腿膝关节微屈,身体重心在支撑脚上。当球落至膝关节高度时,颠球腿屈膝盘腿,脚内侧向上摆,脚内翻,轻击球的底部将球颠起,全身放松(图7.2.2)。

图 7.2.2

③ 脚外侧颠球。支撑腿膝关节微屈,身体重心在支撑脚上。当球落至膝关节高度时,颠球腿屈膝内扣,腿外侧向上摆,脚外翻,轻击球的底部,将球颠起,全身放松(图7.2.3)。

图 7.2.3

④ 大腿颠球。支撑腿膝关节微屈,身体重心在支撑脚上。当球落至髋关节高度时,颠球的大腿屈膝上摆,摆至水平状态时,轻击球的底部,将球颠起,全身放松(图7.2.4)。

图 7.2.4

(2) 颠球技术练习方法。

① 初学者应以正脚背颠球练习为主。上选项课的学生,以正脚背和大腿交替颠球练习为主。上专项课的学生,以多部位交替颠球练习为主,逐渐发展到12个部位颠球。

② 颠球练习,不要单纯追求数量,应注意提高对球的方向、高度、旋转的控制能力培养。

2. 踢球

踢球是足球基本技术中最主要的技术之一,根据脚与球接触部位不同而分为脚内侧踢球、正脚背踢球、内脚背踢球、外脚背踢球,另外还有足尖、脚跟踢球等。不管哪种踢球,都是由助跑、支撑脚的位置、踢球腿的摆动、脚与球接触的部位、踢球后维持身体的平衡五个因素组成。脚与球的接触部位是决定踢球质量的关键因素。

（1）踢球技术动作。

① 脚内侧踢球。脚内侧接触面积大，出球平稳准确，常用于短传和射门，以及二过一的战术配合。

动作要领：踢球时，支撑脚踏在球的侧后方15厘米左右处，膝部微屈，踢球脚稍向后提起，膝关节外转，脚尖稍翘起，前摆时小腿加速，脚掌与地面平行，脚腕用力，用脚内侧（踝骨下面，跟骨前面）的部位踢球的后中部（图7.2.5）。

向左传球时（以右脚为传球脚，下同），传球脚内侧对正出球方向，由右向左侧摆，用推送或敲击的动作将球传出。向右传球时，以支撑脚前脚掌为轴，上体向右扭转，使脚内侧对正出球方向推送球。空中球直接传球时，大腿在踢球前先抬起，小腿拖在后面，脚内侧对正出球方向，利用小腿摆动平敲球的中部。如要踢出低球或高球，可踢球的中上部或中下部。

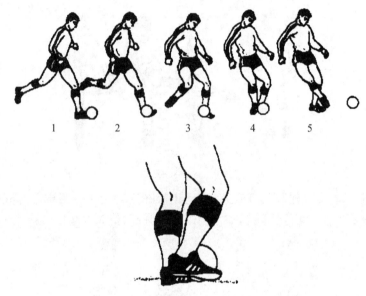

图 7.2.5

② 正脚背踢球。正脚背踢球因腿的摆动与髋、膝关节的结构相适应，便于加大摆幅和摆动速度，动作自然顺畅，脚与球接触面积也大，踢出的球准确有力，常用于中远距离传球、射门等。

动作要领：正面助跑，最后一步稍大并要积极着地，支撑脚踏在球侧10～15厘米处，脚尖对准出球方向。踢球腿后摆放松，前摆时大腿带动小腿，当膝盖摆正至接近球的正上方的刹那，小腿加速前摆，脚面绷直，脚趾扣紧，用脚背击球的后中部，踢球腿提膝随球前摆（图7.2.6）。若踢反弹球，先判断好来球落点，支撑脚踏在落球点的侧面，当球将要落地时，踢球脚小腿急速前摆，在球刚反弹离地时，踢球的后中部（图7.2.7）。

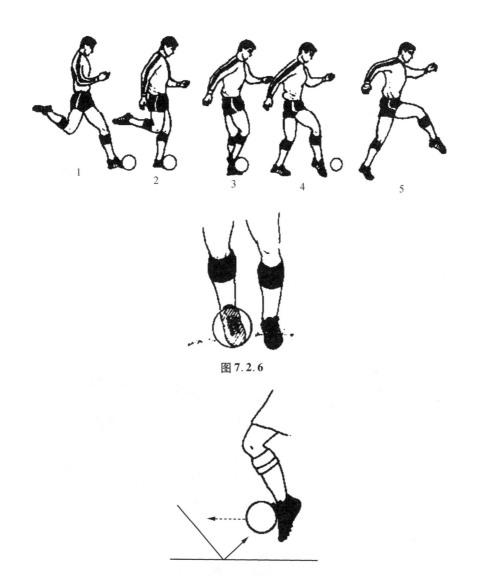

图 7.2.6

图 7.2.7

③ 内脚背踢球。用脚的大趾骨后方脚背的部位踢球。腿的摆幅较大,出球有力,脚与球接触的面积大,所以踢球准确,适合于中长距离的传球与射门。

动作要领:斜线助跑,身体与球成45°角,支撑脚落在球的侧后方(踢平直球要踏在球的侧方)距球约25~30厘米处,足尖指向出球方向。在支撑脚着地的同时踢球脚以髋关节为轴,大腿带动小腿由后向前摆。当身体转向出球方向,膝关节摆至接近球的内侧上方的刹那,小腿加速前摆,脚面绷直,脚跟提起,用脚背内侧击球的后中部。出球后,踢球腿顺势前摆,两臂自然摆动(图7.2.8)。

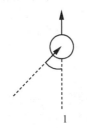

图 7.2.8

图 7.2.8(续)

④ 外脚背踢球。它能充分利用脚腕的动作和力量,隐蔽性强,对方不易判断出球方向,常用于中、近距离传球、射门和二过一战术配合。

动作要领:基本上与正脚背踢球相同,只是踢球脚的膝关节和脚尖内转,脚面绷直,脚趾扣紧,以脚背外侧触球。踢弧线旋转球时,支撑脚踏在球侧约20厘米处,身体稍向支撑脚一侧倾斜,踢球的侧后方,踝关节紧张,用力切削球。踢球后,腿向侧上方摆出,以加大旋转力量(图7.2.9)。

图 7.2.9

(2)踢球技术练习方法。

① 个人练习方法。

用正脚背、脚内侧、脚外侧颠球,能够有效地提高"脚感"(脚的部位和触球部位的感觉),有利于踢球技术的掌握。

模仿踢球动作练习,体会动作要领,重点是支撑脚取位、摆动腿和身体协调动作。

对板墙,距离3~5米,做各种踢球练习。

② 集体练习方法。

2人一组,一人用脚掌着球,一人做轻踢球练习,体会动作及触球部位。

2人或2队一组,相距10~15米,对踢定位球,进一步体会动作要领和触球部位。

2人或2队一组,相距10~15米,踢迎面轻滚过来或抛来的球。

3人一组,三角传球,先做停球后再传球,再做不停球直接传球;先做原地传球,再做跑动中传球。

2人一组,做6~8米跑动中的传球练习。

3人一组,做20米左右跑动中的传球练习。

"斗牛"游戏。几个人围成圈传球。一人或两人在中间抢球,只要触到球或传接球失误,双方即换位置。游戏中可规定某种踢球动作和触球次数。

2~3人一组的传球都可以结合射门进行练习。

3. 停球

停球就是利用身体的合理部位把运行中的球停挡在所需要的控制范围的动作,其原理就是泄力的原理。准确地判断来球、触球的部位和触球瞬间的泄力动作(后撤或下撤)是停球技术中的关键。

(1)停球技术动作。

① 脚内侧停球。脚触球的面积大,易停稳,便于改变方向和衔接下一个动作。

动作要领:停地滚球时,支撑脚膝关节微屈,停球脚正对来球,小腿放松。当球滚到身体下方时,触球的中部。来球力量较大时,停球脚随球后撤,把球停好(图7.2.10)。停反弹球时,支撑脚踏在球落点的侧前方。接触球时,停球脚小腿与地面成45°角,小腿放松,当球刚落地反弹离地时,用脚内侧压推球的后上部,把球停在身前。停空中球时,停球脚大腿高抬,膝关节外转,停球脚前迎以脚内侧对准来球,脚触球刹那,小腿放松,顺势向后下撤,将球停好。

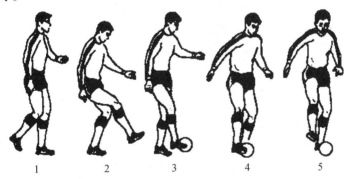

图 7.2.10

② 正脚背停球。便于在快速奔跑中停球,同时也便于连接下一个动作。多在停高空下落球时采用。

动作要领:面对来球,支撑脚立于停球点侧后方,膝关节微屈。停球脚小腿前伸,以脚背对准正在下落即将触地的球,使球砸在放松的脚面上,即可将球停住(图7.2.11)。

图 7.2.11

③ 脚外侧停球。脚外侧停球常与假动作结合起来做,具有隐蔽性,但重心移动较大。

动作要领:停正面来的地滚球,停球脚稍提起,膝关节和脚内转,以脚外侧对准正面来球,在支撑脚的前侧接触球的侧后方部位,触球时向停球脚一侧轻拨,把球停在侧方或侧后方。

④ 大腿停球。用大腿的股四头肌的部位触球,面积大,停球稳准,动作较为简单,容易掌握。停空中下落的球时多采用这种方法。

动作要领:判断好球的落点,支撑脚立在停球点的侧后方。停球时,大腿高抬,小腿自然下垂,以大腿停球的部位对准来球,触球一刹那,大腿肌肉放松,并顺势向后下撤,把球停在体前(图 7.2.12)。

图 7.2.12

⑤ 胸部停球。用胸大肌之间的部位触球,触球面积大,位置高,停球稳,用途广。一般停空中下落球时多采用这种方法。

动作要领:正对来球,两腿微屈,上体稍后仰,身体重心放在后脚或两脚之间。当球与胸接触一刹那,吸气,两脚蹬地,胸部迎球上挺,触球的后中下部,使球微微弹起,把球停在体前(图 7.2.13)。

图 7.2.13

(2)停球技术练习方法。

① 个人练习。颠球,最后一下颠过头顶,做停球练习。

② 在慢跑过程中,向前上方抛球,做停球练习;做组合停球练习,如先做大腿停球,再接着做一个脚内侧停反弹球。
③ 2人一组,相距6~8米,原地稍作移动,停对面抛来的地滚球、平球、高球、反弹球。
④ 2人一组传接球,停迎面踢来的地滚球、平球、高球、反弹球,距离由近到远逐步增加。
⑤ 结合各种踢球练习做停球练习。

4. 运球

运球是运动员在跑动中,有目的地连续用脚推、拨球的动作,使球处于自己的控制之下,寻找传球、突破、射门的机会。一般常用外脚背和脚内侧运球。

(1) 运球技术动作。

① 脚外侧运球。用脚外侧运球,便于快速奔跑和改变方向,十分灵活。

动作要领:运球时身体放松自然,跑动中运球脚提起,脚尖稍向内转,踝关节放松,在向前迈步将要落地前,用外脚背推拨球的后中部(图7.2.14)。在做改变方向的运球时,如向右运球时,支撑脚在球的左侧后方,身体向右侧倾转,运球脚去推拨球的左侧。

图 7.2.14

② 脚内侧运球。当接近防守队员要用身体掩护球时,多采用脚内侧运球。

动作要领:右(左)脚运球时,左(右)脚向前跨出一步,在球的前侧方落地,膝微屈,身体重心随着向前移动,上体前倾并稍向右转。右(左)脚提起,用脚内侧推拨球的后中部(图7.2.15)。在变向运球时,常用两种办法:用右脚内侧做直线运球时需要左侧运球,就用右脚背内侧扣拨球的前侧方;用左脚外脚背向左拨球,使球改向左侧,接着再用左脚脚内侧运球。

图 7.2.15

(2) 运控球技术练习方法。

① 慢跑中,交替用两脚的内侧做直线运球,主要体会推拨球的动作。
② 原地用脚内侧连续做横拨球,加转身180°做连续横拨球。
③ 用两脚的内侧,做1步节拍(一左一右)的向斜前方运球,做2步节拍的向斜前方运球,注意身体重心的移动。

④ 动作同上一条,但要做出一侧慢、一侧快的节奏来。做2步节拍快动作时,第1节拍推拨球后,运球脚不要落地,立即完成第2节拍的推拨球动作。

⑤ 用两脚的脚背外侧,做1步节拍的向斜前方运球,注意换脚时运球脚先向外侧跨一步再换脚;做2步节拍的向斜前方运球,注意身体重心的快速移动。

⑥ 动作同上一条,但要做出一侧慢、一侧快的节奏来。做2步节拍快动作时,第1节拍推拨球后,运球脚不要落地,立即完成第2节拍的推拨球动作。

⑦ 用一只脚的脚内侧、脚背外侧,连续做向里推、向外拨球的动作,再做出一侧慢、一侧快的节奏来。

⑧ 在上述练习的基础上,增加一名消极防守者进行练习,结合射门的练习。

⑨ 在较小的区域内,多人进行随意运球。要抬头看人,人球兼顾,注意观察。

⑩ 结合运球、传球,做3对3或5对5的控制球练习。

(二) 基本战术

足球运动是一项对抗性的运动项目,它是由进攻和防守所组成的。足球战术是指比赛双方为了充分发挥个人与集体的特长,进攻对方弱点,取得比赛胜利所采用的手段和方法。根据攻防的基本特点,足球战术可分为进攻战术、防守战术、比赛阵型三大部分。在进攻和防守战术中,又分别包括个人、集体与全队的攻防战术。

1. 集体的局部配合进攻战术

集体战术是指两个或两个以上队员在比赛中为了完成全队攻防任务而采用的局部协同作战的配合方法,它包括"二过一"战术配合、"三过二"战术配合和反切配合等进攻战术。

(1) "二过一"战术配合。

顾名思义,"二过一"是两个进攻队员,通过传球配合突破一个防守队员。"二过一"是集体配合的基础,可以在任何场区、任何位置上运用这种方法来摆脱对方的抢截或突破防线。"二过一"是进攻的两个队员之间相距10米左右,进行一传一切的配合。要求传球平稳及时,一般多用脚内侧、脚外侧等脚法,以传地平球为主。传球的位置,尽可能是接球人脚下或前面二三步远的地方。

(2) "三过二"战术配合。

"三过二"是在比赛中局部地区三个进攻队员通过连续配合突破两个防守者的防守。由于这种配合有两个同队队员可以同时接应传球,因此使持球人传球路线更多,且进攻面扩大。

2. 全队进攻战术

全队进攻战术是指比赛中一方获得球后,通过队员之间的传递配合达到射门的目的而采用的配合方法。与局部进攻战术相比,全队进攻战术的进攻面比较广,参加进攻的人数较多,具体运用中变化也更多。

(1) 边路进攻。

利用球场两侧地区发起进攻的方法叫边路进攻。边路进攻是全队进攻战术的主要形式之一,其主要特点是有利于发挥进攻速度,打破对方防线制造缺口。

(2) 中路进攻。

中路进攻是利用球场中间区域组织的进攻。这种进攻虽能直接射门,但难度最大,因中路防守最为严密,前方的攻击手必须是反应极其敏锐、意识强、技术高、敢于冒险、速度快和善于路位策应的队员。

（3）快速反击。

比赛中当攻方进攻时，后卫线往往压至中场附近，防守人数也由于插上进攻和助攻而相对减少，此时如能抓住对方防区空隙较大和回防较慢的机会，乘其失球发动快速反击，往往能取得良好的效果。

快速反击是最有威胁性的进攻手段，有效的进攻在于突然快速的反击，但其难度较大，既要冒险，又要有准确、快速的传切配合技能。快速反击要有组织，配合得要极为默契，必须进行专门性的训练，否则很难在比赛中实施。

3. 集体的局部配合防守战术

（1）补位。

补位是足球比赛中局部集体配合进行防守的一种方法。当防守过程中一个防守队员被对手突破时，另一个队员则立即上前进行堵封。

（2）围抢。

围抢是指比赛中在某局部位置上，防守一方利用人数上的相对优势（通常是两三个队员）同时围堵对方的持球队员，以求在短暂时间内达到抢断或破坏对方的目的。

（3）造越位战术。

造越位战术是利用规则而设计的一种防守战术，是一种以巧制胜的省力打法，因而成为一种重要的防守手段。但由于其配合难度较大，处理不好会适得其反，让对手钻空子，因此该战术往往是为水平较高的球队所使用，但在一场比赛中也不是多次运用。

4. 全队防守战术

全队防守战术可分为两种基本类型：盯人紧逼防守（人盯人防守），即在规定的范围内盯人紧逼，不交换看守；区域紧逼防守（盯人和区域相结合），即现今流行的综合防守，紧逼和保护相结合，在个人的防区内紧逼，作交替看守。防守最根本的原则是紧逼和保护。只有紧逼才能有效地主动抢断，压制对方技术的优势而获取主动权；保护是为了更好地紧逼和控制空当。

5. 比赛阵型

（1）阵型的发展和演变。

为了适应攻守战术的需要，全队队员在场上的位置排列和职责分工称为比赛阵型。各阵型的名称是按队员排列的形状而定。自19世纪中期世界上有了第一个足球比赛阵型，发展到今日的"四三三""三五二""四二四"等阵型，以及某些国家所采用的"水泥式""锁链式"等阵型，都是沿着这一个客观规律演变和发展的。

（2）各个位置的职责。

① 边后卫的职责：边后卫主要是要防守对方的边锋以及其他进攻队员在边路的活动，破坏对方由边路发动的进攻。同时还可利用插上助攻式运球来直接威胁对方球门。

② 中后卫的职责：中后卫有突前中后卫和拖后中后卫之分。前者的主要任务是盯守对方突前的最有威胁的中锋，因而又被称为盯人中后卫；后者则主要担负整个防线的指挥，其站位经常处于其他防守队员后面，一般称为自由中卫。

③ 前卫的重要职责：前卫通常称为中场队员。中场是一个非常重要的区域，控制了中场也就是得到了比赛的主动权，因此比赛各队往往都在中场投入较大力量。

6. 特殊战术分析

特殊战术主要指位置战术和定位球战术两大方面。位置战术涉及不同位置队员战术运用职责的特定要求。定位球战术是在死球状态下所进行的一次攻守角逐,它在球的状态、攻守准备时间及完成既定战术计划的条件等方面,都与一般攻守战术存在不同点。之所以把位置战术和定位球战术作为特殊战术来分析,是因为它们在运用中除都包含着攻守各个因素和需遵循攻守各个原则之外,各自还有其独特性。

（1）位置战术。

位置战术主要指场上不同位置队员的战术运用。它包括拖后中卫、盯人中卫、边后卫、前卫、中锋、边锋等位置战术。为了便于队员正确理解各位置职责并在实践中灵活合理地履行职责,应明确三点：第一,全面型足球所带来的位置活动高度灵活,因此,任一位置的战术职责都不是局限于攻或守某一方面。第二,尽管每一位置队员可能在比赛中活动到其他位置,但总有其主要职能特点,位置战术职责主要针对其主要活动形式而言。第三,位置战术职责不限制队员超越职责范围活动,根据场上需要和自身能力,各位置队员可创造性地发挥主观能动性。下面就各具体位置作如下战术分析：

① 拖后中卫位置战术。拖后中卫在场上是守门员位置之前的最后一道防线。在防守中,其主要职责是补位和指挥。在对方进攻时,他应当能清楚准确地告诉同伴怎样组织防守,盯住哪些有威胁的对手；当同伴被突破时,他应当能灵活及时补位。为了确保拖后中卫防守战术成功,拖后中卫应当具备下列能力：敏锐的预测力和洞察力,令同伴信服和尊重的控制比赛能力及组织才干,丰富的临场比赛经验和稳定的情绪特征,良好的争顶球、抢截球、选位意识和快速起动速度。

拖后中卫在现代比赛中也具有进攻职责,他的突然插上常常给对手以措手不及之势,他的压上组织进攻常常可以创造人数优势,他的良好判断力和头球能力常常能在角球和任意球中破门得分,他的长传也常常可构成快速反击的卓越战机。若想很好地做到这些,拖后中卫还应具备下列条件：强烈的进攻意识和奔跑体力,准确的长传和善于捕捉战机的能力,有力而准确的远射能力。

拖后中卫具有攻守双重职责,但主要战术职责仍为防守,特别是由于其所处位置的险要性。因此,拖后中卫的进攻必须谨慎小心,讲究成功率和突然性,且在进攻时,必须有其他队员暂时补位。

② 盯人中卫位置战术。盯人中卫的主要战术职责是盯住位于门前中路的进攻得分手,由于这一区域随时伴有对方射门的可能性,因此,这一位置的防守任务也是极为重要的。盯人中卫必须具备以下条件：全面的抢断球技术,包括空中争顶、抢先断球、脚下抢铲、贴身盯人等；良好的灵敏性、体力、起动速度和爆发力等素质；稳定的情绪、果断的判断力和勇敢顽强的作风等心理素质；清楚的位置意识。

盯人中卫位置在进攻上也具有重要作用,其主要表现在发动长传快速反击,突然插上抢点射门,以及时而参与中场进攻组织等方面。在进攻上,盯人中卫应具备以下能力：准确的传球和快速运球推进能力,头部和脚下的劲力射门能力,连续快速的奔跑体力,突然性行动时机的掌握能力。

③ 边后卫位置战术。边后卫防守的主要职能是：盯住进入本防区的进攻队员,不让对手个人运球突破或通过配合突破,保护中路防区。当球在异侧活动并且中卫队员靠向

异侧时,及时向中路靠拢;当中路被突破时迅速补位,同其他后卫队员保持默契联系;当拖后中卫制造越位时,应同步行动。为了完成这些防守职能,边后卫必须具备以下条件:全面的抢、断、铲球技术,急转急停能力,良好的起动速度和爆发性力量,良好的整体、局部防守意识和机敏的选位能力,勇敢顽强的拼搏精神。

在进攻方面,边后卫的战术职能主要表现在:参与中场进攻的组织,创造以多攻少的战机;与中场和锋线队员配合,沉底传中或斜插射门;个人快速运球推进传中或斜插射门;参与各种定位球的进攻。一般说来,运、传球技术、战术配合意识和善于奔跑的体力是实现有效进攻的基础,而最为关键的则是进攻时机的掌握。

④ 前卫位置战术。前卫作为锋线与卫线间联系的桥梁,具有进攻和防守双重职能。一个队的攻与守是否平衡,很大程度上取决于前卫位置战术的运用。前卫的进攻职责主要体现在组织指挥和自身参与进攻两个方面。前卫队员应当善于根据比赛的具体情况,灵活地采用长传和短传为同伴送球,巧妙地运用控球和快攻改变比赛的节奏,并能有意识地变换进攻方向,同时,还应当随机应变地积极投入进攻,运用插上射门、套边传中、带球突破以及局部渗透配合等手段,直接构成对球门的威胁或破门得分。

前卫必须具备下列基本能力:娴熟、准确、全面的技术和不竭的奔跑体力,洞察纷乱局面的敏锐视觉、聪明理智的头脑和灵活机警应变的战术思维。

在防守中,前卫应当担负起阻止对方进攻,并力图在中场乃至前场就完成夺回控球权的任务。前卫队员必须认识到,作为前卫,一旦被对手突破,后卫便会压力重重,而球门就会直接受到威胁。因此,前卫队员在防守上必须具备以下能力:个人抢断和与同伴夹击、围抢的能力;在整体和局部防守意识支配下的保护与补位能力,如前卫间的相互补位、与后卫间的保护与补位等;迅速转入防守的奔跑体力和防守意识。

以上攻守职能是一名前卫必须具备的基本条件。但从阵型来看,通常都配有2～4名前卫,并具有各自的侧重职责。一般说来,前卫有以下三种侧重类型:

第一种:侧重组织型的前卫。这种前卫的最主要职能是在场上组织同伴进攻,作为组织各种有效战术配合的枢纽人物。其主要特长表现在:善于指挥,聪明灵巧,具有敏锐的观察和预测力以及与之相配的技巧水平,能把同伴组织成一体。

第二种:侧重进攻型的前卫。这种前卫相对来说,更注重于进攻方面。他通常与锋线队员共同渗透防守,个人突破或突然插上,或运用出其不意的远射。进攻时,他的活动区域更接近锋线,频繁地跑位于锋线附近,创造空当,制造射门时机。他除在进攻中需具备一定的组织能力外,射门、过人、灵活的跑位、局部配合意识及技巧,都是其必不可少的能力。

第三种:侧重防守型的前卫。这种前卫在进攻中通常位置稍居后,防守时通常置于中卫之前,虽然不排斥并且要求他参与进攻和组织进攻,但其主要职能仍是以中场防守为主。他应当组织好中场的防守,能随机弥补后卫线的漏洞。这种前卫一般具有强烈的责任感、积极防守的意识与技巧,以及不知疲惫的奔跑力和强健的体质。当遇到对方在中场有显赫的核心人物需要紧盯时,这一任务通常由此种类型的前卫来担负。

⑤ 中锋位置战术。中锋的主要任务是破门得分和为同伴创造中路得分的机会。中锋的进攻形式是灵活多样的。为了胜任其职责,中锋队员应具备下列能力:强烈的射门意识和把握射门时机以及决、准、狠完成射门的技巧;突然摆脱对手的动作速度、起动速度和难以捉摸的行动意识;保证个人行动和与同伴配合效果的控、传、运、争顶球等娴熟技巧和

即兴创造力;敏捷洞察局势并能依局势灵机跑位,牵制对方行动的有效穿插能力;由于中锋作为进攻中的"尖刀",守方对其逼抢甚凶,因此,中锋也必须具备强壮的体魄、勇敢顽强的拼搏精神和屡败不馁的自信心。

中锋在进攻中应当始终关注射门的每一时机,但中锋决不可把精力完全付诸于个人的射门上。中锋队员应明白,由于所处的位置特点,自身每一细微行动都可牵动对方的防守,从而能给同伴创造较多的进攻及射门机会。当由攻转守时,中锋也应成为一个真正的防守者。作为第一道防线,中锋应积极干扰破坏对方的进攻。如果对手进攻发动于自身附近,中锋应迅速跟上,延缓对方推进速度,防止对方发动快速反击或见机行事,积极干扰和拼抢,以迫使持球者无法组织进攻。

⑥边锋位置战术。在一个队进攻战术的直接效果上,边锋常起着举足轻重的作用。边锋在进攻中的主要战术内容有三个方面:一是外围或下底传中;二是斜线突破射门,包抄射门或远射;三是与前卫、中锋和边后卫换位配合进攻。从技术上来看,边锋更强调传球的准确性、遥控球过人的灵巧性、射门的准确与有力等。

从身体素质、心理素质等方面来看,边锋更突出于速度与灵敏性,机智的晃动摆脱和疾驰如飞的速度。边锋更需要勇敢善战、不屈不挠的冒险和进取精神。在防守上,边锋与中锋一样,担负着第一道防守的重任,其主要职能是干扰、堵截及抢断球。当对方发动进攻在左右两边并靠近自己位置附近时,应上去延缓对方进攻速度,干扰其进攻效果,如果时机许可,应积极抢断。每一锋线队员应清楚明白,作为边锋在前场抢下球后组织快攻,常使对手措手不及,从而起到意想不到的效果。当由攻转守时,如果同侧边后卫因插上助攻不能及时回位,边锋也应有意识地补位帮助防守。

(2) 定位球战术。

定位球战术是指死球状态下的攻守战术运用。它包括任意球、角球、掷界外球、球门球和中圈开球战术。定位球战术在现代足球比赛中的作用和效果极为重要,尤其是任意球和角球时常左右着比赛的形势甚至决定着比赛的胜负。

定位球战术之所以是足球战术中的重要组成部分之一,这与定位球战术的本身特点优势有密切关系。其一,定位球战术在开球前有充足的准备时间,在此时刻,每一进攻队员可以根据对手情况随意灵活地选位和商量进攻对策,或者具体细致地布置安排既定的进攻计划。其二,无论进攻者是即兴商定战术打法,还是有目的地执行既定战术计划,防守者都无法知其内容,这样,如果进攻者能准确如愿地执行这些战术配合,必然会出其不意,使防守者措手不及,易于取得成功。下面就各定位球战术作具体分析。

① 任意球战术。任意球进攻战术:任意球进攻,特别是前场任意球进攻,是当今足坛破门得分的最锐利的武器之一。在比赛中常用的进攻方式有三种:一是直接射(直接任意球),二是两人配合射,三是三人或三人以上配合射。

任意球进攻方式的选择,主要取决于队员特点和场上的具体形势。一般来说,在发任意球时应遵循以下几个原则:第一,任意球机会在高水平比赛中甚为难得,组织进攻必须考虑周密,认真对待,力争成功;第二,任意球进攻时,任一队员只要有可能直接射门就应直接射门,不必耍弄华而不实的骗术;第三,任意球进攻过程应尽可能快速,每一队员都应尽量排除不必要的传、带球;第四,发任意球前,场上每一队员应根据位置特点和赛前布置及时到位;第五,前场任意球失败后,每一队员必须迅速回位。

任意球防守战术：当对方在中后场发任意球时，防守队员需要很好地组织和站位。如果在前场发任意球，则必须要排人墙。排墙队员的人数取决于球所处的位置。一般来说，球在球门正中方向，排6名队员；球与门约成70°角，排5名队员；球与门约成40°角，排4名队员；球与门约成20°角，排2名队员。人数也可根据攻守双方队员特点和能力及场上具体情况做适宜的增减。在排人墙时，一般第1个队员应站在球与近门柱的连线上，若为防止对方弧线射门，可指定站墙的第2个队员站在此连线上。人墙的第1个队员为能精确地站位，应与守门员保持联系。此外，该队员的身材应高些，这有助于更好地保护球门近角上端。每一排墙队员必须贴紧站立，以防球从人缝中穿过入门。球门近角由"墙"封堵，守门员站在球门远角并保证能观察到踢球队员及其附近队员的活动。

排墙队员以外其他队员的站位原则：一般是头球好的防守者盯住对方空中争顶能力强的队员；中锋盯住对方插上的盯人中卫或拖后中卫；其余队员盯住自由进攻者或站在墙的侧后起保护作用；另外派一名速度较快且运球娴熟的队员站在中线附近准备反攻，一旦抢下球，应尽可能迅速发动快速反击。

任意球中也包含"点球"，在罚点球时，进攻队员应注意补射，守门员应注意脱手或碰球门柱反弹后的第二动作，其他防守队员应注意在守门员脱手或球碰球门柱反弹回来后冲上解围。

② 角球战术。角球进攻战术：角球如同任意球一样，也是易于破门得分的锐利武器之一。在组织角球进攻中，站位的基本原则是：队员分布在禁区内和附近区域，力争获得更多的进攻点。站位形式有两种：一是由球门区近角、罚球点和罚球区远角的三点所构成，形成进攻的宽、深度。二是略居第一条线之后，以便获得同伴回传和对方顶出的短距离球。有时角球进攻中根据战术需要，角球区附近也站一名队员，他为短传配合或为诱惑防守者，分散中路防守的注意力。

角球进攻的方式通常有四种：一是内弧线球至近球门柱或远球门柱，二是外弧线球至近球门柱或远球门柱，三是低平球或高吊球至近球门柱或远球门柱，四是短传配合。

在选择角球进攻方式时，首先需考虑的是对方队员和本方队员的特点以及对方站位形式。一般说来，当防守者具有强于本队的空中争夺能力或队员集中于门前时，最好避免直接长传至门前。此外，角球进攻方式还需要考虑阳光、风力等气候因素。特别值得提出的是，角球进攻方式应尽可能有变化，因为只有不断地变化，才可造成守方防不胜防，措手不及。在各种长传球至门前时，如果没有直接顶或射门的机会，触球者应通过头或脚把球传给位置较佳的同伴。由于角球进攻时大多数队员参与到前场进攻，因此，当对方从角球进攻中抢到球时，每一队员要及时回搬到位，以防对手快速反击。

角球防守战术：在角球防守的成败因素中，站位和盯人是重要的环节之一。对角球站位和盯人一般应掌握好以下几个原则：第一，守门员站在靠近远侧端门柱附近。这种选位的目的主要是便于观察场上情况和出击。第二，一名防守队员站在近端门柱。他可以封住前角，防止进攻者发内旋球射门和限制球门近角附近进攻队员的战术行动。第三，罚角球同侧的一名边锋防守队员应站在罚角球队员的前面。他可以阻止或至少干扰对手发快速的低平球，迫使对方发高球。而高球对守方队员，包括守门员是极为有利的。第四，空中争顶能力强的防守队员盯住头球好的进攻队员。第五，一个速度快且运球技术好的队员站在中线边上，他的主要任务是在本方抢下球后作为"目标人"接球，趁对方防守没有组织好之前,发动快速进攻。第六,其余队员根据本队战术思想和未被盯进攻者的站位情况,分别选位和盯人。

掌握好正确的站位和盯人的原则是有效防守的基础,但为了保证好的站位和盯人表现出实际效果,角球防守时还应注意以下几点:第一,每一盯人者与被盯者的距离应保持适当。一般说来,他应尽可能站在既能观察到对手和球,同时又能抢先于对手之前接触球的位置。第二,当对方发球时,每一防守者切勿把目光集中于球上而忽略了被盯者的行动。第三,由于角球攻守中,门前攻守队员较多,防守队员触球时应尽量干净利索地处理球,较少或不带球,以免因控制球失误而给球门造成危险。第四,在门前争夺中,防守者既要勇猛,又要小心,以防犯规而造成罚点球。第五,在抢下球后,拿球者应尽快发动进攻,其余队员应迅速跟上。

③掷界外球战术。掷界外球进攻战术:由于掷界外球不存在越位问题,进攻者灵巧的跑位加之快速、娴熟的配合,常常能造成防守阵脚混乱,取得良好的进攻效果。因此,在定位球战术中,掷界外球进攻战术也是人们极为重视的战术内容之一。

掷界外球进攻的方式主要有四种:一是接球者运球或同伴配合沉底传中;二是接球者长传转移或与同伴配合长传转移;三是接球者与同伴配合推进;四是发球者掷球于门前或禁区附近,创造直接威胁球门的进攻配合。

队员在掷界外球时,选择进攻方式和发动进攻应尽可能快,这有助于在时间上瓦解对方防守组织布置的严密性。对于接应者来说,由于对方盯人很紧,一是摆脱能力和对周围局势的洞察力要强;二是决定运用个人持球突破还是与同伴配合方式等,战术思维速度和行动要快。一般说来,掷界外球进攻的效果,主要是由正确的战术方式选择、配合过程的技术熟练程度以及进攻队员的即兴应变力决定的。

掷界外球防守战术:在前场掷界外球时,除一至两名队员置于中场准备反攻外,其余防守队员都应回位防守。由于掷界外球进攻的方式多样,合理的选位是特别重要的。一般说来,掷界外球异侧的防守队员应适当向中路靠近些,以便给向掷界外球一侧靠近的中路防守队员提供保护和减小相互间的空当距离。在防守中,对掷球队员附近的进攻队员和门前队员应紧盯,严格限制其自由行动,特别应防范对方向门前掷球的进攻配合,应注意安排头球好的队员盯住对方争顶空中球能力强的队员。

④球门球战术。球门球进攻战术:球门球战术在比赛中的进攻效果不太显著,这主要是由发球区域的位置特点所决定的。球门球进攻的形式通常有三种:一是与守门员配合后由守门员发动进攻,二是中短传于两翼或中路队员组织进攻,三是长传快攻。其中,长传快攻威胁最大。长传快攻的运用与否主要取决于守方队员的回位速度,一般来说,在防守队员回位较慢或组织不稳且进攻队员已居于前方的形势下采用。

要想成功运用这一进攻方式,必备的主要条件是:发球门球的队员传球及时准确,拿球队员快速运用突破,在不易个人渗透防守情况下与跟进同伴快速配合。

球门球防守战术:当对方发球门球时,防守的主要任务是迅速组织阵脚,每一队员要根据自己的防守任务,分别盯住对手或站好位置。在整体位置布置中,需注意的是各线间的适当距离和位置间的相互保护措施。在发球门球时,有时几个防守者也可站在禁区外附近,干扰进攻者的推进或发球配合。

⑤中圈开球战术。中圈开球进攻战术:中圈开球进攻类似于球门球战术,一般对防

守队球门构成的直接威胁不大,这主要是因为中圈开球时防守队有足够的准备时间。中圈开球进攻的形式通常有两种:一是有组织配合地层层推进,主要运用于对方防守阵脚稳定,布置严密的形势下;二是长传快攻,一般是在防守者注意力不集中或布局有漏洞的状态下采用。

中圈开球防守战术:防守队员应利用充分的准备时间,细致谨慎地部署防守;在思想上要严阵以待,随时准备抢断进攻者发动的任何进攻球,尽快夺回控球权。

二、比赛规则

(一) 赛制

室外足球比赛有7人制和11人制两种,室内足球比赛为5人制。

(1) 7人制:每队上场队员7人,其中守门员1人。比赛分上半时和下半时,各35分钟,中间休息10分钟。

(2) 11人制:每队上场队员11人,其中守门员1人。比赛分上半时和下半时,各45分钟,中间休息10分钟。

(二) 场地

(1) 如图7.2.16所示,足球比赛场地必须是长方形的平整场地,长度为90~120米,宽度为45~90米。国际比赛场地长100~110米,宽64~75米。场地的长度必须大于宽度。

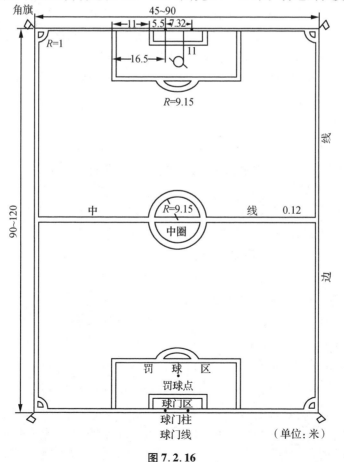

图 7.2.16

（2）场上各线宽不得超过12厘米。

（3）角旗：场地四角必须各竖一平顶的旗杆，杆高不低于1.50米，上挂小旗一面，叫角旗。

（4）中线旗：在中线两端的边线外至少1米处可以各竖一面与角旗相同的小旗，叫中线旗。

（5）球门：两柱的内沿相距7.32米，横木的下沿距离地面2.44米，立柱与横木的宽度和厚度均不得超过12厘米。

（三）界外球

在比赛中，若球由一队踢出边线，就由对方用掷界外球的方法将球掷入场内，继续比赛。如果球被攻方队员踢出对方端线，就由守方将球放在本方球门区内发球门球。如果球被守方踢出本方端线，应由攻方将球放在角球区内罚角球。

（四）手球

比赛过程中，除守门员外，其他人用手碰球就是手球犯规，由对方将球放在手球犯规地点罚球。防守队员如果在自己本场的罚球区内用手碰到球，就由对方将球放在罚点球位置上罚点球。守门员只能在本方罚球区内用手接触球，如果在罚球区外用手碰到球，应判手球犯规。

（五）越位

越位是指队员在前场较球和最后第二名对方队员更接近于对方球门线。处于越位位置的队员只有在同队队员踢或触及球的一瞬间，裁判员认为其干扰比赛，或干扰对方队员，或利用越位获得利益时，才被判罚越位犯规，由对方将球放在越位犯规地点发间接任意球。该队员处在越位位置上，但裁判员认为这对该队无利，也不阻碍对方，裁判员可不判罚。

（六）犯规动作及判罚

脚踢人、手打人以及蹬、踏人等粗野动作，绊摔或企图绊摔人，不合理冲撞人等危险动作都属于犯规动作。禁区内用手触球，罚点球；如果是球打手（如对方射门或传球打手），属无意手球，可不判罚。

守门员持球后，出球不得超过3～5秒和跨4步，违反者在原地判罚间接任意球。掷界外球必须双手过头顶，掷球时两脚不得离地（违反者判对方掷界外球）。

球在空中出边线、端线，因风向或弧线飞行的原因重回场内的球，应判界外球、角球或球门球。

球门球、掷界外球、罚角球时无越位。

中圈开球时，球未向前滚动，对方队员不得进入中圈抢球。

当比赛进行中，一个队在本方罚球区内由于违反了可判为直接任意球的规定时，应判罚点球。在执罚点球时，除主罚队员和守门员外，其他队员须退出罚球区。守方在此区域内罚任意球或球门球必须踢出罚球区以外，比赛方为开始。

（七）直接任意球

罚球队员可以直接射门得分。队员故意违反下列10项规定中任何一项，由对方在犯规地点罚直接任意球。如果队员在本方罚球区内故意违反这些规定，则应判罚点球。10

项规定是:踢或企图踢对方队员;绊摔或企图绊摔对方队员;跳向对方队员;冲撞对方队员;打或企图打对方队员;推对方队员;拉扯对方队员;向对方队员吐唾沫;故意手球;为了得到对球的控制而抢截对方队员时,触球前触及对方队员。

（八）间接任意球

罚球队员不可直接射门得分,踢出的球必须触及场上任何队员(包括双方队员)再入球门方可算进一球。队员在场上违反下列情形之一者,应罚间接任意球:蹬踏;踢球抬腿过高;一队员正准备踢球,另一队员突然上体前倾要去顶球;守门员已接到球,进攻队员企图把球从守门员手中踢出;队员不去踢球而故意阻挡对方队员;冲撞守门员;守门员违例;越位及各种情况下的连踢(如罚任意球、角球、掷界外球等)。

第三节　排球运动

排球运动始于1895年左右,当时有些美国人在海滩上支起渔网将足球或篮球胆打来打去做游戏,麻省霍利诺克城青年会干事威廉·摩根受到启发,把这种游戏移到室内:在篮球场中间挂上网,网高6.6尺,参加者站在球网两侧,球为充气篮球胆,用手击球过网,击球次数不限。由于球的体积大、重量轻,在空中飞来飞去别有风趣,因此吸引了很多爱好者。但当时,摩根并没有给这种游戏命名。

1896年,在美国斯普林弗尔特体育专科学校举行排球比赛,哈尔斯德博士见球在空中飞来飞去,于是将其定名为"Volley Ball",即"空中飞球"。

1947年4月,在法国巴黎正式成立国际排球联合会。国际排联举办的世界排球锦标赛和世界杯排球赛,以及奥运会排球赛是当今世界排坛最重要的三大赛事,每4年举行一次。这使排球运动在世界上广泛开展,其技术、战术水平得以飞速发展。排球比赛的激烈角逐和高水平的竞争,得到人们的广泛注意和喜爱。

1905年排球运动传入我国,最初为16人制,1919年改为12人制,1927年采用9人制,1950年后在全国逐渐开展了6人制排球运动。

当今世界排球运动正向着职业化、商业化方向发展,技术、战术向全面、高度、快速、多变方向发展,规则向有利于攻防平衡方向发展,排球教学、训练向多学科综合运用和科学化方向发展。

排球运动是便于开展、易于锻炼的运动项目,它不受年龄、性别的限制,既可竞技,又可娱乐健身,丰富业余文化生活。它既是"弹跳运动",又是"速度运动"。经常参加排球运动,可以增强人体的神经、呼吸、血液循环等系统的机能,提高人体的力量、速度、灵敏性、耐力、弹跳、柔韧性等素质,培养机智果断、勇敢顽强的拼搏精神和团结协作、密切配合的集体主义思想。

一、基本技术和基本战术

（一）基本技术

排球技术是运动员在排球比赛中所采用的合理击球动作和完成动作必不可少的其他配合动作的总称。它包括准备姿势和移动、发球、垫球、传球、扣球和拦网。

1. 准备姿势和移动

准备姿势和移动是排球运动中各项技术的基础,其目的是迅速起动、快速移动接近球。准备姿势的好坏,直接影响着脚步的移动,而脚步的移动,直接影响着技术动作的质量。判断、准备和起动的衔接是学习的关键,起动快慢是学习的难点。

（1）准备姿势动作要领。

两脚左右开立,略宽于肩,脚尖向前稍向内扣,脚跟稍提起,两腿弯曲,膝关节投影点超过脚尖,上体前倾,重心靠前,两臂自然弯曲,双手置于腹前,上体放松,两眼注视来球,随时准备起动、移动或做相应的动作(图7.3.1)。

图7.3.1

（2）移动的方法及动作要领。

在做好准备姿势和起动的基础上,队员根据完成技术动作和战术配合的需要,灵活运用各种步法进行移动。在准确判断之后要快速移动,边移动边注视来球,使身体尽快接近球并做好击球的准备姿势(图7.3.2、图7.3.3)。

图7.3.2

图7.3.3

根据来球的距离和速度采用不同的移动步法:

① 跨步法。当来球较低,离身体一两步之间,可采用跨步法。移动时,一脚蹬地,另一脚向来球方向跨出一大步;上体前倾,使重心移至跨步脚上,另一脚适当伸直或随重心移动而跟着上步,成为击球的准备姿势。

② 并步法。当来球离身体一步左右时,可采用并步法。移动时,移动方向的同侧脚先向移动方向跨出一步,当跨出脚落地时,另一脚迅速并上成击球前的准备姿势。

③ 交叉步法。当球在体侧或体前侧距离 1 米左右时,可采用交叉步法。若向右移动,起动时,上体稍向右转,左脚从右脚前向右交叉迈出一步,然后右脚再向右跨出一步,同时身体转向来球方向,形成击球前的准备姿势。

④ 跑步法。球的落点距身体较远时,采用跑步法。跑步时,应迅速起动,跑动的最后阶段要逐渐降低重心,做好击球前的准备姿势。

⑤ 后退法。当来球落点在身后时,采用后退法。移动时,身体保持稍低的姿势,两脚交替快速向后退步,重心应保持在体前。

(3) 准备姿势和移动练习方法。

① 徒手姿势练习,看手势练习。

② 跑进过程中看到信号或听到哨音后向前跨一步做半蹲、稍蹲、低蹲准备姿势后接着移动。

2. 发球

发球是队员在发球区内自己抛球后,用一只手或手臂将球击入对方场区的一种击球方法,是比赛和进攻的开始。发球按性能不同一般可分为旋转球与飘球两大类。按发球姿势,旋转球有正面上手发球、侧面下手发球和勾手大力发球等,飘球有正面上手发飘球和勾手发飘球等。各类发球的抛球、击球、用力是发球的 3 个重要环节,抛球和击球是教学的难点。下面介绍侧面下手发球和正面上手发球。

(1) 侧面下手发球动作要领。

以右手发球为例,左肩对网站立,两脚左右开立与肩同宽,两膝微屈,上体稍前倾,左手持球于腹前。发球时,将球垂直上抛在身体的正前方约一臂距离,离手约 30 厘米,同时右臂摆至右侧后下方。引臂后,利用右脚蹬地和向左转体的动作,带动右臂迅速向前挥动,在体前腹部高度用掌根击球后下方。击球后,身体应转成面向球网(图 7.3.4)。

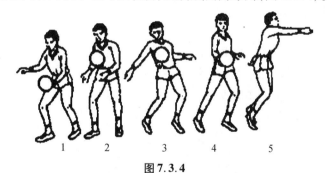

图 7.3.4

(2) 正面上手发球动作要领。

以右手发球为例,面对球网,两脚前后开立,左脚在前,重心偏于右脚,左手持球于身前。发球时将球抛向右肩上方约高出击球点两个球的位置,右臂同时抬起,屈肘后引,肘与肩平,上体移向右侧转动,挺胸展腹。击球时,利用蹬地、收腹、挥臂的力量,用全掌击球的后中下部,手腕向前推压(图 7.3.5)。

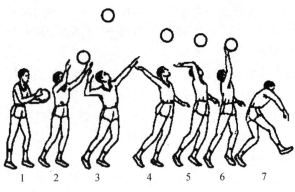

图7.3.5

(3) 侧面下手发球练习方法。

① 徒手练习。体会身体的协调用力和挥臂的动作及路线。

② 抛球练习。球抛起要垂直向上,人和球的位置和抛起高度要适当。

③ 对墙发球练习。距墙6~8米,注意击球手法和击球部位,球击到墙要有一定高度。

④ 近、远距离隔网发球练习。两人一组,相距8~10米,逐渐到端线外,隔网发球。

(4) 正面上手发球练习方法。

① 徒手发球练习。两人一组,体会完整动作过程,主要是挥臂动作。

② 对墙发球练习。距墙3~5米,在墙上定个目标,发出的球尽量打中目标。体会抛球与击球时的手臂挥动配合。

③ 近、远距离隔网发球练习。两人一组,相距6~8米,逐渐到端线外发球。体会击球用力和动作的连贯性。

④ 发直线球和斜线球。将对方场区一分为二,固定发球位置,然后要求发直线球和斜线球,同时要求发球稳、准。

3. 垫球

垫球是用手臂从球的下部,利用来球的反弹力向上击球的技术动作,主要用来接发球和接扣球。垫球技术种类很多,可分为接发球垫球、接扣球垫球、接拦回球垫球和垫击二传球。各种垫球技术教学的难点是击球,即击球点和击球部位。

(1) 正面双手垫球动作要领。

根据来球路线迅速取位,使球尽量保持在腹前。双手重叠互握,掌根并拢,拇指平行,两臂伸直相夹并外旋成平面。垫球时重心降低,两臂前伸插入球下,击球点保持在腹前,取好击球角度,手臂夹紧,利用蹬地、提肩、顶肘、压腕的动作,用腕上10厘米左右的小臂内侧构成的平面将球击出(图7.3.6、图7.3.7)。

 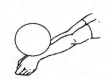

图7.3.6

图 7.3.7

（2）正面双手垫球练习方法。

① 固定球垫击练习。两人一组，一人持球于腹前，另一人做垫击动作，体会击球部位的感觉，掌握好插、夹、提、压动作。

② 自垫球练习。自行将球垫起，垫出的球要有高有低，巩固垫球动作。

③ 抛垫、对垫练习。两人一组，相距3～5米，一抛一垫或对垫。要求垫出的球要有适当高度。

④ 三人二球移动垫球练习。三人拿两个球，两人相距4米左右平行站立，向前抛球，另一人移动垫球。要求移动快，尽量将球置于腹前。

⑤ 接发、扣球、垫球练习。两人一组，一发一垫或一扣一垫。距离由近到远，尽量将球垫到位。

4. 传球

传球是利用全身协调力量并通过手指、手腕的弹力去迎击球的一种技术动作。它在组织进攻、串联攻防中起纽带作用。传球的方式很多，有正面双手传球、背传、跳传、侧传、单手传等。这些传球动作是由准备姿势、迎球、击球、手型、用力5个动作部分组成的。

（1）正面双手传球动作要领。

根据来球迅速移动到传球合理位置。当球接近额前时，两手在脸前成半圆形，主动迎球。两拇指成"一"字形，食指、中指托住球的后下部，无名指、小指在球两侧辅助控制球。触球瞬间，手指、手腕适当紧张，用手指、手腕的弹力和蹬地、伸膝、伸臂的协调力量，在额前上方约一球距离将球传出（图7.3.8、图7.3.9）。

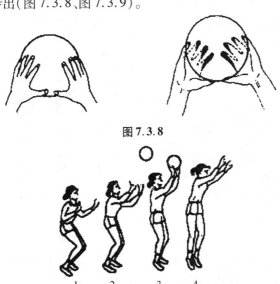

图 7.3.8

图 7.3.9

(2) 正面双手传球练习方法。

① 徒手传球练习。两人一组徒手做传球动作,徒手模仿传球的蹬地、伸膝、伸臂动作,在额前上方用正确手型做推送动作。

② 抛接练习。轻轻将球在额前抛起,在额前上方用正确手型将球接住,检查手型和击球点正确与否。

③ 自传练习。向上一高一低传球,体会传球手型和手触球部位。

④ 对墙传球练习。向墙上固定目标连续传球或自传一次再向墙上固定目标传一次,体会身体协调伸展及手的推送动作。

⑤ 平网对传练习。两人一组,平行站于网前,传高球和传平球交替进行,体会网前传球动作。

⑥ 网前移动传球练习。四人一组,4号位站一人,6号位站一人,2、3号位之间站两人。2、3号位传向4号位,4号位传向6号位,6号位传向2、3号位,2、3号位传球后跑到进攻限制线后,两人交替移动传球,体会实践中的移动传球动作。

5. 扣球

扣球是练习者跳起在空中,利用身体的爆发力和快速挥臂,最后以全手掌击球的一种技术动作。它是排球技术中最有效的进攻方法。扣球包括正面扣球、勾手扣球、扣快球等。在扣球动作环节中,选择好起跳点及起跳时机,保持好人与球的位置是扣好球的基础,挥臂击球是完成扣球动作的关键环节。起跳、击球是教学的难点。

(1) 正面扣球动作要领(以右手为例)。

① 助跑起跳。一般采用两步或三步助跑。两步助跑时,左脚先向球的落点方向迈出一步(方向步),紧接着右脚根据球的落点调整步幅,确定位置跨出一大步,同时左脚跟上,双脚落地后,立即用力蹬地起跳。起跳时,两臂由后经腹前屈臂向上猛摆,配合起跳(图 7.3.10)。

② 挥臂击球。起跳后,要挺胸展腹,上体稍向右转,右臂向上向后挥起,肘高于肩,左臂上摆在头前,身体成反弓形。挥臂时,以迅速转体、提肩、收腹动作发力,带动肩、肘、腕各关节成"鞭打"动作向前上方挥出。击球时,手呈勺形包满掌,击球的后中上部。

③ 落地。双脚前脚掌先着地,再过渡到全脚掌着地,随势屈膝、收腹、缓冲落地。

图 7.3.10

(2) 正面扣球练习方法。

① 助跑起跳练习。听口令做两步助跑起跳练习,体会助跑、起跳的衔接和节奏。

② 挥臂击球手法练习。徒手做扣球挥臂击球动作。一人双手执球于头上,另一人扣固

定球,体会挥臂动作及手法、击球部位。

③ 原地对墙自抛自扣或原地自抛起跳扣球。两人相距 6~7 米,自抛起跳对扣,体会人与球的位置、起跳时机、挥臂击球动作。

④ 结合二传扣球练习。扣球人在限制线附近传球至二传处,由二传进行传球,扣球人用助跑起跳扣传过来的球,巩固扣球的完整技术动作。

6. 拦网

拦网是队员在球网上空拦阻对方击球过网的一种技术动作。它是一种具有进攻性的防御技术。拦网分为单人拦网和集体拦网。其技术动作由准备姿势、移动、起跳、空中击球和落地 5 个部分组成。起跳时间是否合适是关键。正确地确定起跳时间和起跳点是教学的难点。

(1) 拦网动作要领。

① 准备姿势和移动。拦网的准备姿势与一般的准备姿势不同。队员面对球网,距离 30 厘米,两脚分开与肩同宽,平行站立。两膝稍屈,上体稍前倾,两臂弯曲置于胸前。当判断出对方进攻点时,一般采用横向并步或交叉步迅速移动,并降低重心做好起跳准备(图 7.3.11)。

图 7.3.11

② 起跳。两脚用力蹬地,两臂在体侧前方划小弧用力上摆,带动身体垂直向上跳起。起跳后,稍收腹,以便控制平衡和延长腾空时间。

③ 空中拦截。在身体腾空后,两手从胸前向头上方伸出,两臂向上伸直并有提肩动作,两手平行上举,尽量接近球。当手触球时,两手要紧张,手腕下压"盖帽"捂球。

④ 落地。拦网后身体要自然下落,先以前脚掌着地,随之屈膝以缓冲身体落地力量,同时迅速做好下一个动作的准备。

(2) 拦网练习方法。

① 原地做拦网的徒手动作,体会手向上直伸、拦球动作。

② 教师站在高台上双手持球,学生轮流起跳拦网,体会起跳拦网动作。

③ 两人隔网相对站立,做向左(或右)移动一步起跳拦网,体会移动拦网动作。

④ 双人拦网移动起跳配合练习。2、4 号位网前各站一人,3 号位网前站两人。听口令后,两名 3 号队员分别向左、右移动,与 2、4 号位队员配合拦网。

⑤ 扣、拦练习。教师在网前 2、3、4 号位扣球,队员轮流做拦网练习。

（二）基本战术

排球战术是指队员在比赛中，根据排球的规则要求和排球运动规律，以及双方当时的情况，合理运用技术所采用的有意识、有目的、有组织的个人和集体配合行动。全面、准确、熟练和实用的技术是组织战术的基础，而合理地运用战术又能更加充分发挥技术的威力。

1. 阵容配备

阵容配备指比赛时场上人员的搭配布置。其目的在于把全队的力量有效地组织起来，扬长避短，最大限度地发挥每一个队员的作用和特长。

（1）"四二"配备。

"四二"配备是指场上有4个是进攻队员和2个二传队员（图7.3.12）。4个进攻队员又可分为2个主攻、2个副攻，他们都站在对角位置上。其优点是无论怎样轮转，前后排都能保持1个二传队员和2个进攻队员，便于组织和发挥攻击力量，给对方的拦网及防守造成困难。但对2个二传队员的进攻和拦网能力的要求较高，否则就会影响"四二"配备的进攻效果。

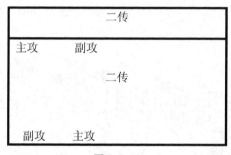

图 7.3.12

（2）"五一"配备。

"五一"配备是指场上有5个进攻队员和1个二传队员（图7.3.13）。这一阵容配备的优点是拦网和进攻力量得到加强，全队只要适应一个二传队员的打法，相互之间容易建立默契，有利于二传队员统一贯彻战术意图。但二传队员在前排时，只有两点攻，要充分利用两次球、吊球及后排扣球等战术变化突袭对方，以弥补"五一"配备的不足。

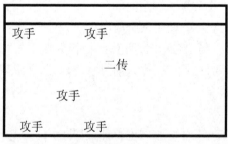

图 7.3.13

（3）"三三"配备。

"三三"配备是指场上3个进攻队员与3个二传队员间隔站位，使每一轮次都有传有扣，是初学者常用的阵容配备（图7.3.14）。

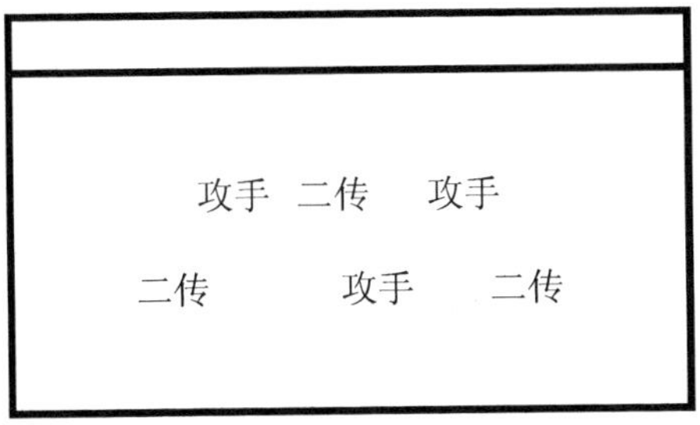

```
┌─────────────────────────────┐
│                             │
│      攻手   二传   攻手       │
│   二传       攻手   二传      │
│                             │
└─────────────────────────────┘
```

图 7.3.14

2. 位置交换

排球规则规定,发球以后,队员在场上可任意交换位置。利用这一规则,各队通常采用专位进攻、专位防守的方法。一般来说,在前排,主攻队员换在 4 号位,拦网好、移动快、连续起跳能力强的副攻队员换到 3 号位,二传队员换到 2 号位;在后排,主攻队员换到 5 号位,副攻队员换到 6 号位,二传队员换到 1 号位。这种位置交换,使队员专位化,便于发挥每个队员的特长,有利于让队员集中学习训练掌握某项实用技术。但专位化也容易造成队员技术的不全面。

换位时应注意:换位前,应按规则的要求站位,防止"位置错误"犯规;当发球队员击球后,立即迅速换到预定位置;对方发球时,应首先准备接球,然后再换位,以免影响接发球;本方发球时,换位队员应面向对方场区,观察对方动态;成死球后,应立即返回原位,及早做好下一个球的准备。

3. 发球战术

发球因不受对方和同伴的制约,发球者可以根据对方场上的站位情况和自己发球的技术特点,灵活运用发球战术。发球战术包括找对方弱点或空当、破坏对方战术、利用自然条件等,目的在于直接得分或破坏对方一传。

找对方的弱点或空当发球战术,主要是根据对方对不同性能球的适应程度、接发球的站立方法和轮次特点等,采用加强攻击、控制落点、灵活变化等发球方法,造成对方判断错误,使其接发球失误或一传不到位。破坏对方战术性发球是指把球发给对方换位队员、插上队员或善于扣两次球的队员等,使对方组织不起进攻。利用自然条件发球战术主要适合于室外比赛,指发球者利用阳光、风向等特点以增加对方接发球的难度。

4. 接发球进攻战术

接发球进攻战术可简称为"一攻"战术。一攻的好坏,直接关系到能否夺得发球权,要力避失分和使一传到位,取得主动权。"一攻"战术主要有"中一二""边一二""插上"和"两次球及其转移"(简称"两次转移")几种形式。每一种战术形式可以采用多种多样的战术变化,而各种战术变化又可以运用适合于自己的某种战术形式。战术形式是固定的,但战术变化却是灵活的。

(1)"中一二"进攻战术。

即 3 号位员作二传,将球传给 4、2 号位队员进攻的组织形式。其优点是一传向网中 3 号位垫球比较容易,因而有利于组成进攻,适合初学者采用;二传队员在网前接应一传的移动距离近,向 2、4 号位传球的距离较短,容易传准。缺点是战术变化少,对方容易识破进攻意图。

(2)"边一二"进攻战术。

即 2 号位队员作二传,将球传给 3、4 号位队员进攻的组织形式。其优点是右手扣球者在此3、4号位扣球比较顺手,战术变化较多。缺点是5号位接一传时,向2号位垫球距离较远;一传垫到4号位时,二传传球较为困难。

(3) "插上"进攻战术。

即二传队员由后排插上前排作二传,把球传给前排4、3、2号位队员进攻的组织形式。其优点是能保持前排三点进攻,战术配合变化多,并能利用网的全长组织进攻。缺点是对插上二传队员的要求较高。

(4) "两次球及其转移"进攻战术。

"两次球"指一传稳妥准确地将球传到了网前的适当位置,第二次击球即可进攻的一种形式。第二次击球前,如果发现对方拦网,可在空中改作二传,将球转移给其他队员进攻,这种形式叫转移进攻。"两次球"和"转移"的特点是:能保持前排三人进攻,在三次击球中,有两次进攻机会,并且具有较大的突然性。"两次球"可以加快进攻的速度,打乱对方的节奏,使对方措手不及;运用转移扣球,使进攻具有较大的隐蔽性,增加了对方的拦网难度。采用这种战术形式,要求场上六名队员都要具有较好的接发球能力和进攻能力,特别是对一传要求很高。前排队员还要有很强的观察判断能力和熟练的跳传技巧,以便在腾空的一刹那能根据情况很快做出决定,是扣球还是转移。这种战术较难组织,但一旦形成,扣死率很高。在对方发球攻击性较小、扣球威力不大时,可以较多地运用这种战术。

5. 防守战术

运用防守战术时要根据对方的进攻特点和怎样有利于自己组织反攻来部署力量。现代防守战术的部署都是与拦网力量的安排相联系的,因此,防守战术可根据拦网的情况分为单人拦网、双人拦网、三人拦网、无人拦网防守等几种形式。下面简单介绍单人拦网和双人拦网防守形式。

(1) 单人拦网。

单人拦网的防守战术形式是在对方技术水平较低、扣球威力不大、战术变化不多时所采用的一种防守形式。这种防守形式后排防守的人数多,便于组织进攻。在遇到强队时,由于对方进攻变化多,速度快,防守时来不及组成集体拦网,有时也只得采用人盯人拦网。

(2) 双人拦网。

双人拦网的防守战术形式一般在对方进攻力量强、战术变化较多的情况下采用。这种两人拦网、四人防守的形式是现代排球比赛中主要的防守战术。根据它的保护形式又可分为两种:

一是"边跟进及其灵活变位"。即当对方进攻时,本方前排两人拦网,另一名不拦网者后撤,同后排三名队员组成半弧形防守阵式,也称马蹄形防守。如遇对方吊球,由后排同列队员(1号位或5号位)跟进,同时6号位队员要根据情况灵活补位。这种战术形式的优点是有利于防止对方重扣,便于组织反攻;缺点是场中间空隙较大,对方吊球时较难保护。

二是"心跟进及其灵活进退"。采用这种形式,前排队员在布局上同"边跟进"形式一样,6号位队员先站在离网4米左右的位置上,如遇到对方吊球,则向前跟进;如对方向后排进攻,则迅速后退,协同1号位和5号位队员进行防守。

二、比赛规则

(一) 基本规则

排球运动由两队各6名选手组成,现在增设了自由人。该运动的目的在于使击出的球稍高于网前伸出的双手,从而使球落入对方的半场而得分。

每队的6名球员都有自己固定的位置,3名网前选手和3名靠近底线的选手。每一方击球过网不得超过3次,原则上一名攻击手将和一名队友在网前拦截,阻止球落入本方半场并可以通过拦截直接得分。

简单来说,运动员不得持球,不得连续击球两次。他们可以用身体的任何一个部位击球,但是如果球从球员身上的某一部位弹到另一部位,将被认作是两次击球,按违例计算。如果球员在界外击球或击球时身体的某一部位触网,将被判失分。

(二) 场地和器材

排球项目是在一块长18米、宽9米的场地上进行的。场地被一张高2.43米(男排场地)或2.24米(女排场地)的网分成两个对等的部分。距离网3米的两侧处是进攻线,用来限制后排队员击球进攻的距离(如拦网)。边线是场地的一部分,所以当球压线时按界内球计算。

排球用网由10平方米的黑色小孔构成。在网的顶部缝上两条5厘米长的白色帆布带。在底部有一条绳子拴在柱子上以保证网处于拉紧的状态,因为有时在比赛进程中球会碰到网上。两个连接在网上的触角标志着交叉空间的边界。球被一方传过网时必须越过这个交叉空间。

比赛用球由一个内置的球胆和柔软的皮革制成。室内排球用球和沙滩排球用球的大小相同,圆周为65~67厘米,重量为260~280克,但唯一不同的是室内用球的气压比沙滩用球的要高。

(三) 发球

每方的6名球员按顺时针方向轮流发球。每次本队获得发球权后由发球球员在本方半场的右后角将球发入对方半场重新开始比赛。发球球员可以用上手或下手发球,用拳、伸开的五指或是手臂都可以。发球可以在底线后的任一处,但是规则又允许进行跳发球的队员在落下时进入场内。排球可以落入对方半场的任何一处。该发球队员将继续发球直至本队失去发球权。

(四) 得分

在新的得分规则下,一方在获得发球权的同时得分,即所谓的每球得分制。比赛由5局构成。在前4局的比赛中,获胜的一方必须达到25分,或在此基础上比对方高出2分。在第5局的比赛中获胜一方只需达到15分,或在此基础上比对方高出2分。

(五) 自由人

新设置的自由人是一名防守专家,可以在后排进行任意的替换,帮助本队抵御对手的进攻。自由人不得发球、拦网或是绕到前排,所以一般由一名身材矮小但是动作灵活、能够迅速倒地救球使得比赛得以继续的球员担任。自由人可以自由替换,为了易于区别,自由人将穿上与其他球员不同颜色的衣服。

（六）换人

根据另一项被修改的规则，教练员可以在比赛期间站着向球队发号施令，但是必须待在一个特定的区域。包括替换自由人在内，教练在每局的比赛中共有 6 次机会替换队员。替补队员可以换下某一名先发队员或再被相同的队员替下。

（七）其他规则

（1）只有前排的球员方可拦网。
（2）球员可在球越过网之前进行拦截，但是不得触网或是干扰对手。
（3）拦网不算作一次击球。
（4）球不得触网，也不得碰到同队的队友。
（5）每个队在每局的比赛中都有两次暂停的机会。

第四节　乒乓球运动

乒乓球因打球时发出"乒乓"的声音而得名，19 世纪末起源于英国，20 世纪 20 年代传入我国。1959 年 3 月在德国举行的第 25 届世界乒乓球锦标赛上，我国运动员容国团首次获得男子单打世界冠军。1961 年第 26 届世界乒乓球锦标赛在北京举行，我国获得了男子团体世界冠军，庄则栋获得了男子单打世界冠军，邱钟惠获得了女子单打世界冠军，从此我国乒乓球技术进入世界先进水平，一直雄踞世界乒坛。

一、基本技术和基本战术

（一）基本技术

1. 握拍

握拍技术有两种，即直拍握法和横拍握法。

（1）直拍握法。

① 快攻型握拍法。拇指与食指自然而平均地钳住拍柄，拍柄贴住虎口，其他三指自然弯曲重叠于拍面背后，中指第一指关节顶在拍背 1/2 处，使球拍保持平衡（图 7.4.1）。

图 7.4.1

② 弧圈型握拍法。在拍的前面，食指扣住拍柄，形成一个环状，拇指贴住拍柄左侧；拍面背后，中指和无名指较直地以第一指节顶住拍面背部，小指自然贴在无名指之下（图 7.4.2）。

图 7.4.2

③ 削攻型握拍法。拇指自然弯曲,紧贴拍柄左侧,第一指关节用力下压,其余四指自然分开托住球拍背面(图7.4.3)。

图7.4.3

(2) 横拍握法。

横拍攻击型(快攻和弧圈型)和削攻型握拍方法基本相同,中指、无名指、小指自然地握住拍柄,拇指在球拍的正面,食指自然伸直斜放于球拍的背面,虎口贴在拍肩。正手攻球时,食指稍向上移动,反手攻球时,拇指可稍向上移动(图7.4.4)。

图7.4.4

(3) 握拍练习方法。

① 握拍的模仿练习。
② 两人一组对练,体会和掌握各种握法技术。

2. 发球

(1) 发平击球。

动作要领:如图7.4.5所示,发球时持球手将球向上轻轻抛起,同时持拍手向后引拍,上臂自然地靠近身体右侧。当球从高点下降时,持拍手以肘为轴,前臂向右前方横摆击球。向前挥拍时,拍面稍前倾,击球中上部。击球后第一落点应在球台中区。

图7.4.5

(2) 反手发上旋长球。

动作要领:发球时持球手将球轻轻抛起,与此同时持拍手向后引拍,上臂自然地靠近身体右侧。当球从高点下降到高于台面低于球网时,持拍手以肘为轴心,前臂向右前方横摆发力击球。触球时,拍面稍前倾,摩擦球的中上部,使球快速前进并具有一定上旋。球离拍后,第一跳要落在球台端线附近。

(3) 正手发下旋加转球与不转球。

动作要领:如图7.4.6所示,持球手将球抛起后,持拍手向上方引拍,拍呈横状并略微前倾。发加转球时,手臂由后上方向前下方挥摆,前臂外旋的转动要快些,使拍面后仰的角度大些,要用球拍的下部靠左的地方去摩擦球的底部。由于力臂大,球的旋转也就强。发不转球时,手臂由后上方向前下方挥摆,前臂外旋的转动则要慢些,使球拍后仰角度小些,用球拍下部偏右的地方去碰球的中下部。由于力臂小,球的旋转也就弱。

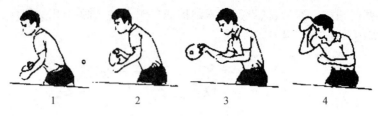

图7.4.6

(4) 发球练习方法。

① 反复练习将球抛起后再击球。

② 模仿练习,发多球练习。

③ 两人一组,一人反复发一种类型的球,一人推挡球。

3. 接发球

(1) 接发球技术动作。

接发球技术动作由点、拨、带、拉、攻、推、按、削等综合组成。

① 选择合适的站位。根据对方发球位置选择站位。一般来说,对方站在球台的右角,接发球站位应靠左一些。对方究竟要发什么样的球,有时极难预料,所以选择站位要有利于照顾球台的各个部位。站位距离球台不宜过远或过近,一般离台30~40厘米。

② 准确地识别发球的旋转和落点。接发球的关键是注意对方球拍和球触及瞬间的触拍和触球的部位、球拍移动方向、用力程度。一般来说,对方发斜线球,手臂常会向斜前方用力;对方发直线球时,手臂由后向前用力。发球时如果手腕抖动摩擦球体,球的旋转较强。因此要盯紧球拍触球瞬间的动作,只有这样才不会被对方的假动作迷惑。

③ 区别不同性能的球拍。在遇到使用长胶粒与反贴胶皮相结合的两面不同性能球拍的对手时,可以听对方球拍击球的声音来区别不同的旋转。一般来讲,声音较响的那一面是长胶粒,声音不太响的那一面是反胶。

④ 接好各种旋转球。对方发旋转球时,一般是逆着对方发球旋转方向进行还击。如回接左侧旋发球,拍面方向和用力方向略朝对方右侧偏斜;回接右侧旋发球时,拍面方向和用力方向略朝左侧偏斜;回接上旋发球时,拍面角度略为前倾,用力方向略向下;回接下旋发球时,拍面角度略为后仰,用力方向略向上;回接左侧上(下)旋发球时,拍面角度略为前倾(后仰),拍面方向略朝对方右侧偏斜,多向对方的右下(上)方用力击球。

(2) 接发球练习方法。

① 两人一组,一人反复发一种类型的球,另一人接发球,以适应各种发球。

② 接对方连续发多球练习。

4. 正手近台快攻

正手近台快攻的特点是站位近、出手快、动作幅度小,可以为加力扣杀创造条件,也可以直接得分。

(1) 正手近台快攻技术动作。

如图7.4.7所示,右手握拍为例,直拍正手近台攻球时,身体距球台30~40厘米,右脚稍后,两膝微屈,上体略前倾。击球前,引拍身体右侧,成半横状,上臂与身体约成35°角,与前臂约成120°角。当球在台面弹起时,手臂由右侧向左前方迅速挥动,以前臂发力为主,击球时食指放松,拇指压拍,使拍面前倾,并结合手腕内转动作,在球弹起至上升期击球的中上部。横拍近台正手攻球时,手臂自然弯曲,前臂和手腕成直线并与台面接近平行,拍面略朝下,击球的时间、部位、拍面角度及手臂挥拍方向基本与直拍相似。

图 7.4.7

（2）正手近台快攻练习方法。

① 徒手模仿快攻练习。

② 两人对练,一人自抛自攻,另一人用挡球回击。

③ 两人一组进行对攻练习。

（二）基本战术

1. 攻对攻战术

（1）发球抢攻。用相似的动作发不同旋转球,配合落点的变化,找机会抢攻。

（2）推挡变线。推左右两角,突击一点或中路。

（3）搓中突击。用搓球控制落点或转与不转球,伺机突击。

（4）加、减力推挡。用加力推或减力挡,调动对方,伺机突击。

（5）突击变换。紧逼一角,突击另一角。

2. 攻对削战术

攻对削战术有:发球抢攻;拉两角突击中路;长拉短吊,打乱对方步法,伺机扣杀;搓球变线或变换落点,调动对方,趁机攻球。

3. 削对攻战术

削对攻战术有:紧逼一角,突击空当;削转与不转球,扰乱对方,趁机攻球;交替逼两角,伺机扣杀;发转与不转球,抢攻。

4. 双打战术

双打战术有:发球抢攻或拉攻;接发球抢攻;控制强者,攻击弱者;紧逼一角,突袭另一角。

二、比赛规则

（一）场地与器材

（1）球。乒乓球直径为3.8厘米,重2.5克,黄色。

（2）球网装置。球网长183厘米,高152.5厘米,用一根绳子系在网柱上,网柱外缘离台面边外缘15.25厘米。

（3）球台。球台长274厘米,宽152.5厘米,高76厘米,台面为暗色,无光泽,沿边缘有2厘米宽的白线。双打时,各台面由中间一条0.3厘米宽的白线分成两个相等的半区。

（4）球拍。球拍的大小、重量和形状不限。海绵胶拍的海绵连同黏合剂厚度不超过0.4厘米。拍面为不同颜色的暗色。

（二）合法发球

发球时,球应放在不执拍的手掌上,手掌张开和伸平,球静止在比赛台面的水平面之上、端线之后;发球员须用手把球几乎垂直地向上抛起,不得使球旋转,使球在离开了不执拍手的手掌之后,上抛不少于16厘米。当球从抛起的最高点降落时,发球员方可击球,使球先触及本方台区,然后越网再触及接发球球员的台区。从被抛球在掌上静止的最后一瞬间到击球时,球和拍应在比赛台面的水平面之上。

(三) 比赛状态

从球被抛起前静止状态的最后一瞬间起,球即处于比赛状态,直到这个回合被判为重发球或得分。

(四) 重发球

当发出的球触及球网装置或触网,或者接发球球员未准备好时球已发出,这些情况下都要重发球。

(五) 得分和失分

比赛中球处在比赛状态下,如果未能合法发球、未能合法还击、阻挡、连击、两跳、用不符合规定的拍面击球、移动台面、不执拍手触及台面或触网,其中一种情况均为本方失分,而对方得分。

比赛中先得11分的一方为胜1局,打到10分平后,先多得2分的一方为胜一局。一场比赛七局四胜制。

(六) 发球、接发球和方位的次序

选择发球、接发球和方位的权力应由抽签来决定,此权力的获得者,可以选择先发球或先接发球,或选择方位,或要求对方先行选择。

在获得每2分之后,接发球一方即成为发球方,以此类推,直至该局结束;或者直至双方比分达到10分平,即实行轮换发球法,这时发球和接发球次序仍然不变,但每方只轮发1分球。

一局中首先发球的一方,在该场下一局应首先接发球。一局中,在某一方位比赛的一方在该场下一局换到另一方位。在决胜局中,一方先得5分应变换方位。

第五节 羽毛球运动

据《吉尼斯世界纪录大全》记载,最早打羽毛球的是公元2世纪的中国人。又相传,羽毛球起源于印度。在18世纪以前,亚洲和欧洲一些国家就有了类似羽毛球运动的游戏。那时的羽毛球游戏是两个人相对站着,手执木板来回拍击球而进行的。1877年,第一部羽毛球比赛规则在英国出版。1893年,英国的14个俱乐部代表举行会议,决定成立英国羽毛球协会。1899年,英国举办首届羽毛球锦标赛,这就是著名的"全英羽毛球锦标赛"。所以,一般认为现代羽毛球运动起源于英国。

一、基本技术和基本战术

(一) 基本技术

1. 握拍法(以右手握拍为例)

(1) 正手握拍。

动作要领：握拍时，先用手拿住拍柄，使拍面与地面垂直，然后张开右手，使手掌下部（小鱼际）靠在球拍的握柄底托，拍柄末端与小鱼际齐平，虎口对着球拍面的窄面内侧的小棱上，拇指和食指贴在拍面的两个宽面上，食指和中指微微分开，并环扣住拍柄，中指、无名指、小指并拢，握住拍柄（图7.5.1）。

正手发球，一般用于右场区的各种击球和头顶击球。

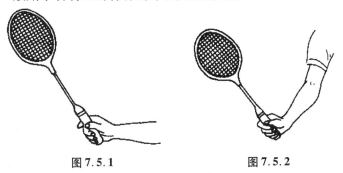

图7.5.1　　　　　　　图7.5.2

（2）反手握拍。

动作要领：在右手握拍的基础上，拇指和食指使握柄稍微外旋，食指向中指并拢，第二指关节贴在拍柄内侧的宽面上，其余四指并拢握住握柄，柄端靠紧小指根部，使手心留出空隙（图7.5.2）。

正确的握拍姿势有利于手腕、手指力量的灵活运用，能合理准确地完成发球、接发球技术，有利于球技的掌握和提高。

2. 发球（以右手发球为例）

发球分正手发球和反手发球两种。高质量的发球，能给本方创造进攻的机会，使对方只能作防守性的回击，甚至造成失误。

（1）正手发高远球。

动作要领：站于靠中线一侧，离前发球线1米左右。左脚在前，右脚在后，身体稍对网，两脚与肩同宽，上体自然直立，重心落在右脚上；右手握拍并自然屈肘于身体右侧，左手拇指、食指、中指夹住球，举在身体右前方的胸腹部。发球开始，左手手指分开，使球落下，右臂后引，由上臂带动前臂，从右后方沿身体向左上方挥拍，在击球一刹那握紧球拍，由伸腕经前臂内旋到屈腕，向左前方发力击球。击球后，球拍顺势自左前上方缓冲挥动，身体重心也由右脚过渡到左脚，右脚跟稍提起，最后手收到胸前（图7.5.3）。

图7.5.3

（2）正手发平高球。

动作要领：基本同正手发高远球，只是飞行弧度较高远球低，速度较高远球快，所以在击球一刹那，前臂加速外旋，带动手腕向前上方挥动，使球落在对方后场底线。

（3）正手发网前球。

动作要领：准备姿势同正手发高远球，发球时用力轻，主要靠前臂带动手腕向前切送；拍握松，夹臂动作小，使球飞行弧线较低，距离较短，刚好越网而过，落在对方前发球线附近。

（4）反手发球。

准备姿势：面对球网，反手握拍，两脚前后站立，重心在前脚上。击球时，前臂带动手腕向前横切推送，用力要轻（图7.5.4）。

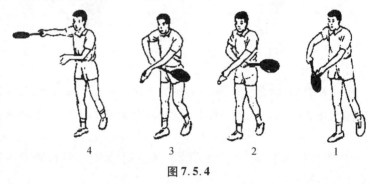

图 7.5.4

3. 击球

羽毛球的击球技术可分为后场高空击球技术、前场击球技术、中场平击球技术。作为初学者，这里只介绍后场正手击高远球和扣球技术。

（1）正手击高远球。

高远球就是击出的球高而远，直到对方上空并垂直落在有效场区内。

动作要领：正手握拍，判断好正确的来球方向和落点，迅速移至适当位置，侧身对网，左脚在前，右脚在后，稍屈膝，重心在右脚。左臂屈肘自然上举，右手持拍于身体右侧。击球时，右臂后引展顶胸，肘关节明显高于肩部，球拍后引，手腕后伸，接着后脚蹬地、转体、腰腹协调用力，并以肩为轴，上臂带动前臂急速向前上方挥动，手腕抖动发力，握紧球拍，在手臂伸直的最高点击中球的后部。击球后，手臂随惯性收至胸前，身体转成面向球网方向，重心移至左脚，并迅速向中心回动（图7.5.5）。

图 7.5.5

(2)扣球。

扣球就是把高球用力向前方重压、重切、重点击球,使球的飞行弧线较直,落地快,给对方较强的威胁力。

动作要领:动作基本同击高远球,只是在击球一刹那,手腕加速向下扣压,使球迅速贴网沿直线落入对方场区(图7.5.6)。

图7.5.6

4. 步法

击球步法是指迅速、准确地起动或移动来完成击球动作并迅速回到中心位置的脚步移动方法。羽毛球的击球步法可分为上网步法、后退步法、两侧移动步法和起跳突击步法。这些步法用垫步、跨步、并步、蹬步、交叉步等脚部动作完成。快速、灵活的步法与准确、巧妙的手法协调配合,能使打球者得心应手,为掌握较高难度的动作打下基础。

(二)基本战术

1. 单打战术

(1)平高球压后场底线。伺机大力扣杀或吊网前空当。

(2)攻对方场地四角。控制落点,使对方前后左右奔跑,打乱阵脚,攻其空当。

(3)快拉快吊控制网前。先以平高球压对方于后场两底角,然后突然以吊球或劈杀引对方上网,再迅速控制网前,创造中后场扣杀机会。

(4)守中反攻。先拉吊对方四角,调动对方勉强进攻。当对方攻球质量不好或回击被动球时,乘机出击,争取一拍成功。

2. 双打战术

(1)攻人战术。集中力量攻击对方较弱的一个,形成"二打一"。

(2)攻中路战术。将球尽量攻到两人之间的空隙区,造成对方漏接或争接失误。

(3)攻后场战术。当后场扣杀较差时,可采用平高球、平推球等把对方一人紧逼在底线附近,使其处于被动。

二、比赛规则

(一)场地与器材

(1)球场。如图7.5.7所示,羽毛球场地为长方形,长13.4米,双打场地宽度为6.1米,单打场地宽度为5.18米,球场上各线宽为4厘米,球场四周2米内不得有任何障碍物。在距球网1.98米的两侧各有一条前发球线,前发球线的中点与端线的中点的连线为中线,中线把场区分为左右发球区。球网长6.1米,宽76厘米,高1.55米,球网中部上沿离地面1.524米。

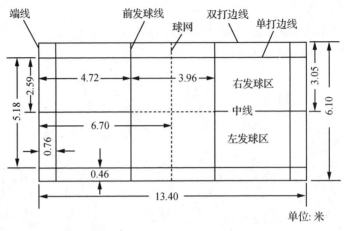

图7.5.7

(2) 球与球拍。羽毛球重4.74~5.50克,有16根羽毛固定在软木托上。拍框为椭圆形平面,拍长不超过68厘米,拍宽不超过23厘米,拍重为95~120克。

(二) 比赛规则

羽毛球比赛采用21分每球得分制。每场比赛采用三局两胜制,先到21分的一方赢得当局比赛。如果双方比分为20平,则需某一方超过对手2分才算取胜。如双方比分打成29平,则得分先达到30分的一方为胜者。

(三) 违例与判罚

(1) 发球违例:发球员任何一脚踩线、触线或移动;故意拖延发球时间和做假动作;发球时未击中球或球的最初接触点不在球托上;击球瞬间,球的任何部分高于发球员的腰部(发球过腰);球拍杆没有指向下方,使得整个球拍拍头没有明显低于发球员的握拍手部(发球过手);球的落点不在规定场区内。

(2) 接发球违例:对方球发出以前,接球员脚步移动或踩线;或以任何行动和叫喊故意干扰发球员的发球。

(3) 击球违例:队员两次挥拍连续两次击中球,或双打中两名队员连续各击中一次球;击球时,球停滞在拍上,紧接着被拖带抛出;任何一方妨碍对方的合法击球;比赛中,运动员的球拍、身体或衣服侵入对方场区,或触及球网或球网的支撑物(触网);在比赛进行中,对方击来的球尚未过网,而本方队员则在对方场区上空抢先击球(过网击球)。

第八章
武术运动

第一节 武术运动概述

一、武术运动的起源与发展

武术是我国独具风格的一项强身健体、训练格斗的民族传统体育项目,又称功夫或国术。它具有悠久的历史和广泛的群众基础,是中国人民在长期的实践中不断积累和丰富起来的宝贵的文化遗产。它的内容丰富多彩,形式多种多样。它是把踢、打、摔、拿、击、劈、刺等动作按照一定组合形成的徒手和器械的攻防技术。现代社会,武术逐渐由实用的攻防技术转变为强身健体的锻炼手段。它不仅能使人们在形体上得到锻炼,而且也能使身心得到全面发展。长期从事武术锻炼,将受益终身。

1949年后,我国相继制定了武术竞赛规则和运动员等级标准(分武英级,一、二、三级武士和武童级)。1956年成立了中国武术协会。1957年武术被列为国家体育竞赛项目。1990年在北京举办的第11届亚运会上,武术被列为正式比赛项目。1991年第1届世界武术锦标赛在中国北京举行。

武术是我们思维和生活方式的一种艺术。武术锻炼可以陶冶人们的性情,培养良好的道德修养和正义感。长期的武术锻炼能磨炼人们坚韧不拔、积极向上的品质,达到临危不惧、处乱不惊的境界。人们以武术为载体,以一种近乎纯净的状态,孜孜追求人类精神文明的美好境界,最大限度地追求对自身潜力的发挥和自我身心的完善。

二、武术运动的特点

(一)寓技击于体育之中

武术最初作为军事训练手段,与古代军事斗争紧密相连,其技击的特性是显而易见的。在实际应用中,其目的在于杀伤、制限对方。它常常以最有效的技击方法,迫使对方失去反抗能力。这些技击术至今仍在军队、公安系统中被采用。武术作为体育运动,技术上既保留了攻防技击的特性,又将技击寓于搏斗与套路运动之中。搏斗运动集中体现了武术攻防格斗的特点,在技术上与实用技击基本上是一致的。但是从体育观念出发,它受到竞赛规则的制约,以不伤害对方为原则。如在散手中,对武术中有些传统的实用技击方法做了限制,而且严格规定了击打部位和保护护具,短兵中使用的器具也做了相应的变化,推手则是在特殊技术规定下进行竞技对抗的。因此,可以说武术的搏斗运动具有很强的攻防技击性,但又与实用技击有所区别。

套路运动是中国武术的一个特有的表现形式,不少动作在技术规格、运动幅度等方面与技击的原形动作相比有所变化,但是动作方法仍然保留了技击的特性。即使因连结贯串及演练技巧上的需要,穿插了一些不一定具有攻防技击意义的动作,然而就整套技术而言,主要的动作仍然是以踢、打、摔、拿、击、刺诸法为主,是套路的技术核心。它的攻防技击特性是通过一招一式来表现的,汇集百家;它的技击方法是极其丰富的,在散手、短兵中不宜采用的技术方法,在套路运动中仍有所体现。

(二)"内外合一,形神兼备"的民族风格

内外合一的整体观,是中国武术的一大特色。所谓"内",指心、神、意等心志活动和气的总运行;所谓"外",即手、眼、身、步等形体活动。内与外、形与神是相互联系的统一整体。

武术"内外合一,形神兼备"的特点主要通过武术功法和技法来体现。"内练精气神,外练筋骨皮"是各家各派练功的准则。如太极拳主张身心合修,要求"以心行气,以气运身";形意拳讲究"内三合,外三合";少林拳也要求精、力、气、骨、神内外兼修。此外,武术套路在技术上往往要求把内在精气神与外部形体动作紧密相合,完整一气,做到"心动形随""形断意连""势断气连",以"手、眼、身、步,精、气、力、功"八法的变化来锻炼心身。这一特点反映了中国武术作为一种文化形式在长期的历史演进中备受中国古代哲学、医学、美学等方面的渗透和影响,形成了独具民族风格的练功方法和运动形式。

(三)广泛的适应性

武术的练习形式、内容丰富多样。武术中有竞技对抗性的散手、推手、短兵,有适合演练的各种拳术、器械和对练,还有与其相适应的各种练功方法。不同的拳种和器械有不同的动作结构、技术要求、运动风格和运动量,分别适应人们不同年龄、性别、体质的需求,人们可以根据自己的条件和兴趣爱好进行选择练习。同时它对场地、器材的要求较低,俗称"拳打卧牛之地",练习者可以根据场地的大小变化练习内容和方式,即使一时没有器械也可以徒手练拳、练功。一般来说,其受时间、季节限制也很小。较之不少体育运动项目,武术具有更为广泛的适应性。武术能在广大民间历久不衰,与这一特点不无关系。这一特点可为现代群众性体育活动提供方便,使武术进一步社会化。

三、武术运动的锻炼价值

武术运动在长期的实践中积累了很多行之有效的锻炼手段,逐步形成了一整套较完整的运动系统,可使身体各部位得到较全面的锻炼。武术运动的锻炼价值主要体现在以下三个方面:

(一)锻炼身体,强身祛病

武术动作有刚有柔,各具风格特色,长期进行锻炼,对身体的中枢神经系统、内脏器官、骨骼、肌肉、关节、韧带等都会起到锻炼作用,有利于身体的柔韧性、力量、速度、耐力、灵敏性等身体素质的全面发展,有利于勇敢、顽强的意志品质的培养。例如,太极拳尤其适合年老体弱的人和慢性病患者练习,它是一种良好的体育医疗手段。

(二)武术具有攻防性

武术套路都利于健身,而且套路中的招式实际上都是格斗的攻防动作和姿势。如拳

术中的踢、打、摔、拿、点,太极拳中的掤、捋、挤、按、采、挒、肘、靠等动作,都具有攻防的含义。武术锻炼,不仅能增强体质,而且能培养攻防意识,这在平时健身防身和国防上具有一定的现实意义。

（三）武术的姿势、动作富有艺术性

武术运动要求节奏鲜明,一招一式都要舒展大方,富有力量,造型优美,构成了武术所特有的艺术魅力,为人们所喜爱。武术运动不仅能发展身体的灵活性、协调性,提高内脏器官和中枢神经系统的功能,还能陶冶人们的情操,培养民族自豪感和提高艺术欣赏能力。

第二节 武术基本技术

一、手型

武术运动中常用的手型有三种:拳、掌、勾(图8.2.1)。

拳:四指卷拢,拇指屈压于食指中节。

掌:四指伸直并拢向后伸张,拇指一节屈拢于食指一侧。掌面要平,任何四指不准凸出掌面。

勾:五指尖捏拢屈腕。

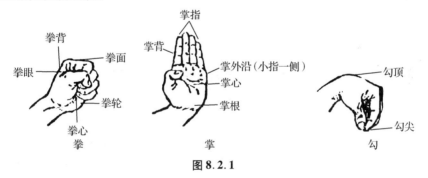

图8.2.1

二、手法

武术中常用的手法如图8.2.2所示。

图8.2.2

三、步型

武术中常用的步型有弓步、马步、虚步、仆步和歇步五种(图 8.2.3)。

(1) 弓步:前腿屈膝半蹲,大腿接近水平,膝盖向前与脚尖垂直,后腿挺膝伸直,脚尖内扣,两脚全掌着地。

(2) 马步:两脚平行开立大于肩宽,两腿屈膝半蹲,大腿屈平。

(3) 虚步:一腿屈膝半蹲,大腿近似水平,另一腿稍屈膝前伸,脚拇指虚点地面。

(4) 仆步:一腿全蹲,脚尖稍外展,另一腿伸直平铺地面,脚尖内扣,两脚全掌着地。

(5) 歇步:两脚前后交叉站立,屈膝全蹲,后腿膝盖前插,与前腿膝窝小腿外侧贴紧,臀部坐于后腿脚跟处。前脚全掌着地,后脚前脚掌着地。

弓步　　马步　　虚步　　仆步　　歇步

图 8.2.3

四、腿部练习

腿部练习方法如图 8.2.4 所示。

正压腿　　　　侧压腿　　　　后压腿

仆步压腿　　竖叉劈腿　　横叉劈腿

正搬腿　　　侧搬腿　　　后搬腿

图 8.2.4

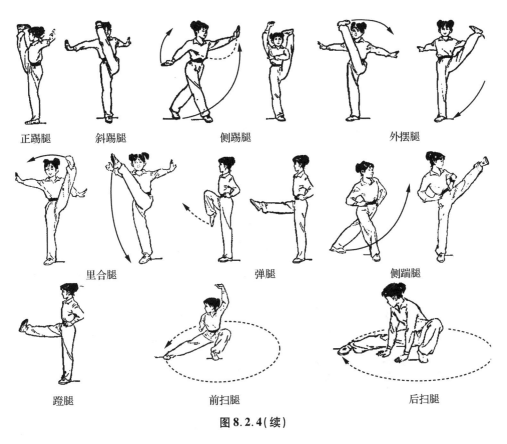

图 8.2.4(续)

五、腰部练习

腰部练习方法如图 8.2.5 所示。

图 8.2.5

六、组合练习

五步拳的练习就是一种很好的组合练习方法。五步拳动作如下：弓步冲拳、弹腿冲拳、马步架打、歇步盖冲拳、提膝仆步穿掌、虚步挑掌、并步抱拳。

预备姿势:并步抱拳(图8.2.6)。

图8.2.6

图8.2.7

动作说明:

(1) 弓步冲拳。成左弓步,左手向左平搂收回腰间抱拳,冲右拳,目视前方(图8.2.7)。

(2) 弹腿冲拳。重心前移,右腿向前弹踢,同时冲左拳,收右拳,目视前方(图8.2.8)。

图8.2.8

图8.2.9

(3) 马步架打。右脚落地,向左转体90°,下蹲成马步,同时左拳变掌,屈臂上架,冲右拳,目视右方(图8.2.9)。

(4) 歇步盖冲拳。左脚向右脚后插一步,同时右拳变掌向左下盖,掌外沿向前,身体左转90°,收左拳,目视右掌;上身不动,两腿屈膝成歇步,同时冲左拳,收右拳,目视左拳(图8.2.10)。

图8.2.10

(5) 提膝仆步穿掌。两腿起立,身体左转。随即左拳变掌,顺势收至右腋下;右拳变掌,由左手背上穿出,手心向上。同时左腿屈膝提起,目视右手上动不停,左脚落地成仆步;左手掌指朝前,沿左腿内侧穿至左脚面,目视左掌(图8.2.11)。

图 8.2.11

（6）虚步挑掌。左腿屈膝前弓,右脚前上成右虚步。同时左手向后划弧成勾手,右手顺右腿外侧向上挑掌,目视前方(图8.2.12)。

图 8.2.12

图 8.2.13

（7）并步抱拳。左脚向右脚靠拢成并步。同时左钩手和右掌变拳,回收抱于腰间,目视前方(图8.2.13)。

第三节　武术套路推介

一、长拳

长拳是我国重点推广普及的拳种之一,它包括在群众中广泛流传的查、华、洪、炮、少林等拳种。

长拳的运动特点是:动作舒展大方,快速有力,节奏明显,起伏转折较多,强调主动出击,长击速打,以快制慢,以刚为主。

（一）长拳的技法与要求

长拳的技法与要求有传统的"二十四要"之说,也就是常指的"四击""八法""十二型"。

1."四击"

"四击"是指武术中的踢、打、摔、拿四种技击法则。这四种法则各有各的具体内容与运动方法。"踢"是就腿法而言的,主要包括蹬、踹、弹、点、缠、摆、扫、挂等。"打"是就上肢的手法而言的,主要包括冲、撞、挤、靠、崩、劈、挑、砸、撑、采、拦等。"摔"是指摔法,主要包括崩、揣、捣、勾等。"拿"即擒拿,主要包括刀、拿、锁、封、错、截等。

2. "八法"

"八法"是指手法、眼法、身法、步法(外四法),精神、气(呼吸)、力(劲力)、功夫(内四法)。在运动中具体要求如下:

(1) 对上肢手法的要求是:"拳如流星",也就是说上肢手法在运动时要迅速、敏捷、有力。

(2) 对眼的要求是:"眼似电",即眼要锐利、明快,并且要"眼随手动""目随势注",随着手法如流星般的快速有力,而眼光要像闪电一样的明快锐利才行。

(3) 对身法的要求是:腰如蛇行,即躯干要灵活、柔韧、自如。

(4) 对步法的要求是:步要粘,包括步要轻快,步要稳固,脚就像粘在地上一样,不能掀脚,不能拔跟。在运动中,手、眼、身法、步是紧密相连、不可分割的整体,必须协调一致,合二为一。

(5) 对精神的要求是:精神要充沛,即要求在练武时精力集中,精神饱满。

(6) 对呼吸的要求是:"气宜沉",即呼吸应自然、深沉,根据跳跃、快慢、动作的不同,运用不同的呼吸方法。

(7) 对动作的发力要求是:"力要顺达"。如果发力不顺,动作就僵硬、呆板、不协调。

(8) "功夫"是指力量、速度、耐力、灵敏性、协调性等素质技巧的综合概括。要求功宜纯,纯就是指"纯一不染""炉火纯青",要想使技术达到炉火纯青,就要强调"拳练千遍柔法自然",只有实践才能练出真功。

3. "十二型"

"十二型"是以型喻势,来达到对长拳运动时的技术要求。传统的说法如下:

(1) 动如涛:运动中的活动之势,要像大海的波涛那样激荡,在万马奔腾之中,还需有明朗感和稳定感,做到"动要有韵""动中有静"。

(2) 静如岳:指武术中的静止动作要像大山那样巍峨、强大、气势磅礴、宏伟,即"静要有势"。

(3) 起如猿:指武术的跳起动作要像猿猴纵身时那样机灵、矫健、敏捷。

(4) 落如鹊:指武术跳起下落的动作要轻巧、稳定得像喜鹊落在树枝上一样。

(5) 立如鸡:指武术单腿支撑的动作,特别是由活动转入到静止性的独立动作时,要像鸡在行走中突然听到声音,立刻停止,蜷曲起一只脚来那样安逸稳固。

(6) 站如松:指武术动作里两脚站立之势,要像苍松那样刚健、挺拔、富有生气,体现出"静中有动"之感。

(7) 转如轮:指折叠之势,在扭身拧腰转折的运动中,要像弓箭那样越折越有力。

(8) 折如弓:指扭身、拧腰有拉弓后反弹之态。

(9) 轻如叶:指有些武术动作在练习时要做到像树叶那样轻飘。

(10) 重如铁:指有些武术动作应该做到沉重有力,但重而忌狠,不能在脸上表现出咬牙切齿的神情。

(11) 缓如鹰:指有些武术动作的缓慢之势,要像鹰在空中盘旋那样,精神贯注,缓中有快而无松懈之感。

(12) 快如风:指有些武术动作应快速有力,像风一样迅速,但"快而忌毛""快易生爆",火爆可以藏拙,会产生不准确的错误。

（二）初级长拳第二路

1. 第一节

（1）动作名称。

预备姿势、拗弓步搂手冲拳、冲拳弹踢、马步上架冲拳、虚步挎肘、拗弓步搂手冲拳、冲拳弹踢、马步上架冲拳、虚步挎肘。

（2）动作说明。

① 预备姿势。

两脚并拢站立，眼看前方（图8.3.1）。

两手握拳，屈肘抱于两腰侧，拳心向上，脸向左转，眼向左侧方平视（图8.3.2）。

要点：挺胸、直腰，两肩后张，两拳紧贴腰侧，拳面与腹壁相齐。

图8.3.1

图8.3.2

② 拗弓步搂手冲拳。

先使左拳变掌，臂内旋成俯掌向身前平伸。

上身左转，左脚向侧方上一步，右脚跟外展，左腿屈膝半蹲，右腿挺膝伸直，成左弓步。左掌随上身左转向左平搂，在弓步形成时，变成拳，臂外旋使拳心朝上，屈肘收抱于左腰侧；在左拳收回的同时，右拳从腰侧向前平直冲出，拳眼朝上，眼看右拳（图8.3.3）。

要点：冲拳要快而有力，拳略高过肩，右肩前顺，左肩后牵。

图8.3.3　　　图8.3.4

③ 冲拳弹踢。

右拳和右臂外旋使拳心朝上，屈肘收抱于右腰侧，同时，左拳从腰侧向前平直冲出，拳眼朝上。左脚不动，右脚随之向前水平弹踢，脚面绷平，眼看左拳（图8.3.4）。

要点：收拳、冲拳、弹踢的动作必须协调一致，同时进行。弹踢必须有力，立地支撑之腿要站立稳固，上身挺胸、直背，两肩松沉。

④ 马步上架冲拳。

右脚向前落步,脚尖里扣,同时左脚前脚掌碾地使脚跟内转,上身随之左转,两腿屈膝半蹲成马步。在形成马步的同时,左拳和左臂内旋使拳眼朝下,屈肘横架于头顶上方,右拳随之从腰侧向右侧方平直冲出,拳眼朝上,眼看右拳(图8.3.5)。

要点:上下肢动作要协调一致。做马步时,两脚须平行,大腿坐平,两肩稍后张,左臂呈圆弧形,右拳略高过肩,挺胸、塌腰。

图8.3.5

图8.3.6

⑤ 虚步拐肘。

两腿略立起,上身稍左转,左脚不动,右脚从右侧方移至左脚前方,前脚掌虚点地面,身体重量落于左腿,成右虚步。同时左臂屈肘将左拳收抱于左腰侧,拳心朝上,右臂随之外旋,前臂上屈成拐肘,以尺骨一面为力点,从右侧向身前里磕,拳眼朝右,拳面朝上,眼看右拳(图8.3.6)。

要点:移步、收拳动作要和拐肘里磕动作同时进行,协调一致。右脚离地不要过高,里磕拐肘时,上臂和前臂要屈成直角,或稍大于直角。

⑥ 拗弓步搂手冲拳。

上动稍停,先使右拳变成俯掌向身前平伸。

右脚从左脚前方移回原地,上身右转,左脚跟外展,左腿挺膝伸直,右腿屈膝半蹲,成右弓步。右掌随上身右转向右平搂,在弓步形成时变成拳,臂外旋使拳心朝上,屈肘收抱于右腰侧。在右拳收回的同时,左拳从腰侧向前平直冲出,拳眼朝上,眼看左拳(图8.3.7)。

要点:与本节的拗弓步搂手冲拳相同,唯左右相反。

图8.3.7

图8.3.8

⑦ 冲拳弹踢。

左拳和左臂外旋使拳心朝上,屈肘收抱于左腰侧,同时右拳从腰侧向前平直冲出,拳眼朝上。右脚不动,左脚随之向前水平弹踢,脚面绷平,眼看右拳(图8.3.8)。

要点:与本节的冲拳弹踢相同。

⑧ 马步上架冲拳。

左脚向前落步,脚尖里扣;同时右脚前脚掌碾地使脚跟内转,上身随之右转,两腿屈膝半蹲成马步。在形成马步的同时,右拳和右臂内旋使拳眼朝下,屈肘横架于头顶上方;左拳随之从腰侧向左侧方平直冲出,拳眼朝上,眼看左拳(图8.3.9)。

要点:与本节的马步上架冲拳相同,唯左右相反。

图8.3.9

图8.3.10

⑨ 虚步拐肘。

两腿略立起,上身稍右转,右脚不动,左脚从左侧方移至右脚前方,以前脚掌虚点地面,身体重量落于右腿,成右实左虚之虚步。同时右臂屈肘将右拳收抱于右腰侧,拳心朝上;左拳和左臂随之外旋使拳心朝上,前臂上屈成拐肘,以尺骨一面为力点,从左侧向身前里磕,拳眼朝左,拳面朝上,眼看左拳(图8.3.10)。

要点:与本节的虚步拐肘相同。

2. 第二节

(1) 动作名称。

歇步亮掌、转身弓步顶肘、提膝双扣拳、弓步双推掌、歇步亮掌、转身弓步顶肘、提膝双扣拳、弓步双推掌。

(2) 动作说明。

① 歇步亮掌。

上动稍停,两腿伸直立起,左脚从身前向左侧方移步,左拳变掌,在身前平伸,掌心朝上(图8.3.11)。

上动不停,左掌向右侧方平摆,至右侧方时,臂内旋使掌心朝下,继而向下、向左、向身后摆动,反臂后举成勾手,勾尖朝上。同时右脚从左腿后面向左插步,两腿屈膝全蹲成歇步。右拳在右脚向左插步的同时变掌,反臂俯掌后举,在形成歇步的时候,从身后向右、向额前上方屈肘、抖腕,成横掌上架,眼看左侧方(图8.3.12)。

要点:向左移步和伸掌动作,右脚倒插、左掌右摆成俯掌和右拳变掌后举动作,歇步、左掌成勾手反臂后举和右掌成横掌上架动作,必须分别同时进行,协调一致。眼随左掌向右摆动时注视左掌,然后随右掌上架时注视右掌,在右掌成横掌时,再向左侧平视。做歇步时,两腿必须并紧,左大腿压在右大腿上面,左脚全掌着地,右脚脚跟掀起,臀部坐在右小腿上面,上身挺胸、塌腰。

图8.3.11　　　　　　　　　图8.3.12

② 转身弓步顶肘。

两腿伸直立起,以右脚掌和左脚跟为轴碾地,使上身从右向后转;转至后方时,上身再右转,右脚向前进半步,左脚尖里扣,右腿屈膝,左腿蹬直,成右弓步。此时左勾手不变,右掌在向后转身的同时,从上向身前平伸成俯掌,并随转身平摆,眼随右掌(图8.3.13)。

上动不停,右掌和右臂外旋使掌心朝上,从前面向下、向后、向上弧形绕环,至头顶上方时屈肘、屈腕成横掌上架;同时左勾手变拳,拳心朝下,从后向左、向前弧形平摆,至身前时屈肘,成平肘前顶,眼向前方平视(图8.3.14)。

要点:转身要稳,不必过快,转身之后成弓步顶肘时,左肩前顺,右肩后牵;左前臂和上臂要平,肘尖正对前方,略向右拧腰。

图8.3.13　　　　　　　　　图8.3.14

③ 提膝双扣拳。

右脚掌碾地使上身稍向右转,同时左脚离地屈膝在身前提起,脚面绷平,脚尖朝下。左拳不变,右掌随之变拳,从上落于胸前,成平肘俯拳,与左拳水平相对,拳心均朝下,眼看左侧方(图8.3.15)。

图8.3.15　　　　　　　　　图8.3.16

两拳从胸前经上方分别向左前、右后甩臂,抖腕扣击,成仰拳平举,眼看左拳(图8.3.16)。

要点:扣拳时,要以拳背为力点,从上向下猛然伸肘、甩臂。扣拳平举之后,肘微屈。提膝独立要稳。

④ 弓步双推掌。

左拳变掌,臂内旋使掌心朝下平举,同时右拳上举,并变掌向前下盖压,成俯掌与左掌平行并列,上身随之稍向左转。

上动不停,左脚在右脚内侧跺地震脚,膝略屈,右脚随之屈膝提起,微离地面。在震脚的同时,两掌屈腕在身前下按,掌心朝下,掌指朝前,眼向前平视(图8.3.17)

上动不停,右脚向前进步,左腿挺膝伸直,右腿屈膝半蹲,成右弓步。同时两臂向身前屈肘,然后两掌再向前平直推出,成侧立掌,掌指朝上,眼看两掌(图8.3.18)。

要点:震脚和按掌的动作,进步和推掌的动作,均须同时进行,协调一致。推掌之后,两肩松沉,两臂伸直,两腕尽量向上弯曲,小指一侧在前,掌指高与眉齐。

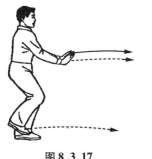
图8.3.17

图8.3.18

⑤ 歇步亮掌。

上动稍停,右腿伸直立起,右脚尖里扣,上身随之左转,开步站立。左掌变拳,在转身的同时屈肘收抱于左腰侧,拳心朝上,右掌和右臂外旋使掌心朝上,直腕成仰掌,随身体左转平摆,眼随右掌(图8.3.19)。

上动不停,右掌向左侧方平摆,至左侧方时,臂内旋使掌心朝下,继而向下、向右、向身后摆动,反臂后举成勾手,勾尖朝上。同时左脚从右腿后面向右插步,两腿屈膝全蹲,成歇步。左拳在左脚向右插步的同时变掌,反臂俯掌后举,在形成歇步的时候,从身后向左、向额前上方屈肘、抖腕,成横掌上架,眼看右侧方(图8.3.20)。

要点:与本节的歇步亮掌相同,唯左右相反。

图8.3.19

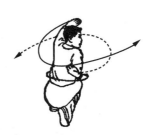
图8.3.20

⑥ 转身弓步顶肘。

两腿伸直立起,以左脚掌和右脚跟为轴碾地,使上身从左向后转;转至后方时,上身再左转,左脚向前进半步,右脚尖里扣,左腿屈膝,右腿蹬直,成左弓步。此时右勾手不变,左掌在向后转身的同时,从上向身前平伸成俯掌,并随转身平摆,眼随左掌(图8.3.21)。

上动不停,左掌和左臂外旋使掌心朝上,从前面向下、向后、向上弧形绕环,至头顶上方时屈肘、屈腕成横掌上架,同时右勾手变拳,拳心朝下,从后向右、向前弧形平摆,至身前时屈肘,成平肘前顶,眼向前方平视(图8.3.22)。

要点:与本节的转身弓步顶肘相同,唯左右相反。

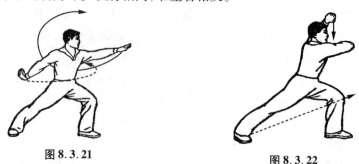

图8.3.21　　　　　　　　图8.3.22

⑦ 提膝双扣拳。

左脚掌碾地使上身稍向左转,同时右脚离地屈膝在身前提起,脚面绷平,脚尖朝下。右拳不变,左掌随之变拳,从上落于胸前,成平肘俯拳,与右拳水平相对,拳心均朝下,眼看右侧方(图8.3.23)。

两拳从胸前经上方分别向右前、左后甩臂、抖腕扣击,成仰拳平举,眼看右拳(图8.3.24)。

要点:与本节的提膝双扣拳相同,唯左右相反。

图8.3.23　　　　　　　　图8.3.24

⑧ 弓步双推掌。

右拳变掌,臂内旋使掌心朝下平举;同时左拳上举,并变掌向前下盖压,成俯掌与右掌平行并列,上身随之稍向右转。

上动不停,右脚在左脚内侧踩地震脚,膝略屈,左脚随之屈膝提起,微离地面。在震脚的同时,两掌屈腕在身前下按,掌心朝下,掌指朝前,眼向前平视(图8.3.25)。

上动不停,左脚向前进步,右腿挺膝伸直,左腿屈膝半蹲,成左弓步。同时两臂从身前屈肘,然后两掌再向前平直推出,成侧立掌,掌指朝上,眼看两掌(图8.3.26)。

要点:与本节的弓步双推掌相同,唯左右相反。

图 8.3.25

图 8.3.26

3. 第三节

（1）动作名称。

虚步推掌、歇步抡压、提膝上穿掌、弓步撑掌、虚步推掌、歇步抡压、提膝上穿掌、弓步撑掌。

（2）动作说明。

① 虚步推掌。

左脚尖里扣，上身右转，右脚移至左脚前方，以前脚掌虚点地面，身体重量落于左腿，成左实右虚之虚步。在上身右转的同时，右掌从左肩外侧向下、向右、向身后绕环摆动，至身后成勾手平举，勾尖朝下；左掌则随之先屈肘，然后从左腰侧向额前上方成侧立掌推出。脸向右转，眼向右前方平视（图 8.3.27）。

要点：转身、移步、勾手、推掌的动作必须协调一致。形成虚步推掌之后，勾手之勾顶要与肩平，两肩松沉，不要耸起，要挺胸、直背、塌腰。两腿虚实必须分明。

图 8.3.27

② 歇步抡压。

右脚向右侧方移一步，同时左脚跟里转使上身左转，右腿伸直，左腿屈膝，成左弓步。在转身的同时，左掌变拳屈肘收抱于左腰侧，拳心朝上，右勾手随之变拳，臂内旋，反臂使拳背朝下，从身后向下、向前直臂抡起，眼随右拳（图 8.3.28）。

上动不停，左脚跟外展，上身随之右转，同时右脚移回半步，成左实右虚之虚步。在转身的同时，右拳继续直臂抡动至右前方；左拳也同时直臂下伸，从下向左、向上抡起，眼随右拳（图 8.3.29）。

上动不停，两脚掌碾地使上身从右向后转，变成右腿在前、左腿在后的交叉步，随即两腿屈膝全蹲成歇步。右拳在上身后转的同时，向后、向上绕环抡起；左拳则随之以拳背为力点，向前下方抡压，两拳心均朝上，眼看左拳（图 8.3.30）。

要点：向前抡臂和转身变歇步的动作要协调一致。两臂回环时，肩关节必须放松，臂要伸直。形成歇步之后,上身略向左侧倾俯,右拳在右侧上方斜举,左拳在左侧下方斜举。

图8.3.28

图8.3.29

图8.3.30

③ 提膝上穿掌。

两腿伸直立起,右脚不动,左脚离地屈膝在身前提起,脚面绷平,脚尖朝下,成独立平衡。两拳变掌,在两腿伸直立起时,左掌从左侧上举,右掌从右侧下垂;在左脚提步离地时,左掌从上向右肩处屈肘下降,右掌从下在左臂里面向左胸前屈肘上穿。在形成独立平衡时,左掌直臂下伸,掌心朝右,掌指朝下,贴于左小腿内侧,右掌直臂上穿,掌心朝左,掌指朝上,眼向左前方平视(图8.3.31)。

要点:左掌向上、向里、向下的绕环动作必须和右掌向下、向里、向上的绕环上穿动作同时进行,连贯协调。提膝上穿掌之后,两臂要上下伸直,右腿伸直站稳,左腿屈膝尽量上提,上身保持挺胸、直背。

图8.3.31

④ 弓步撑掌。

左脚向左前方落步,左腿屈膝,右腿蹬直,成左弓步。两掌收于胸前,成平肘相对,手腕均上屈,掌心斜朝下(图8.3.32)。

两掌从胸前分向两侧平撑推出,成侧立掌,掌指朝上,眼看左掌(图8.3.33)。

要点:上述两动作必须连贯。撑掌之后,两肩松沉,肘臂伸直,两腕尽量向上侧屈,掌指高与眉齐。

图8.3.32

图8.3.33

⑤ 虚步推掌。

上动稍停,左腿蹬直立起,右腿屈膝略蹲,左脚随之从左侧方移至右脚前方,以前脚掌虚点地面,身体重量落于右腿,成右实左虚之虚步。在移步的同时,左掌先向上、向右、向下在身前划半圆,继而向身后绕环摆动,至身后成勾手平举,勾尖朝下,右掌则随之先屈肘,然后再从右腰侧向额前上方成侧立掌推出。脸向左转,眼向左前方平视(图8.3.34)。

要点:与本节的虚步推掌相同,唯左右相反。

图8.3.34

⑥ 歇步抡压。

左脚向左侧方移一步,同时右脚跟里转使上身右转,左腿伸直,右腿屈膝,成右弓步。在转身的同时,右掌变拳屈肘收抱于右腰侧,拳心朝上;左勾手随之变拳,臂内旋,反臂使拳背朝下,从身后向下、向前直臂抡起,眼随左拳(图8.3.35)。

上动不停,右脚跟外展,上身随之左转,同时左脚移回半步,成右实左虚之虚步。在转身的同时,左拳继续直臂抡动至左前方;右拳也同时直臂下伸,从下向右、向上抡起,眼随左拳(图8.3.36)。

上动不停,两脚掌碾地使上身从左向后转,变成左腿在前、右腿在后的交叉步,随即两腿屈膝全蹲成歇步。左拳在上身后转的同时,向后、向上绕环抡起;右拳则随之以拳背为力点,向前下方抡压,两拳心均朝上,眼看右拳(图8.3.37)。

要点:与本节的歇步抡压相同,唯左右相反。

图8.3.35　　　　　图8.3.36　　　　　图8.3.37

⑦ 提膝上穿掌。

两腿伸直立起,左脚不动,右脚离地屈膝在身前提起,脚面绷平,脚尖朝下,成独立平衡。两拳变掌,在两腿伸直立起时,右掌从右侧上举,左掌从左侧下垂;在右脚提步离地时,右掌从上向左肩处屈肘下降,左掌从下在右臂里面向右胸前屈肘上穿。在形成独立平衡时,右掌直臂下伸,掌心朝左,掌指朝下,贴于右小腿内侧,左掌直臂上穿,掌心朝右,掌指朝上,眼向右前方平视(图8.3.38)。

要点:与本节的提膝上穿掌相同,唯左右相反。

图 8.3.38

⑧ 弓步撑掌。

右脚向右前方落步,右腿屈膝,左腿蹬直,成右弓步。两掌收于胸前,成平肘相对,手腕均上屈,掌心斜朝下(图 8.3.39)。

两掌从胸前同时向两侧平撑推出,成侧立掌,掌指朝上,眼看右掌(图 8.3.40)。

要点:与本节的弓步撑掌相同,唯左右相反。

图 8.3.39

图 8.3.40

4. 第四节

(1) 动作名称。

虚步穿掌、进步踢腿、纵步飞脚、弓步推掌、虚步穿掌、进步踢腿、纵步飞脚、弓步推掌、收势。

(2) 动作说明。

① 虚步穿掌。

上身直起,左脚不动,右脚移回半步并以前脚掌虚点地面,左腿略屈膝,右腿伸直,成高势虚步。同时右掌变拳,臂外旋使拳心朝上,屈肘收抱于右腰侧;左掌则随之从左腰侧向前平直穿出,掌心朝下,眼看左掌(图 8.3.41)。

要点:收拳和穿掌必须与向后移步同时进行。向前穿掌时,必须先屈肘使掌由腰侧向前伸出。形成虚步后,上身重量要落在屈膝的腿上;上身正直,右肩稍向后牵引,左肩前送,两肩松沉,左臂伸直,掌指高与肩平。

图 8.3.41

图 8.3.42

② 进步踢腿。

左掌变拳,臂外旋使拳心朝上,屈肘收抱于左腰侧;右拳变掌,从右腰侧直臂下伸,向后、向上弧形绕环,至头顶上方时屈肘、屈腕成横掌上架。同时右脚向前进半步,左脚即向前上踢,脚尖勾起,眼看左脚(图8.3.42)。

要点:踢腿时,两腿必须挺膝伸直,上身稍向前倾,踢腿要高,但最初练习时可以踢得低一些。

③ 纵步飞脚。

左脚向前落步,同时右掌从上向前下降,左拳伸向身后,右脚提起准备向前摆动(图8.3.43)。

上动不停,右脚继续向前摆起,左脚蹬地起跳,身体腾空;在空中,左脚脚面绷平,向前踢出。左拳变掌,从后向上、向前弧形绕环,至身前以掌心迎击左脚脚面;同时右掌变拳,屈肘收抱于右腰侧,拳心朝上,眼看左脚(图8.3.44)。

要点:摆腿和蹬地起跳的动作必须相继而行。纵起后,左脚要立即向前踢出,左掌迎击左脚的击拍动作要在空中完成。初练时,也可使击拍动作在右脚落地后完成。击拍必须准确、响亮。

图8.3.43

图8.3.44

④ 弓步推掌。

右脚先落地,右腿在身后挺膝伸直,左脚随即在身前落地,左腿屈膝半蹲,成左弓步。在两脚落地的同时,左掌和左臂内旋使拇指一侧朝下,从前向下、向右胁处屈肘抄起,并在形成弓步的同时,成侧立掌向前平直推出,掌指朝上;右拳则在左掌抄于右胁处的同时,从右腰侧下伸,并向后、向上、向前圆形绕环,至前方时屈肘收抱于右腰侧,拳心朝上,眼看左掌(图8.3.45)。

要点:推掌必须快而有力,抡拳绕环时肩部要放松。形成弓步之后两肩松沉,左肩前送,右肩后牵,掌指高与眉齐。

图8.3.45

图8.3.46

⑤ 虚步穿掌。

上身直起,右脚不动,左脚移回半步并以前脚掌虚点地面,右腿略屈膝,左腿伸直,成为高势虚步。同时左掌变拳,臂外旋使拳心朝上,屈肘收抱于左腰侧,右拳随之从右腰侧向前平直穿出,掌心朝下,眼看右掌(图8.3.46)。

要点:与本节的虚步穿掌相同,唯左右相反。

⑥ 进步踢腿。

右掌变拳,臂外旋使拳心朝上,屈肘收抱于右腰侧;左拳变掌,从左腰侧直臂下伸,向后、向上弧形绕环,至头顶上方时屈肘、屈腕成横掌上架。同时左脚向前进半步,右脚即向前上踢,脚尖勾起,眼看右脚(图8.3.47)。

要点:与本节的进步踢腿相同,唯左右相反。

图8.3.47

⑦ 纵步飞脚。

右脚向前落步,同时左掌从上向前下降,右拳伸向身后,左脚提起准备向前摆动(图8.3.48)。

上动不停,左脚继续向前摆起,右脚蹬地起跳,身体腾空;在空中,右脚脚面绷平,向前踢出。右拳变掌,从后向上、向前弧形绕环,至身前以掌心迎击右脚脚面;同时左掌变拳,屈肘收抱于左腰侧,拳心朝上,眼看右脚(图8.3.49)。

要点:与本节的纵步飞脚相同,唯左右相反。

图8.3.48

图8.3.49

⑧ 弓步推掌。

左脚先落地,左腿在身后挺膝伸直,右脚随即在身前落地,右腿屈膝半蹲,成右弓步。在两脚落地的同时,右掌和右臂内旋使拇指一侧朝下,从前向下、向左胁处屈肘抄起,并在形成弓步的同时,成侧立掌向前平直推出,掌指朝上;左拳则在右掌抄于左胁处的同时,从左腰侧下伸向后、向上、向前圆形绕环,至前方时屈肘收抱于左腰侧,拳心朝上,眼看右掌(图8.3.50)。

要点：与本节的弓步推掌相同，唯左右相反。

图 8.3.50

⑨ 收势。

右脚跟稍向外展，右腿伸直立起，同时上身向左转正，左脚随之向右脚靠拢并步。左拳不变，右掌变拳屈肘收抱于右腰侧，两拳拳心均朝上。脸向左转，眼向左侧方平视（图 8.3.51）。

脸转向正前方，两拳变掌，直臂下垂，仍作立正姿势（图 8.3.52）。

图 8.3.51　　　　　　　图 8.3.52

二、太极拳

太极拳是我国民族体育项目之一，很早以前就在人民群众中广为流传。几个世纪以来，经过实践证明，太极拳是一种重要的健身与预防疾病的手段。太极拳是一种合乎生理规律、轻松柔和的健身运动，它对中枢神经系统起着良好的作用，可加强心血管与呼吸的功能，减少体内瘀血，改善消化功能与新陈代谢过程。太极拳适合于不同年龄、体质和性别的人练习，不受时间和地点的限制。长年坚持练习，能使人延年益寿。

民间最常见的太极拳是二十四式简化太极拳，下面做简要介绍。

（一）动作名称

第1组：起势、左右野马分鬃、白鹤亮翅。

第2组：左右搂膝拗步、手挥琵琶、左右倒卷肱。

第3组：左揽雀尾、右揽雀尾。

第4组：单鞭、云手、单鞭。

第5组：高探马、右蹬脚、双峰贯耳、转身左蹬脚。

第6组：左下势独立、右下势独立。

第7组：左右穿梭、海底针、闪通臂。

第8组:转身搬拦捶、如封似闭、十字手、收势。

(二)动作分解说明

(1) 预备姿势:面向南方,身体自然直立;两腿自然伸直,两脚脚尖向前;胸部放松,不要故意挺胸或收腹;两臂自然下垂,两手放在两腿外侧;手指微屈,头颈正直,下颚微回收,口微闭,上齿轻叩下齿,舌抵上腭,面部表情自然,眼平看前方;精神集中,全身放松。

(2) 起势(图8.3.53)。

图8.3.53

(3) 左右野马分鬃(图8.3.54)。

图8.3.54

(4) 白鹤亮翅(图8.3.55)。

图8.3.55

(5) 左右搂膝拗步(图8.3.56)。

图8.3.56

（6）手挥琵琶（图8.3.57）。

图 8.3.57

（7）左右倒卷肱（图8.3.58）。

图 8.3.58

（8）左揽雀尾（图8.3.59）。

图 8.3.59

（9）右揽雀尾（图8.3.60）。

图 8.3.60

（10）单鞭（图8.3.61）。

图 8.3.61

(11) 云手(图8.3.62)。

图8.3.62

(12) 单鞭(图8.3.63)。

图8.3.63

(13) 高探马(图8.3.64)。

图8.3.64

(14) 右蹬脚(图8.3.65)。

图8.3.65

(15) 双峰贯耳(图8.3.66)。

图8.3.66

(16) 转身左蹬脚(图8.3.67)。

图8.3.67

（17）左下势独立（图8.3.68）。

图 8.3.68

（18）右下势独立（图8.3.69）。

图 8.3.69

（19）左右穿梭（图8.3.70）。

图 8.3.70

（20）海底针（图8.3.71）。

图 8.3.71

（21）闪通臂（图8.3.72）。

图 8.3.72

（22）转身搬拦捶（图8.3.73）。

图 8.3.73

(23) 如封似闭(图8.3.74)。

图8.3.74

(24) 十字手(图8.3.75)。

图8.3.75

(25) 收势(图8.3.76)。

图8.3.76

第四节 防身术

任何武术拳种、流派都包含着丰富的攻防技击方法,防身术便是以实际需求为目的,从自卫防身的角度出发,吸收中华武术之精华创编而成的。它不以套路的形式出现,没有多余的花架子。其特点是:以自卫防身为主,动作简单利索,招法简洁实用,一招制胜。"远拳、近肘、靠身胯,不远不近弹踢把脚下。"这句顺口溜概括了人体基本防卫技术在不同场合的应用。

学习防身术,不仅能提高自我防卫能力,还可以起到锻炼身体、增强体质、健美体态、丰富生活等作用,而且对于培养沉着、冷静、勇敢、果断、自信的心理素质有着很好的作用。

防卫自身,除必须具备一定的防卫技能、技巧和身体素质外,更应具备良好的防卫心理素质,心理防卫是必不可少的精神力量。从心理学的观点来说,人的心理对其言论和行为有着很大的影响作用,它能直接控制人的情感和支配人的行为。首先要认识到自己的行为是正义的,会得到人民群众的支持;抢劫、袭击、侵害等犯罪活动是非正义的,会受到法律的制裁。这是战胜罪犯的精神支柱,优势所在。其次是要有斗争精神,增强战胜罪犯的信心和勇气。俗话说:"一胆、二力、三功夫",这里讲的"胆",就是指战胜罪犯的信心和勇气。心理防卫是能否成功地运用防身术的保障。

一、常见防身术的基本反击技术

（一）拳

使用拳的基本反击技术：直拳击面部（图8.4.1）、勾拳击腹（图8.4.2）、摆拳击太阳穴（图8.4.3）、小拳击面（图8.4.4）和劈拳击面部（图8.4.5）。

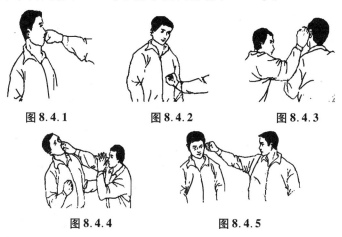

图8.4.1　　　　　图8.4.2　　　　　图8.4.3

图8.4.4　　　　　图8.4.5

（二）掌、指

使用掌、指的基本反击技术：立掌击下颌（图8.4.6）、顺掌砍颈部（图8.4.7）、双指击眼睛（图8.4.8）。

图8.4.6　　　　　图8.4.7　　　　　图8.4.8

（三）肘

使用肘的基本反击技术：顶肘击肋部（图8.4.9）和横肘击头（图8.4.10）。

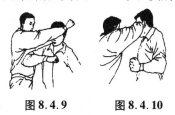

图8.4.9　　图8.4.10

（四）腿脚

使用腿部的基本反击技术：弹腿踢裆部（图8.4.11）、正踹腹部（图8.4.12）、侧踹肋部（图8.4.13）、侧弹腿击膝（图8.4.14）、侧弹腿击肋（图8.4.15）、点腿击下颌（图8.4.16）、后蹬腿击胸（图8.4.17）、下砸腿击胸（图8.4.18）。

图 8.4.11　　　图 8.4.12　　　图 8.4.13

图 8.4.14　　　图 8.4.15　　　图 8.4.16

图 8.4.17　　　图 8.4.18

（五）膝

使用膝的基本反击技术：提膝顶腹（图 8.4.19）和膝顶裆部（图 8.4.20）。

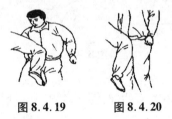

图 8.4.19　　　图 8.4.20

（六）头

使用头的基本反击技术：额顶面部（图 8.4.21）、头撞胸部（图 8.4.22）和头顶面部（图 8.4.23）。

图 8.4.21　　　图 8.4.22　　　图 8.4.23

二、简单防身招法

（一）托（压）腕抽指

对方将我手指抓住,我另一手握住对方手腕,用力向上托（或下压）,被抓手指迅速抽出（图8.4.24）。

图8.4.24

（二）扣腕压肘

对方抓住我手腕,我另一手立即扣握住对方手腕,同时双臂屈肘,被抓手上翻,抓握住对方手腕,向前上步,转体,同时用肘下压对方肘关节（图8.4.25）。

图8.4.25

（三）扣腕砍颈

对方抓住我头发,我一手扣握住对方手腕,同时一手成掌,掌心向上,用掌外沿猛砍对方侧颈部（图8.4.26）。

图8.4.26

（四）翻腕压肘

对方抓住我胸前衣领,我一手扣住对方抓我衣领之手,上前一步,同时转体,别其小腿,另一手按对方肘关节（图8.4.27）。

图8.4.27

（五）托颌顶裆

对方抱住我腰部，我双手上托（推）对方下颌部，上体自然后仰，用膝狠顶对方裆部（图8.4.28）。

图 8.4.28

（六）顶肋击面

对方双臂（手）搂抱住我双臂及胸部，我向前上步，双臂屈上提（架）对方双臂，右手抓住对方左手腕，同时身体左转，用左臂肘关节侧顶对方左肋，松开右手，用右拳击其左侧下颌（图8.4.29）。

图 8.4.29

（七）屈腿蹬腹

我倒地仰卧，对方双手掐我颈部，我立即屈抬右腿蹬其腹部，左脚上踢其裆部（图8.4.30）。

图 8.4.30

第九章
体操和健美操运动

体操和健美操是职业院校体育教学内容的重要组成部分。体操内容丰富,项目和动作多、变化多样,主要是通过动作、形体、音乐服装、精神面貌等表现出来,给人以美的享受。健美操是在节奏强烈、旋律明快的音乐声中展现力与美的。

第一节 体 操

"体操"一词来源于希腊语(Gymnastike),即赤膊的意思,相传古希腊人在锻炼身体时多赤膊。公元前5世纪,希腊人把锻炼身体的一切活动,如走、跑、跳、投掷、攀登、摔跤、舞蹈、骑马和军事游戏等,统称为体操。这个概念一直沿用到20世纪初。随着各项体育运动的发展,以及生理学家、医学家和体育研究人员对各项体育运动的结构、功能和价值等的深入研究与科学区分,原来作为体育总概念的体操才演变为现在的概念。

一、体操概述

体操是体育运动项目之一。所谓体操,是指以徒手、持轻器械或在器械上按规定完成的具有一定艺术性的身体操练。体操的练习形式和要求与田径、球类等项目相比具有自己的特点,这决定了它的特殊作用。因此,体操是学校实施体育教育、培养全面发展的社会主义"四有"人才的重要内容之一。

(一)体操的内容和分类

1. 体操的内容

体操的主要内容,早在18世纪已基本形成,随着社会的发展,练习内容和形式又有了新的发展。

(1)队列队形练习:队列队形包括原地动作和行进间动作,有图形行进、队形变换等,是体育教学和军事训练中的主要练习形式和内容。

(2)徒手体操:是根据人体各部位的特点,通过一系列徒手动作,以不同的方向、路线、幅度、频率和节奏,按照一定顺序所组成的练习。

(3)器械体操(含轻器械):是在徒手体操的基础上,通过利用竞技性器械(单杠、双杠、跳马、平衡木、吊环等)和实用性器械(哑铃、实心球、肋木等)进行的练习。

(4)跳跃:主要包括以下肢为主的跳跃和上、下肢结合的支撑跳跃。

(5)自由体操:主要是由徒手体操、技巧的翻腾和各种跳跃平衡及力量性动作组成的成套动作练习。

（6）艺术体操：主要是由徒手或持轻器械（绳、圈、棒、带、球等）在音乐伴奏下进行的身体练习。

（7）实用性体操：主要包括进行跑、跳、投、攀爬、平衡和翻越障碍的练习。

2. 体操的分类

体操的内容丰富而多样，项目众多，锻炼的作用也各有侧重，可依据不同的原则分类。下面按体操内容所要完成的主要任务进行分类介绍。

（1）基本体操：是指凡是为了增强体质，促进身体发展与提高基本活动能力所采用的体操练习，它包括队列队形练习、徒手体操、轻器械体操和实用性体操等。

（2）竞技性体操：是指通过长年科学系统的训练，为达到高超的技术水平，以争优夺胜为目的，有特定的竞赛规程和评判标准的一类体操，它包括竞技体操、竞技技巧和艺术体操。

（3）团体操：是以体操为主体的群众性表演项目。通过徒手体操、轻器械体操、技巧、舞蹈、队列队形变化（组字、图案、造型）等配以音乐、服装、道具、背景等艺术装饰，反映一定的主题思想。这种表演项目不受人数的限制，具有宣传教育和锻炼身体的效用，在一些大型的体育比赛和重大活动中被广泛采用。

（二）体操的特点

体操与其他运动项目相比较，有自己的特点，了解和掌握体操的特点，有助于更好地发挥体操的作用。

1. 内容丰富，形式多样，易于普及

体操不受年龄、性别、职业等限制，每个人都可根据自身的实际情况，选择合适的练习内容，以达到锻炼的效果。

2. 全面和有重点地锻炼人体

体操的内容丰富，项目和动作多、变化多样，可以全面和有重点地锻炼人体的各个部位。

3. 教学训练中广泛采用保护与帮助

体操有众多项目是在器械上完成的，动作在"反常"状态下进行，具有一定的危险性，必须给予保护与帮助。

4. 有一定的艺术要求

体操是健、力、美的体现，运动员要通过动作、形体、音乐服装、精神面貌等表现出来，给观众以美的享受。

5. 要不断创新

"发展才是硬道理"，体操运动要发展，就要不断创新（动作的难度、动作的质量、动作的编排等），只有这样，才能推动体操运动不断前进。

二、基本体操

基本体操是体育锻炼的最基本内容之一。大多数基本体操项目是学校体育教学的主要内容和训练的辅助手段。它可以促进青少年的身体正常生长发育，全面提高身体素质，获得必要的实用技能。

（一）徒手体操

根据练习形式不同,徒手体操可分为单人动作、双人动作、三人动作和集体动作。单人动作根据人体解剖结构,又分为头颈动作、上肢动作、下肢动作、上体动作及全身动作。

1. 单人动作

（1）头颈动作：屈、转、绕和绕环等动作。

（2）上肢动作：举、振、屈、伸、绕和绕环等动作。

（3）上体动作：屈、转、绕和绕环、倾等动作。

（4）下肢动作：举、踢、屈、伸、弓步、蹲、跳、绕和绕环等动作。

（5）全身基本动作：立、撑、卧、坐等动作。

2. 双人、多人动作

双人、多人动作是指根据单人动作通过互相协调配合共同完成的动作练习,按用力性质的特点,分为助力性、协调性和对抗性三种动作。

助力性动作,即一个帮助另一个做动作。协调性动作,即两人互相借助对方配合做动作。对抗性动作,即两人相互对抗用力做动作。

（二）轻器械体操

轻器械体操是在徒手体操基础上,通过手持哑铃、实心球、体操棍等轻器械,利用器械的特点进行练习,以达到锻炼身体目的的练习形式。

1. 实心球

实心球（由橡胶制成）按质量分 0.5 千克、1 千克、2 千克等规格,直径为 10～20 厘米。它是一种安全实用的发展力量素质的轻器械,其练习方法多种多样。

（1）掷球练习法：站姿,双手或单手持实心球于肩后,正面助跑 2～3 步向前上方掷球（图 9.1.1、图 9.1.2）。

图 9.1.1

图 9.1.2

（2）抛球练习法：面对或背对掷球方向,屈膝站立,双手持球在体前,蹬腿,全身用力向前上方或后上方掷球（图 9.1.3）。

图 9.1.3

(3) 定向掷球练习法：在10～15米处地面上画直径不大于1米的圆，用单手或双手向圆内掷球(图9.1.4)。

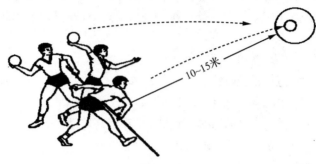

图9.1.4

(4) 简易保龄球练习法：在10～15米处地面上(平整的)画一等边三角形(边长50厘米以上)，三角形内摆放10个保龄球(或装沙的塑料可乐瓶)，用单手或双手地滚球击打目标，击倒目标多者为优胜。

2. 体操棍练习

体操棍是木质圆形棍棒，长1～1.2米，直径为2～2.5厘米。以棍为限制物，通过各种练习来加大动作的幅度和强度，以增强各关节的灵活性和柔韧性。

体操棍的握法有正握、反握、翻握、持棍端或棍中间等。动作分单人和双人。

三、技巧

技巧动作俗称垫上运动，是学校体育教学的主要内容之一。它内容丰富，形式多样，既有竞赛性、表演性，又有广泛的群众性，深受广大青少年的喜爱。

技巧动作分动力性动作和静力性动作两大类，是竞技体操中自由体操项目的核心内容。技巧练习对发展力量、灵敏性、柔韧性、协调性等身体素质，增强关节、韧带的柔韧性和提高平衡器官的能力有显著的作用。通过技巧练习，可以培养勇敢、果断、顽强、不畏困难等优良品质。

(一) 俯平衡

(1) 练习方法：直立，单腿后举，上体慢慢前倒，成单脚站立，挺胸抬头，两臂侧举，保持平衡(图9.1.5)。

(2) 技术要领：先举腿后倒体，支撑腿伸直，及时调整重心。

(3) 保护帮助：站在练习者侧方，一手托其后腿，一手扶其上臂。

图9.1.5

(二) 前滚翻

(1) 练习方法:蹲撑,提臀,身体前移,脚蹬地,同时屈臂低头,含胸,用头的后部、颈、背、腰、臀依次触垫。当背腰触垫时,屈膝抱腿,上体前倾成蹲立(图9.1.6)。

(2) 技术要领:滚动时,头、颈、背腰、臀要依次触垫。上体向前跟进要主动,与抱小腿协调一致。

(3) 保护帮助:单腿跪于练习者侧方,推背助其起立。

图9.1.6

(三) 后滚翻

(1) 练习方法:蹲撑,重心后移,低头团身后滚翻,同时双手置于肩上。当滚至肩头着垫时,两手用力推撑,抬头,两脚落下成蹲撑(图9.1.7)。

(2) 技术要领:后滚要有一定速度,团身要紧。当身体重心超越头颈上方时,要及时推手。

(3) 保护帮助:单腿跪在练习者侧后方,一手托肩,一手推背,助其翻转。

图9.1.7

(四) 鱼跃前滚翻

(1) 练习方法:半蹲,两臂前摆,同时两脚用力蹬地向前上方跃起,身体在空中保持稍屈体姿势。手撑垫时屈臂低头,圆身前滚翻起(图9.1.8)。

(2) 技术要领:蹬地、摆臂配合协调,身体腾起保持大弧形姿势。臂要有控制地弯曲,撑地不可过近或过远。手撑地后,腰不要松,滚至腰背时迅速团身。

(3) 保护帮助:站在练习者起跳点侧方,托其大腿,顺势前送。

图9.1.8

（五）肩肘倒立

(1) 练习方法：坐撑，上体后倒，两腿上举，两臂压垫同时上伸，迅速屈肘内收，手撑背部，髋关节充分挺开。脚面绷直向上方蹬，呈肩颈和上臂支撑的倒立姿势（图9.1.9）。

(2) 技术要领：伸腿方向应沿眼睛向上的垂直方向。至倒立部位时，应尽力上伸，紧身、展髋。

(3) 保护帮助：站在练习者侧方，两手握小腿上提，一膝顶腰助其充分展髋。

图9.1.9

（六）头手倒立

(1) 练习方法：蹲撑，两手在体前撑垫与肩同宽，用头的前额上部在手前约等边三角形处顶垫。先将臀部抬起，再一脚蹬地，另一腿上摆，并腿上举成倒立（图9.1.10）。

(2) 技术要领：头手撑垫的位置要准确，双肘内夹。先提高身体重心，再蹬地摆腿。并腿上伸时，注意调整身体重心。

(3) 保护帮助：站在练习者侧方，扶其腿部帮助控制平衡。当感到重心向前无法控制时，迅速低头团身前滚起。

图9.1.10

（七）侧手翻

(1) 练习方法：侧向站立，两臂侧举，左腿蹬地，上体侧倒，右腿向侧上摆，两手左、右依次撑垫，成分腿，手倒立，两臂依次左、右推起呈分腿站立，两臂侧平举（图9.1.11）。

(2) 技术要领：摆腿要向侧面，髋要打开。倒立时要顶肩、立腰、大分腿。腿的蹬摆与手的撑顶要协调配合。

(3) 保护帮助：站在练习者背后，两臂交叉抓住练习者腰部，助其翻转。

图9.1.11

四、单杠

单杠是男子竞技项目之一,以悬垂摆动为基础,进行各种支撑、悬垂、屈伸、回环、摆动、摆越、转体练习。通过单杠练习能增强上肢、肩带、躯干肌肉群的力量和柔韧性,提高身体的协调性和平衡能力。

(一) 单脚蹬地翻上成支撑

(1) 练习方法:两手屈臂握杠站立,一腿向上摆起,一腿用力蹬地,同时屈臂倒肩使腹部贴杠。当两腿并拢翻转至杠后水平部位时,翻腕抬头挺身成支撑(图 9.1.12)。

(2) 技术要领:用力屈臂引体,摆腿,腹部要早靠杠。上体翻至杠前水平部位要制动腿。

(3) 保护帮助:站在杠前侧方,一手托肩,另一手托臀助其翻上。练习者抬头翻腕时,换成一手托肩,一手托大腿使其成支撑。

图 9.1.12

(二) 支撑后摆下

(1) 练习方法:由支撑开始,两腿先前摆,接着用力后摆,肩稍前倾,两臂伸直撑杠。当后摆接近极点时,稍微含胸并制动两腿,接着两臂伸直迅速用力顶肩推杠,抬上体后挺身落下(图 9.1.13)。

(2) 技术要领:两腿前摆时,肩稍微前倾。后摆接近极点时,要用力顶肩推杠。

(3) 保护帮助:站在杠后侧方,一手托其腹部,另一手托其腿部帮助后摆,然后扶持其身体落地。

图 9.1.13

(三) 骑撑前回环

(1) 练习方法:由右腿骑撑反握杠开始,两臂伸直撑杠,稍提高重心,左大腿上部靠杠,右腿举起向前跨出,同时上体挺直迅速前倒。当上体回环至杠后水平部位时,右腿向前下伸压杠,同时展髋,左腿继续后摆,积极跟上体、立腰,两臂伸直拉压杠、翻腕成骑撑(图 9.1.14)。

(2) 技术要领:上体前倒时,保持正直,腿伸直。当上体回环至杠后水平部位时,骑撑腿积极前伸压杠,另一腿继续后摆,上体跟上。

(3）保护帮助：站在杠前右侧方，当练习者回环肩过杠下垂直部位时，内侧手从杠下托背，另一手扶压摆动大腿成骑撑。当练习者回环惯性大于上体继续前倒时，用外侧手托其肩。

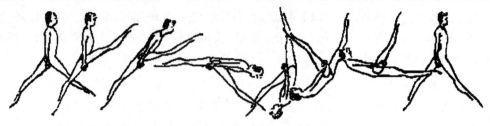

图 9.1.14

（四）骑撑后腿摆越转体 180°成支撑

（1）练习方法：由右腿骑撑、右手反握开始，左手顶杠，身体重心移向右臂，上体向右方倒，同时以右臂为轴，用头和上体带动左腿摆越杠，向右转体 180°，左臂撑杠，两腿并拢成支撑（图 9.1.15）。

（2）技术要领：上体敢于侧倒，靠紧支撑臂。转体时髋关节要展开，保持平衡。转体后保持挺身姿势。

（3）保护帮助：站在正前方，握住练习者前脚，助其转体成支撑。

图 9.1.15

五、双杠

双杠是竞技体操比赛项目之一，由动力性动作和静力性动作两大类组成。

双杠练习可以发展人体的上肢、躯干和肩带肌肉群的力量和柔韧性，提高身体的灵敏性和协调能力，培养勇敢、坚强的意志品质。

（一）杠端跳起成分腿骑坐

（1）练习方法：杠端站立，跳起后双手压杠成支撑，身体前摆至臀部超过杠面时，迅速分腿，以大腿后部压杠成分腿坐（图 9.1.16）。

（2）技术要领：前摆成分腿坐时，双手尽量靠近。

（3）保护帮助：站立杠侧，一手握练习者上臂，另一手托送其腰部。

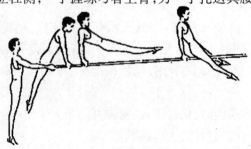

图 9.1.16

（二）支撑摆动

(1) 练习方法：从后摆最高点开始，直体自然下落，摆过支撑垂直部位时屈髋，并迅速前摆，同时肩稍后移，直臂顶肩，拉开肩角，梗头，眼看脚尖，身体伸直。后摆时，身体自然下摆，摆过垂直支撑点后，加快腿的后摆速度，含胸、紧腰，直臂顶肩，拉开肩角（图9.1.17）。

(2) 技术要领：支撑摆动必须以肩为轴，直臂顶肩。前后摆动时应尽量减小肩部的移动幅度，保持稳固的支撑。

(3) 保护帮助：站在杠侧，前摆时用手托其腰背帮助上体前送，后摆时用手托腹或大腿。

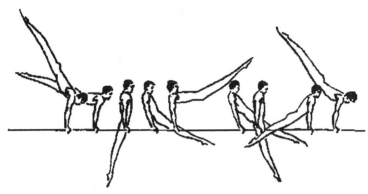

图9.1.17

（三）支撑后摆挺身下

(1) 练习方法：由支撑摆动开始，当后摆超过肩水平位置后，左手迅速推离杠，换握右杠，同时身体右移出杠，右手推杠侧上举，保持挺胸紧腰姿势落地（图9.1.18）。

(2) 技术要领：推杠用力，换握及时。

(3) 保护帮助：站在练习者落地点侧前方，一手握其上臂，一手托其腹部。

图9.1.18

六、支撑跳跃

支撑跳跃是竞技体操项目之一，动作少、时间短是它的动作特点。支撑跳跃分助跑、踏跳、推手、落地四个阶段。

支撑跳跃练习可发展跳跃、支撑、平衡能力，增强上肢肌肉的爆发力，培养勇敢顽强、敏捷果断的意志品质。

（一）纵箱（马）分腿腾越

（1）练习方法：快速助跑，上板迅速，踏跳有力，领臂含胸向前上方腾起。两臂主动前伸撑器械远端，并向前下方用力推手顶肩，同时向两侧分腿，接着两臂上领抬上体，挺身并腿落地，屈膝缓冲（图9.1.19）。

（2）技术要领：踏跳要有力，起跳后敢于摆臂前伸撑远端。

（3）保护帮助：站在器械的前侧方，一手握练习者的臂上提，帮助其越过器械。

图9.1.19

（二）横箱（马）分腿腾越

（1）练习方法：助跑，双脚用前脚掌踏跳，双臂前摆撑器械，含胸、提臀分腿，直臂顶肩，用力向前下方推手，上体抬起，展髋挺身并腿落地（图9.1.20）。

（2）技术要领：同纵箱（马）分腿腾越。

（3）保护帮助：同纵箱（马）分腿腾越。

图9.1.20

第二节　健美操

健美操是以人体为对象，以健美为目标，以身体练习为内容，以艺术创造为手段，融体操、舞蹈、音乐为一体的一项新兴的体育运动项目。

健美操运动源于20世纪70年代末。健美操的英文原名"Aerobics"，意为"有氧运动""健身健美操"。美国健身、影视明星简·方达根据自己的健身经验和体会，于1981年出版的《简·方达健美术》引起了世界的轰动，这对健美操运动在全世界的发展起到了积极的作用。健美操运动于20世纪80年代初传入我国。我国最早于1987年5月在北京举办了首届"长城杯"健美操邀请赛，受到了人们极大的欢迎。

一、健美操的基本动作

基本动作是健美操练习和进行群众性健身锻炼的基础。通过基本动作练习,可以掌握正确的动作技术,加大动作幅度,培养良好的动作形态。基本动作练习是按人体生理解剖结构分部位进行的,是一项专门性的练习,练习者可根据需要加以选择。

(一) 手型

手型包括五指并拢的掌、五指分开的掌、芭蕾舞手式、实心拳、空心拳、屈指掌、西班牙舞手式等动作(图9.2.1)。

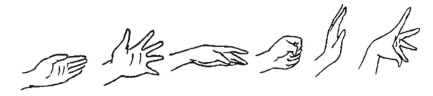

图9.2.1

(二) 头颈动作

头颈动作包括屈(前屈、后屈和侧屈)、转(向左、向右转)、绕和绕环等动作。

(三) 肩部动作

肩部动作包括提肩、沉肩、展肩、绕和绕环、振肩等动作。

(四) 上肢动作

上肢动作包括臂的摆动、臂的屈伸、臂的绕和绕环、振臂等动作。

(五) 躯干动作

躯干动作包括胸部、体侧、体转、前屈、后屈等动作。

(六) 髋部动作

髋部动作包括顶髋、摆髋、髋部绕和绕环等动作。

二、健美操的基本步伐

(一) 踏步

大腿抬平,小腿自然下垂,落地时用前脚掌过渡到全脚掌,两臂屈肘前后自然摆动,身体保持正直,抬头挺胸。同属踏步类的还有:点踏步、交叉步、"V"字步。

(二) 开合跳

跳起分开落地,髋部、脚尖外开,膝关节在同方向弯曲。蹬地还原时,脚跟并拢,膝缓冲。动作要起伏、连贯、有弹性。

(三) 弹踢腿跳

动力腿屈膝后摆,两膝之间要靠拢,前弹时不要过分用力,膝关节、髋关节运动伸展要有控制,然后换另腿做。

(四) 后踢腿跳

一腿屈膝后摆,髋和膝在一条线上。跑跳过程中,膝、踝关节充分缓冲,手臂可自然摆动。

（五）吸腿跳

膝抬起,大腿平行地面,小腿垂直于地面,脚面绷直,落地时由脚尖过渡到脚跟,两腿交替进行。跳起时,脚离地,身体保持正直。

（六）踢腿跳

一腿前踢,腿要抬得更高,膝盖伸直,收腹立腰。落地还原到位,两腿交替进行。

（七）弓步跳

一腿后摆由脚尖过渡到前脚掌(脚后跟不需要着地),脚尖方向向前。身体稍前倾,立腰收腹。还原时屈膝缓冲。换另腿做,方向相反。

三、基本步伐组合操

练习基本步伐组合操,其目的在于使练习者通过本套操的练习,能够熟练掌握基本步伐与基本手型的配合,并达到热身的目的。这是一套适合于初学者练习的操,分为七组动作,共64个8拍。

预备姿势:直立,4×8拍原地踏步。

第一组动作:踏步侧击掌(4×8拍)

1×8拍:1~3拍,原地踏步;4拍,身体向右侧转,向腿弯曲,右脚尖右侧点地,同时双手右侧肩上击掌;5~8拍同1~4拍,唯方向相反。

2×8拍~4×8拍:同1×8拍。

第二组动作:原地小跳组合(8×8拍)

1×8拍:1拍,左脚向左侧小跳一次;2拍,右脚向右侧小跳一次;3拍,左脚向右侧小跳一次并步;4拍,右脚向左侧小跳一次并步;5~8拍,同1~4拍。

2×8拍:1拍,左右脚分别向左右小跳一次;2拍,左右脚分别向右左小跳一次并步;3~4拍同1~2拍;5~8拍同1~4拍。

3×8拍:同1×8拍。

4×8拍:同2×8拍。

5×8拍:1拍,左手向左侧平举,五指分开的掌,掌心向前;2拍,右手向右侧平举,手型同左手;3拍,左手向胸前收回,屈肘,空心拳,拳心向胸;4拍,收右手;5~8拍同1~4拍。脚步同1×8拍。

6×8拍:1拍,左右臂分别向两侧打开成侧平举,掌心向前,五指分开;2拍,左右手臂同时向胸前收回,屈肘,拳心向胸;3~4拍同1~2拍;5~8拍同1~4拍。脚步同2×8拍。

7×8拍:同1×8拍。

8×8拍:同2×8拍。

第三组动作:"V"字步组合(16×8拍)

1×8拍:1拍,左脚向左斜前方出脚,脚跟过渡到脚掌,身体重心跟上;2拍,右脚向右斜前方出脚,脚跟过渡到脚掌,身体重心跟上;3~4拍,左右脚收回,并步;5~8拍同1~4拍。双臂自然摆动。

2×8拍~4×8拍:同1×8拍。

5×8拍:1拍,双臂向左上方冲拳;2拍,双臂向右上方冲拳;3~4拍,左右脚收回,并步;5~8拍同1~4拍。脚步同前。

6×8拍~8×8拍:同5×8拍。

9×8拍:1拍,双臂左上方绕小臂;2拍,双臂右上方绕小臂;3~4拍,左右脚收回,并步;5~8拍同1~4拍。脚步同前。

10×8拍~12×8拍:同9×8拍。

13×8拍:1拍,右臂向右侧前方冲拳,身体左转;2拍,左臂向左侧前方冲拳,身体右转;3~4拍,左右脚收回,并步;5~8拍同1~4拍。脚步同前。

14×8拍~16×8拍:同13×8拍。

第四组动作:踏步、小跳、"V"字步组合(10×8拍)

1×8拍:同第一组动作的1×8拍。

2×8拍:同1×8拍。

3×8拍:同第二组动作的5×8拍和6×8拍。

4×8拍:同第二组动作的6×8拍。

5×8拍:同第三组动作的5×8拍。

6×8拍:同5×8拍。

7×8拍:同第三组动作的9×8拍。

8×8拍:同7×8拍。

9×8拍:同第三组动作的13×8拍。

10×8拍:同9×8拍。

第五组动作:弓步组合(8×8拍)

1×8拍:1~4拍,踏步同时左转身90°;5~6拍,左脚向前上步,成左弓步,双手向前冲拳,头正直,上体直立;7~8拍,收左脚并步,同时收拳于腰间。

2×8拍:1~4拍,踏步同时右转身90°;5~6拍,右脚向后撤步,成左弓步,双手握实心拳,拳眼向上,侧平举打开;7~8拍,收右脚并步,同时收拳于腰间。

3×8拍:同1×8拍,唯方向相反。

4×8拍:同2×8拍,唯方向相反。

5×8拍~8×8拍:同1×8拍~4×8拍。

第六组动作:交叉步并步组合(4×8拍)

1×8拍:1~3拍,向左侧的交叉步,同时,左手叉腰,拳面向前,右手握拳右侧摆;4拍,胸前击掌;5~8拍同1~4拍,唯方向相反。

2×8拍~4×8拍:同1×8拍。

第七组动作:连接组合(14×8拍)

1×8拍:同第一组动作的1×8拍。

2×8拍:同1×8拍。

3×8拍:同第二组动作的5×8拍和6×8拍。

4×8拍:同第二组动作的6×8拍。

5×8拍:同第三组动作的5×8拍。

6×8拍:同5×8拍。

7×8拍:同第三组动作的9×8拍。

8×8拍:同7×8拍。

9×8拍:同第三组动作的13×8拍。

10×8拍:同9×8拍。

11×8拍:同第五组动作的1×8拍。

12×8拍:同第五组动作的2×8拍。

13×8拍:同第六组动作的1×8拍。

14×8拍:同13×8拍。

四、跑跳步热身组合操

预备姿势:两脚并拢,两手叉腰。

第一节:小跳(8×8拍)

1×8拍~4×8拍:双手叉腰,先向左侧开始的小跳。

5×8拍~8×8拍:脚步保持小跳。向左侧小跳时,双手握拳,拳心向下,同时向左侧摆动;向右侧小跳时,双臂再向右侧摆动。

第二节:交叉步弹动组合(8×8拍)

1×8拍:1~4拍,双臂自然摆动向左侧的交叉步;5~8拍,双手胸前击掌接双臂同时前后摆,双脚原地弹动。

2×8拍:同1×8拍,唯方向相反。

3×8拍~4×8拍:同1×8拍~2×8拍。

5×8拍:1~4拍,双臂自然摆动向左侧的交叉步;5~8拍,双手胸前击掌接双臂肩侧屈,由右侧向左侧转身跳一周。

6×8拍:同5×8拍,唯方向相反。

7×8拍~8×8拍:同5×8拍~6×8拍。

第三节:侧摆腿组合(12×8拍)

1×8拍:1~2拍,左腿侧摆,右臂经左侧,向上、向下绕环一周;3~4拍同1~2拍,唯方向相反;5~8拍同1~4拍。

2×8拍~4×8拍:同1×8拍。

5×8拍:1~2拍,双臂前平举,掌心向下;3~4拍,双臂侧平举,掌心向下;5~6拍,双臂肩侧屈,拳心向两肩;7~8拍,双臂收于体侧。腿动作同前。

6×8拍~8×8拍:同5×8拍。

9×8拍:1拍,左腿向左侧摆动,右脚支撑,双臂胸前平屈向左侧摆动,掌心向下;2拍同1拍,唯方向相反;3~8拍同1~2拍。

10×8拍:同9×8拍。

11×8拍:1拍,左腿向左侧摆动,双臂前平举,掌心向下;2拍,双手收于腰间,拳心向上,向右侧摆右腿;3拍,左腿向左侧摆动,双臂上举,掌心向前;4拍同2拍;5~8拍同1~4拍。

12×8拍:同11×8拍。

第四节:后踢腿跑组合(8×8拍)

1×8拍:1~2拍,双手叉腰,右脚向左前方上步,屈膝,身体稍左转,肩稍左转;3~4拍,左脚向右脚并步跳一次;5~8拍,向右转身后踢腿跑。

2×8拍:同1×8拍,唯方向相反。

3×8拍~4×8拍:同1×8拍~2×8拍。

5×8拍:1~2拍,右手屈指掌,向左前方推掌;3~4拍,脚并步时,双手向侧平举,并向外推掌,掌根用力,手指弯曲;5~8拍,加手臂摆动的向后转身踢腿跑。脚步动作同1×8拍。

6×8拍:同5×8拍,唯方向相反。

7×8拍~8×8拍:同5×8拍~6×8拍。

第五节:侧并步组合(8×8拍)

1×8拍:1拍,左脚向左侧出一小步;2拍,右脚跟进并步,同时双臂前后摆,双手在肩侧击掌;3拍,右脚向右侧出一小步;4拍,左脚跟进并步,同时双臂前后摆,双手在肩侧击掌。

2×8拍~4×8拍:同1×8拍。

5×8拍~8×8拍:上肢动作同前,唯左右脚侧出一小步,变为向前侧方"V"字步上步、并步、击掌一个8拍,退步、并步、击掌一个8拍。

第六节:弹踢腿组合(12×8拍)

1×8拍:1拍,向左转身90°,向前弹踢左腿,双臂向前冲拳,拳心向下,拳眼相对;2拍,收左脚,收双手握拳于腰间;3~4拍同1~2拍,唯方向相反;5~8拍同1~4拍。

2×8拍:1拍,向右转身90°,左脚向左侧弹踢,双臂握拳侧平举,拳心向下;2拍,收回左腿,双手握拳腹前交叉;3~4拍同1~2拍,唯方向相反;5~8拍同1~4拍。

3×8拍:1拍,向右转身90°,向前弹踢右腿,双臂向前冲拳,拳心向下,拳眼相对;2拍,收右脚,收双手握拳于腰间;3~4拍同1~2拍,唯方向相反;5~8拍同1~4拍。

4×8拍:1拍,向左转身90°,右脚向右侧弹踢,双臂握拳侧平举,拳心向下;2拍,收回右腿,双手握拳腹前交叉;3~4拍同1~2拍,唯方向相反;5~8拍同1~4拍。

5×8拍~8×8拍:同1×8拍~4×8拍。

9×8拍:1~2拍,转身90°面向前,弹踢左腿,同时左臂侧上举,右臂收于体侧;3~4拍,弹踢右腿,同时右臂也侧上举;5~6拍,弹踢左腿,双臂收于胸前,握拳交叉;7~8拍,弹踢右腿,双臂收于体侧。

10×8拍~12×8拍:同9×8拍。

第七节:连接组合(8×8拍)

1×8拍:同第二节的5×8拍。

2×8拍:同1×8拍。

3×8拍:同第三节的5×8拍。

4×8拍:同3×8拍。

5×8拍:同第四节的5×8拍。

6×8拍:同5×8拍。

7×8拍:同第五节的5×8拍。

8×8拍:同7×8拍。

五、哑铃韵律操

第一节:伸展头前屈(2×8拍)

1×8拍:1拍,左脚开立与肩同宽,两手持铃由上而下,肩侧屈,头前屈;2拍,两手持铃斜上举,头向上;3拍,两手持铃由上而下侧平举,头向前;4拍,左脚还原成立正,同预备姿势;5~8拍同1~4拍,唯方向相反。

2×8拍:1~2拍,左脚开立与肩同宽,两手持铃向下经体侧至上举相击,头向上仰;3拍,两手持铃由上而下,在腹前相击,正视前方;4拍,还原成立正姿势;5~8拍同1~4拍,唯方向相反。

第二节:滚动步小摆臂(2×8拍)

1×8拍:1~2拍,右脚提踵,屈膝同时左手持铃前摆,右手持铃右后摆;3~4拍,左脚提踵,屈膝同时右手持铃前摆,左手持铃后摆;5~6拍同1~2拍;7~8拍同3~4拍。

2×8拍:同1×8拍。

第三节:左右臂旋转(2×8拍)

1×8拍:1拍,左脚侧出一步,髋自然向左移动,左臂直臂,左手持铃外旋,右臂直臂,右手持铃内旋;2拍,收右脚与左脚并拢,手臂动作同1拍,方向相反;3同1拍;4拍,收右脚,在左足弓处点地,屈膝,手臂动作同1拍;5~8拍同1~4拍,唯方向相反。

2×8拍:同1×8拍。

第四节:上臂屈伸(2×8拍)

1×8拍:1~2拍,左脚侧出一步,髋自然向右移动,左腿屈膝点地,同时左臂屈肘手持铃侧举,右臂手持铃侧上举,头向右转;3~4拍,右脚侧出一步,髋自然向右移动,左腿膝点地,同时右臂屈肘手持铃侧举,左臂手持铃斜上举,头向左转;5~6拍同1~2拍;7~8拍同3~4拍。

2×8拍:同1×8拍。

第五节:臂摆动与绕环(4×8拍)

1×8拍:1~2拍,两腿并拢,两手持铃前摆至前45°,两膝弹动一次;3~4拍同1~2拍,唯方向相反;5~6拍,两臂经体侧向前、向上、向后绕环一周,两膝弹动一次;7~8拍同5~6拍,唯方向相反。

2×8拍:同1×8拍,方向相反。

3×8拍:1~2拍,两手持铃,左侧摆动,两膝弹动一次;3~4拍同1~2拍,方向相反;5~8拍,两手持铃经体侧向左、向上、向右、向下绕环一周,两膝弹动一次。

4×8拍:同3×8拍,唯方向相反。

第六节:弓步臂侧举(2×8拍)

1×8拍:1~2拍,左腿在右腿前交叉半蹲,两手持铃体前交叉;3~4拍,左腿成左弓步,右脚侧点地,两手持铃侧举;5~6拍同1~2拍,唯方向相反;7~8拍同3~4拍,唯方向相反。

2×8拍:同1×8拍。

第七节:展胸含胸(2×8拍)

1×8拍:1~2拍,两脚并拢,两腿半蹲,含胸,两手持铃,胸前相击;3~4拍,两腿伸直,两手持铃侧举后,同时挺胸;5~6拍同1~2拍;7~8拍同3~4拍。

2×8拍:同1×8拍。

第八节:髋侧顶(2×8拍)

1×8拍:1拍,左脚侧出稍屈膝,向右顶髋,同时两手持铃,经腰侧前伸至前举;2拍,右脚向左脚并拢,同时手持铃成腰侧屈;3~4拍同1~2拍;5拍,左脚侧出稍屈膝,同时两手持铃侧伸至侧举;6拍同2拍;7拍同5拍;8拍同2拍。

2×8拍:同1×8拍,唯方向相反。

第九节:体前屈(2×8拍)

1×8拍:1~2拍,左脚侧出一步,两脚开立,同时两手持铃向内绕至侧上举;3~4拍,体前屈,两手持铃后伸;5~6拍,屈左腿,成侧弓步,同时右手持铃屈肘,碰左膝,左手持铃侧后举;7~8拍,屈右腿,成侧弓步,左手持铃屈肘,碰右膝,右手持铃侧后举。

2×8拍:同1×8拍,唯方向相反。

第十节:前侧踢腿(4×8拍)

1×8拍:1拍,左腿屈膝提踵,向右顶髋,同时右手持铃屈肘前摆,左手持铃后侧摆,目视右手;2拍,还原成立正姿势;3拍,左腿前踢,右手持铃前举,左臂手持铃侧后举,还原成立正姿势;5~8拍同1~4拍,唯方向相反。

2×8拍:1~2拍同1×8拍的1~2拍;3拍,左腿侧踢,两手持铃侧举;4拍,还原成立正姿势;5~6拍同1×8拍的1~2拍;7拍,右腿侧踢,两手持铃侧举;8拍,还原成立正姿势。

3×8拍:同1×8拍。

4×8拍:同2×8拍。

第十一节:跳跃练习(2×8拍)

1×8拍:1拍,两腿直立,两手持铃成腰侧屈,双足跳起,向左转体90°成左弓步,同时两手持铃前举;2拍,向右跳转90°成站立姿势;3拍,两腿直立,两手持铃前屈,双足跳起,向右转体90°成右弓步,同时两手持铃前屈;4拍,向左跳转90°成站立姿势;5~8拍同1~4拍。

2×8拍:同1×8拍。

第十二节:整理练习(2×8拍)

1×8拍:1~2拍,左脚向前一步,同时两手持铃由前向后环绕一周;3~4拍,两腿并拢屈膝弹动一次,同时两手持铃由下向前摆动;5~6拍,两腿屈膝弹动一次,同时两手持铃由前向后摆动;7~8拍,两腿屈膝弹动一次,同时两手持铃由后向前摆动。

2×8拍:同1×8拍,唯方向相反。

六、大众健美操成套动作(五级)

组合一(8×8拍):

1×8拍:1~4拍,右脚开始2次侧并步;5~8拍,左脚开始2次侧并步(图9.2.2)。

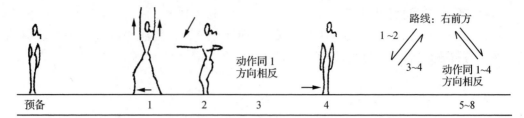

图 9.2.2

2×8拍:1~6拍,2次3拍漫步;7~8拍,2次踏步转体360°(图9.2.3)。

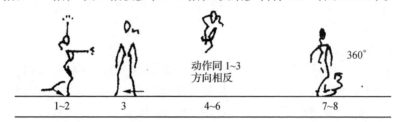

图 9.2.3

3×8拍:1~4拍,2次开合跳;5~8拍,慢速开合跳(图9.2.4)。

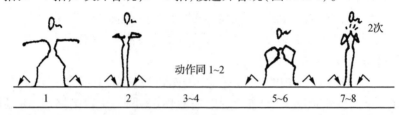

图 9.2.4

4×8拍:1~4拍,右脚开始侧交叉步侧跳;5~8拍,左脚向右侧漫步转体270°(图9.2.5)。

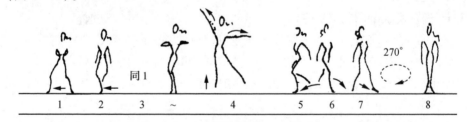

图 9.2.5

5×8拍~8×8拍:同1×8拍~4×8拍,唯方向相反。

组合二(8×8拍):

1×8拍:1~3拍,3次脚跟前点地跳;4拍,左脚后屈腿;5~8拍,左脚漫步(图9.2.6)。

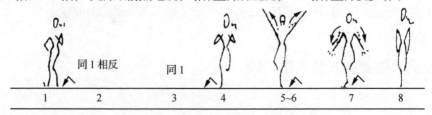

图 9.2.6

2×8拍:1~4拍,左脚"V"字步转体180°;5~8拍,"A"字步(图9.2.7)。

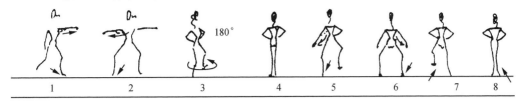

图9.2.7

3×8拍:1~2拍,左脚前并步;3~4拍,右脚漫步转体180°;5~6拍,向右举腿跳;7~8拍,半蹲(图9.2.8)。

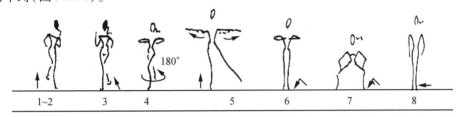

图9.2.8

4×8拍:1~4拍,左脚斜前方上步后屈腿;5~8拍同1~4拍,唯方向相反(图9.2.9)。

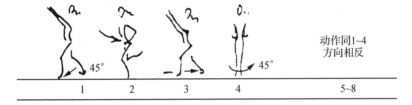

图9.2.9

5×8拍~8×8拍:同1×8拍~4×8拍,唯方向相反。

组合三(8×8拍):

1×8拍:1~4拍,"V"字步转体90°;5~8拍,向前走3步提膝(图9.2.10)。

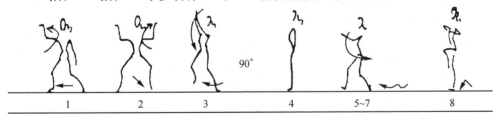

图9.2.10

2×8拍:1~4拍,2次左脚开始向后弹踢腿;5~6拍,左弓步;7~8拍,半蹲,并腿(图9.2.11)。

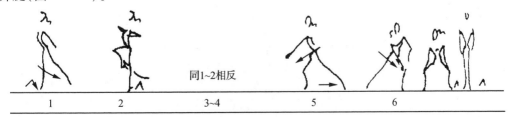

图9.2.11

3×8拍:1~4拍,2次并步跳,向右、左前;5~8拍,右脚开始向右走一圈(图9.2.12)。

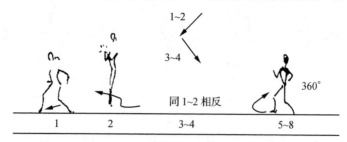

图 9.2.12

4×8拍:1~4拍,右脚上步提膝;5~8拍,左脚连续两次侧点地(图9.2.13)。

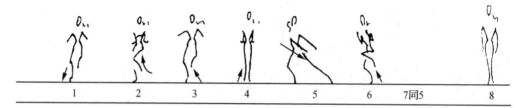

图 9.2.13

5×8拍~8×8拍:同1×8拍~4×8拍,唯方向相反。

组合四(8×8拍):

1×8拍:1~4拍,十字步;5~6拍,右脚1/2漫步;7~8拍,走两步,同时右转360°(图9.2.14)。

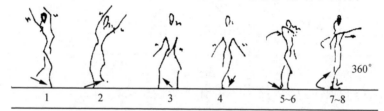

图 9.2.14

2×8拍:1~2拍,右脚向后1/2漫步;3~4拍,走2步,同时左转360°;5~6拍,开合跳,右脚在前交叉;7~8拍,左脚向侧滑步(图9.2.15)。

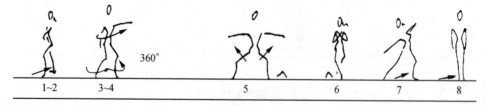

图 9.2.15

3×8拍:1~2拍,左脚吸腿跳;3~4拍,左脚弹踢腿跳;5~8拍,同1~4拍,唯方向相反(图9.2.16)。

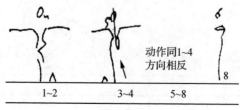

图 9.2.16

4×8拍:左脚开始4次连续大踢腿,转体360°(图9.2.17)。

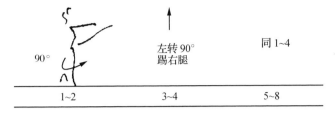

图 9.2.17

5×8拍~8×8拍:同1×8拍~4×8拍,唯方向相反。

力量练习(12+14×8拍):

1~4拍:预备动作(图9.2.18)。

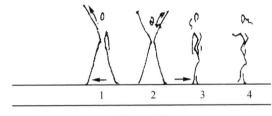

图 9.2.18

1~8拍:成俯撑(图9.2.19)。

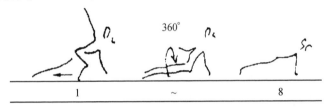

图 9.2.19

1×8拍~3×8拍:4次俯卧撑(图9.2.20)。

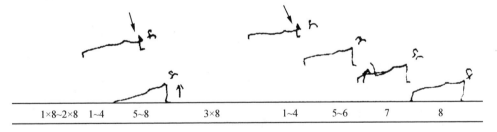

图 9.2.20

4×8拍:同3×8拍,7拍时屈左腿。

5×8拍:过渡动作(图9.2.21)。

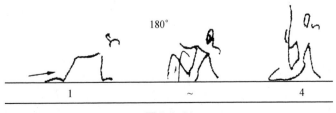

图 9.2.21

6×8拍:2次半劈腿支撑(图9.2.22)。

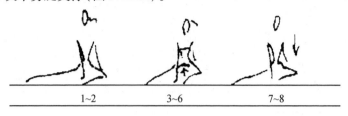

图9.2.22

7×8拍:同6×8拍,唯方向相反。

8×8拍:过渡动作(图9.2.23)。

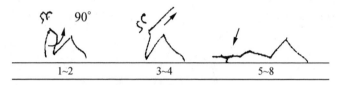

图9.2.23

9×8拍~12×8拍:4次仰卧收腹(图9.2.24)。

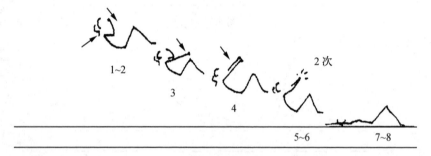

图9.2.24

13×8拍:起立(图9.2.25)。

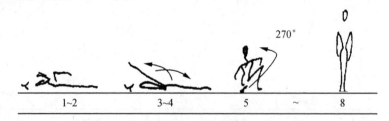

图9.2.25

14×8拍:1~6拍,侧搬腿平衡;7~8拍,结束动作(图9.2.26)。

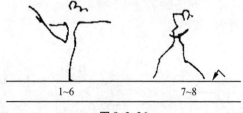

图9.2.26

第十章
中国象棋

第一节 概述

一、中国象棋的起源

中国象棋历史悠久,在春秋战国时期的文化名著《楚辞·招魂》中就有"蔽象棋,有六博兮"的词句,说明在当时已经有了"象棋"这个名词。棋盘里的河界,又名"楚河汉界",可能是受到当时楚汉相争的影响而得名。进入明、清两代,中国象棋的发展有了长足的进步,名手辈出,佳作如云,涌现出一大批如周廷梅、王再越、吴梅圣等出类拔萃的象棋国手大家。这一时期,象棋理论的研究更加深化,出现了著名的《梦人神机》《桔中秘》《鑫鹏十八变》等古谱。这些古谱的出现,促进了象棋文化的发展。

二、中国象棋对人的影响

中国象棋历来都是人们喜爱的文化娱乐活动之一,因而有着广泛的群众基础。它受到社会各阶层人士的喜爱,原因就在于:下象棋可以开发智力,可以修身养性,可以调节精神等。

三、怎样学好中国象棋

对于中国象棋的学习,如何入门是大家最关心的问题。学棋过程可以归纳为:理论和实践的循环反复。具体地说,学棋的方法是:掌握、运用、创新。下棋是用脑力的竞技运动,这就必须养成独立思考的良好习惯。对初学者而言,平时可多进行些残局杀法、心算练习,培养思维能力。此外,还要练习算度。要想在棋场中做个佼佼者,就必须深思熟虑才能统筹兼顾,走出精妙的着法,获得胜利。初学者应由浅入深,从简到繁。

第二节 中国象棋入门基础知识

一、棋盘与棋子

（一）棋盘

象棋盘以9条直线与10条横线相互交叉组成，共90个交叉点（图10.2.1）。棋子摆在交叉点上，并在这些点上活动。棋盘中间设有直线的空白地带，叫作"河界"，是双方的攻防界限。两端中部以斜交叉线构成的"米"字形的方格，叫作"九宫"，规定每方的帅（将）、仕（士）在九宫内活动。

9条直线，双方各依自己为准，从右向左，依次为第1至第9"路"。执红棋方，从右到左用中文一至九来代表；执黑棋方，从右到左用阿拉伯数字1至9来代表。我方九路，即是对方1路，以此类推。

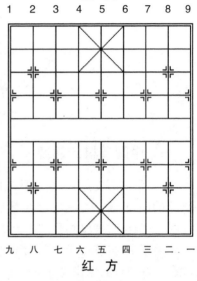

图 10.2.1

（二）棋子

棋子有7个兵种，共32个子，分红、黑两方，每方各有如下16个棋子：

红方：帅1个，仕2个，相2个，车2个，马2个，炮2个，兵5个。

黑方：将1个，士2个，象2个，车2个，马2个，炮2个，卒5个。

二、棋子摆法与走法

（一）棋子摆法

所谓摆法，即指对弈前的棋子位置。棋子摆在棋盘的交叉点上。图10.2.2上的阳文（白底黑字）代表红方的棋子，摆在棋盘下部；阴文（黑底白字）代表黑方的棋子，摆在棋盘上部。按现行的对局规则，由红方先走第一着，黑方后走。双方轮流各走一着，直至分出胜负或走成和棋为止。

轮到走棋的一方，将某一个棋子从一个交叉点走到另一个交叉点，或者吃掉对方的棋子而占领其交叉点，均称走了一着。每次双方各走了一着，称为一个回合。

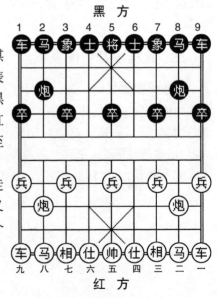

图 10.2.2

（二）各种棋子的走法

1. 帅（将）

帅（将）的实力最弱，但却是双方决胜的目标。其活动范围限定在"九宫"的9个点上活动，可上可下，可左可右，直走横走，仅限一步。通俗的记法为"直线横线九宫走"。

帅与将不能在双方毫无他子阻隔的情况下对面，否则先占位方获胜。所以走到残局阶段，如能体会运用帅（将）抢占线位要道的原理，以控制对方的活动，增加己方的助攻力量，具有重要意义。

2. 仕（士）

仕（士）的作用基本上专司守护帅（将）。仕（士）只能在"九宫"的5个点上活动，上下左右，斜行一步。通俗的记法为"进退斜线九宫走"。

3. 相（象）

相（象）的作用与仕（士）一样，对保卫帅（将）负重要责任。着法为"田"字形的对角，通俗的记法为"相（象）走田"，只许在本界守护，不得渡河。只能在己方阵地上的7个点上活动，上下左右，斜行两步。如逢有子在十字形的中心点，即不能行动，这种形式称为"塞象眼"。

4. 车

车实力最强，大于马、炮的合力，为全军最凶厉的主力，其因可进可退亦可平，如无其他子力挡路，无论远近均可到达，前进方向遇有对方的子力，均可注意消灭之。通俗的记法为"直线横线任意走"。

5. 炮

炮实力次于车，与马互有特点。它的走法在直线上与车一样，亦可随意进退或平，但不能直接吃子，吃子时必须隔一子（无论是己方或对方的），俗称"炮打隔子"。通俗的记法为"直线横线任意走，吃子必须隔一子"。

6. 马

马的走法比较特殊，"一步一斜角"，"步"为朝前进方向移动一个交叉点，可进、可退，如"日"字形，横直不拘，俗有"八面威风"之称，即可进至八个方向，但如果前进方向的第一个交叉点遇有他子（无论是己方或对方的），则不能前进，称为"蹩马腿"。通俗的记法为"马走日字直斜跳"。

7. 兵（卒）

兵（卒）是子力中为数最多的兵种。它的走法有三个特点：(1)不管过河前或过河后，始终不能后退，也就是说，不能吃后面的子；(2)未过河前，只能一步一步地朝前走，不能横行移动；(3)过河后除仍应朝前走外，还可左右移动，但还是一步一步地移动。通俗的记法为"一步一步勇往前，过河方能左右移"。

在兵（卒）的移动方向上遇有对方的子，不管其战斗力如何强，均可消灭之。

三、着法记录和读谱

按现行规定，红方先走，黑方后走。双方轮流走棋，双方在交叉点上移动自己的一个棋子，称为一个"回合"，移动的步数可多可少。这样每走的一步棋就一定包括有：走动的棋子、移动的方向和止点。把走动的着法准确地记录下来，称为"着法记录"。要掌握基础知识,看懂棋谱,就必须掌握记录方法。现代的记录方法分为完整记录和简写记录两种。

完整记录是正式比赛中规定采用的记录方法,在印刷出版的棋书中均以此为标准。完整记录以四个字表达一步棋的着法:第一个字代表走动的棋子名称;第二个字代表所走棋子原来所占的直线位置;第三个字代表棋子所走的方向,方向用"进""退""平"三个字表示("进"指棋子向对方方向移动;"退"指棋子向己方方向移动;"平"指棋子在棋盘上横向移动);第四个字代表棋子移动后到达新的直线位置。第二个字和第四个字分别用中国数字和阿拉伯数字区别红黑两方。如双方走了一个回合,完整记录为:"炮二平五,马2进3",前者指红方二路直线的炮横移至五路(中路)帅前两格的位置,后者指黑方的2路马"一步一斜角"到达了3路卒后的直线位置。又如"车二进四",即红方的二路直线车从原点前一个交叉起朝前四步(点)。如一条直线上有两个同属一方相同的棋子,则以"前"或"后"来区分。

采用简写记录时,一步棋仅用三个字表示:第一个字代表走动的棋子,第二个字和第三个字用阿拉伯数字表示,前者代表原来所在的直线位置,后者代表新的直线位置。进退符号用"-"表示,记在阿拉伯数字下面为进,记在阿拉伯数字上面为退(如"车二进四"简写为车24),方向中"平"则省略不用。这种方法的优点是方便、省时、快速,比赛中较多采用。

学习记录方法,便于我们阅读棋书(谱),这是学棋中所必须掌握的基本知识,这样既可以在进行对局时做好记录,有利于复盘研究、分析得失,又可阅读各类棋刊书籍,取其精华,达到加深体会的目的。

四、子力价值

初学者往往在下棋时盲目地进行子力交换,而如此的交换几经累积,则形势必然处于劣势,这就是不懂子力价值的结果。

在实践中,衡量一盘棋局势的优劣时,往往思路的第一感是先分析双方的子力价值多少,然后再考虑子力的位置、局部的兵力组合和全局的关系、彼此间薄弱环节的分析等因素,从而得出结论。而子力价值是局势分析中最重要的因素之一,也是初学者最容易掌握的,而且是必须掌握的基础知识,由此可见学习子力价值的重要意义。

(一)各兵种的实力估计

1. 兵(卒)——没有过河1分,刚过河2分

在象棋的七个兵种中,由于兵只有朝前一步步地走,过河后方能左右移动,因此它在没过河时战斗力最弱,仅能控制前方一个点,为计算方便,以此为基本价,定为1分,过河后控制范围增大,定为2分。

2. 仕(士)——2分

仕(士)的任务主要是维护帅(将)的安全,兼有助攻的作用,但活动范围仅限于九宫内,战斗力较弱。

3. 相(象)——2.5分

相(象)的任务和仕(士)差不多,但由于活动范围大,在战斗中起维护三、七路河口的重要防御作用,故价值比仕(士)略大。

4. 马——4.5分

在象棋各兵种中,马是最容易遭到对方攻击的一个兵种,主要是由其走法形成的。马虽然是强子之一(强子指车、马、炮),但由于走动时必须马路通畅,无蹩脚,所以对方往往以兵制马,不给它的马头兵挺起,然后找机会攻击它。但是在残局时,由于双方兵力交换差不多了,战场上地势开阔,这时它能充分发挥八面威风的特点。

5. 炮——5分

炮在象棋中属于长距离武器,尤其在开局时,不仅起保护马的作用,而且还是进攻的主要兵力,在中残局和马各具特色,难分优劣,但由于开局阶段略强于马,定为5分较合理。

6. 车——10分

车是威力最大的兵种,俗话说:"开局三步不出车,棋子输一半",虽夸张了些,但形象地说明了车的战斗力。实践证明,开、中局时如车换双马或双炮是车方略吃亏些,尤其在有车对无车棋的战斗中,一般车方总能占优势。

7. 帅(将)——大于各子总和分

帅(将)本身威力不大,但由于各子在作战中均可抛弃,而唯独主帅(将)不能,因此其价值应大于各棋子分的总和。

(二)各兵种之间的对比关系

(1)一车略优于双马、双炮或马炮。

(2)一马相当于一炮,双马相当于双炮或马炮。

(3)车马炮相当于车双马或车双炮。

(4)一马(一炮)相当于双仕或双相,以此类推。

第三节　中国象棋基本杀法

象棋以捉死对方的将(帅)即所谓"将死"为每一局棋,对局的双方都要掌握各种典型的基本杀法。这样,在对局中出现杀着入局的机会时,才不致贻误战机。下面简单介绍一下基本杀法,使同学们得以全面掌握,以便在实战对局和比赛中灵活运用。

一、对面笑杀

当一方帅(将)占立中路时,利用双方帅(将)不得对面的规则做成杀势,称为对面笑杀。这在实战对局中是屡见不鲜的。例如(图10.3.1):

着法(红先):

车六平四　士5进6

车四进一　将6进1

炮二平四　车1平6

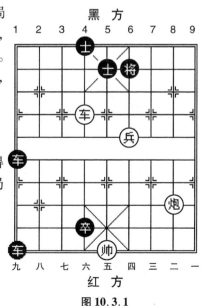

图10.3.1

兵四进一　将6退1
兵四进一　将6退1
兵四进一　（红胜）
红方弃车杀士后,用炮照将,但红方连续挺兵照将,直捣黄龙,黑将最后无处可退,负。

二、双车错

当一方将(帅)暴露在外时,对方利用双车分占两线前后照将(帅),可形成双车错杀势。例如(图10.3.2):

着法(红先):

车八进九　士5退4

车四进五　将5进1

车八退一　（红胜）

此例黑方多子占优,双车炮俱占要位,一步入杀,但红方双车位置更好,可借帅力用双车错杀势抢先入局。

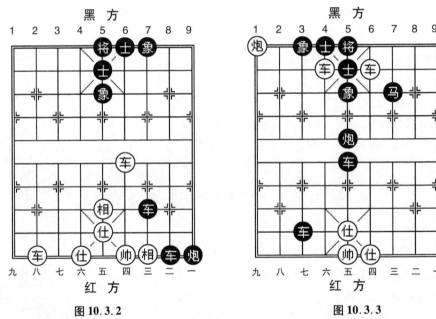

图10.3.2　　　　　图10.3.3

三、双车胁士杀

当一方以双车侵入对方九宫两肋时,利用弃车强行杀士构成杀局,称双车胁士杀。这在实战对局中也极为常见。例如(图10.3.3):

着法(红先):

车四平五　将5平6

车六进一杀！（红胜）

如黑方改走马7退5或炮5退3,红车六进一杀！

此例黑双车炮构成杀势,但红方先走一步,以双车胁士杀。

四、挂角马杀

借助中炮、中车或将、帅镇中的力量,牵制对方中士的活动,然后用马到对方士角挂角将军,把对方将死的杀法称挂角马杀势。例如(图10.3.4):

着法(红先):

马三进四　将5平4

车五平六杀!(红胜)

五、八角马杀

用以在对方士角挂角将军,把对方的将逼到与挂角马成对角位置,即成"八角马"。这时再用车或其他棋子从纵向或横向照将,即成八角马杀势。例如(图10.3.5):

着法(红先):

马二进四　将5平4

车三平四　士5退6

车五进三杀!(红胜)

此例双方对杀,红方借先行之利,马挂角成八角马,然后弃车杀士,引离中士,借八角马的威力,用车照将成杀。

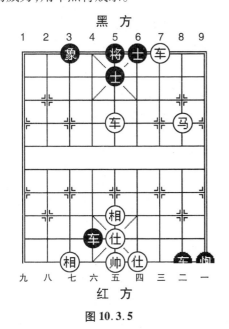

图10.3.5

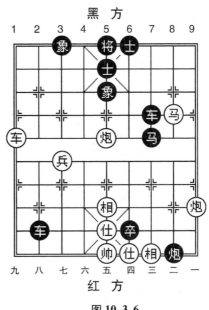

图10.3.6

六、卧槽马杀

把马跳到对方下二路横线、三、七路竖线位置将军,叫卧槽马。这时如有车或其他棋子配合,可成卧槽马杀势。这是实战中常见的杀法之一。例如(图10.3.6):

着法(红先)：

炮一进七　车7退3

马二进三　将5平4

车九平六杀！(红胜)

此例双方对杀，红方先行一步，用沉底炮照将栓车，然后用卧槽马杀。

七、钓鱼马杀

马在三七线路，与将(帅)之间的相对应位置状如"双象连环"，称为"钓鱼马"。例如(图10.3.7)：

着法(红先)：

兵四进一　将5平6

马五进三　将6平5

车一进五　(红胜)

本局红马五进三即为"钓鱼马"。

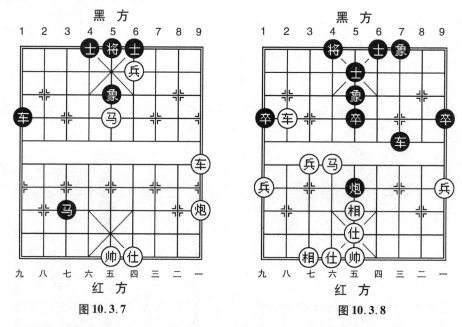

图10.3.7　　　　　　　图10.3.8

八、侧面虎杀

一方的马与对方的将(帅)之间的相对位置如"双士连环"，称为"侧面虎"。这是中残局阶段运用车马进行攻杀的一种凶狠着法。例如(图10.3.8)：

着法(红先)：

车八进三　将4进1

马六进七　将4进1

车八退二　(红胜)

九、勒马车杀

勒马车也称"立马车"。马与对方将(帅)分别在相邻的两条线上，马控制将(帅)在纵线上

的活动,再以车横向照将,使其不能上下移动而将死对方。例如(图10.3.9):

着法(红先):
车六进五　士5退4
马八退六　将5进1
车二进四　(红胜)

黑方花心士被调开,"九宫"角失去了防守,红马得以挂角闯宫。

十、双马饮泉

双马饮泉俗称"打滚马"。双马方先把一个马跳到对方下二路横线,竖二、八线的位置控制将门的一侧,而另一只马则挂着这只马卧槽,利用抽将吃象退马中路,然后再到另一侧卧槽成杀。例如(图10.3.10):

着法(红先):
马九进七　将5平4
马九退五　将4平5
马五进三　(红胜)

如黑方改走将5进1,红方马五退七亦胜。

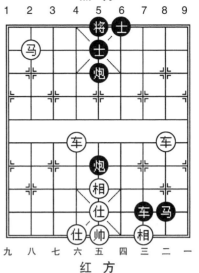

图10.3.9

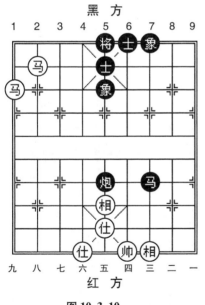

图10.3.10

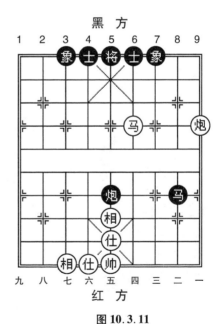

图10.3.11

十一、马后炮杀

先用马控制住对方的将(帅),然后再用炮在马后照将,以杀死对方的杀势叫马后炮杀。这是在实战中司空见惯的杀法。例如(图10.3.11):
着法(红先):

马四进三　将5进1
炮一进二　（红胜）
着法(黑先)：
马8进6　帅五平四
炮5平6　（黑胜）
本例红先红胜,黑先黑胜,都是构成马后炮杀势。

十二、重炮杀

用一个炮作炮架,另一个炮照将,把对方将死,或用前炮照将,后炮控制,把对方将死的杀法叫重炮杀。例如(图10.3.12)：

如红先,炮七平五,即成重炮杀！如黑先,炮8进3,亦成重炮杀！

十三、天地炮杀

一炮镇中,另一炮沉入对方底线,用车配合双炮成杀,叫天地炮杀势。例如(图10.3.13)：

着法(红先)：
炮八进七　将5平6
车六平四　将5平6
帅五平四　车8退4
车四进四杀！（红胜）

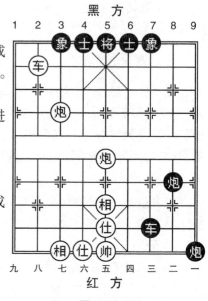

图 10.3.12

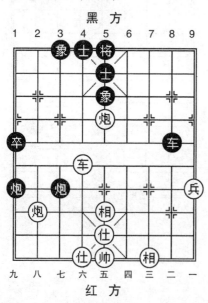

图 10.3.13

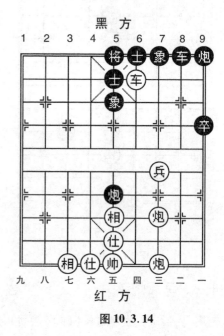

图 10.3.14

十四、闷宫杀

用炮借助对方双士自阻将帅,把对方中宫将帅将死的杀法叫闷宫杀。例如(图10.3.14):
着法(红先):
车四平二　车8进1
前炮进七　象5退7
炮三进九　(红胜)
此例黑方如不吃车,丢车后亦负。

十五、闷杀

在闷式杀法中,除了利用对方双士自阻将(帅)路用炮造成的闷宫杀外,还有采取弃子堵塞战术,有意识地阻塞对方将(帅)路造成各种闷杀。它们与闷宫杀有异曲同工之妙。例如(图10.3.15):
着法(红先):
车七平四　士5进6
车四平五　士6退5
仕五进四　士5进6
车五进六　车5进1
仕四退五闷杀!
此例中红方弃车花心,造成对方自阻将路,遂成炮的闷杀。

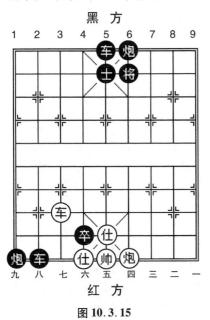

图 10.3.15

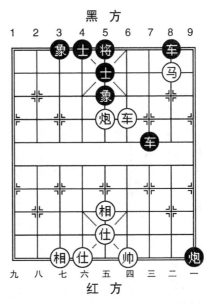

图 10.3.16

十六、铁门栓杀

用炮镇住对方中路的士象,再用车将死对方的杀势叫铁门栓杀。例如(图10.3.16):
着法(红先):

马二退四　将5平6
马四进三　将6平5
（红马借闪将之机跳入对方底线，拦住黑车，从而为红车沉底照将做好准备）
车四进三　（红胜）
此例中黑方多子，但红利用炮镇中路的有利形势，以铁门栓杀。

十七、海底捞月杀

海底捞月杀法一般用于残局阶段。这时，优势一方帅（将）占据中线，用炮借助车力在将（帅）底下打车，把对方守肋的车赶开，造成白脸将杀势。有时，优势一方有底兵支持中车，亦可对单车方采用海底捞月杀法。例如（图10.3.17）：

着法（红先）：
车五进五　将4进1
炮二平八　车4平2
车五退五　车2平4
炮八进五　车4退1
车五进四　将4退1
车五进一　将6进1
炮八平六　车4平3
车五退六　将4退1
车五平六　（红胜）

此例中红方多一炮，且红车已经占中，可用"海底捞月"杀法取胜。如黑车占中，则成和局。

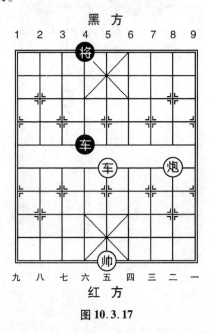

图 10.3.17

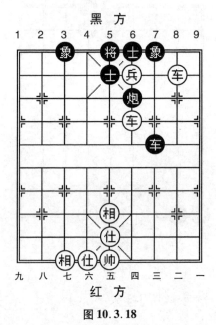

图 10.3.18

十八、三车闹士杀

残局阶段,一方的双车一兵入对方九宫攻击对方的士,因其攻击力相当于三个车,故名"三车闹士"。例如(图10.3.18):

着法(红先):

车四平七　象3进1
车七平五

以下黑破中士,红胜。

如黑象3进5,则车七平五,攻击中象,红方亦胜。

第四节　中国象棋开局类型

象棋的每一局棋可分为开局、中局、残局三个阶段。但这只是为了理论研究的方便,实际上,三个阶段没有明显的界限,它们之间既有内在的联系,又保持相对的独立。

象棋开局是整个对局过程的最初阶段,它的主要任务是调动子力,协同作战,争先占位,组成最理想的攻守阵容,争取棋局的主动权;同时抑制对方棋子效力的发挥,限制对方子力的协调和展开,为中局战斗创造有利条件。简单地说,开局的任务就是部署子力,争夺主动。

开局阶段一般指对局开始的8~12回合,在正常情况下,双方主力都已出动,形成一定的攻守阵势,开局阶段即告结束。

开局是全局的基础,开局为下一阶段的中局战斗进行阵地准备和部署。开局形势的好坏,直接影响中局,甚至全局的胜负。因此,从第一着起,就要有坚强的信念、明确的目标、切实可行的计划和灵活机动的策略,去动员子力,争先占位,把握棋局斗争的主动权。

开局的种类很多,划分不一。从阵形看,开局可分正奇两大类型。正型,指流行开局或热门开局。奇型,指冷门开局。就战略战术讲,开局又分为对攻型、防御型、稳健型三大体系。按第一着棋讲,又可分为"炮""马""兵""相"四大类。其中以"炮"类开局为最多。

开局包括"先手"与"后手"两个方面。先手方一般采用进攻型或稳健型,后手方多采取对攻型或防御型。

由于开局与中局之间没有明显的界线,所以介绍开局法时,以名称与内容相符为原则,至于岔道上的变着,因其变化复杂,篇幅所限,就不一一列举了。

一、中炮类

中炮,也称"当头炮",先手第一着走"炮二平五"或"炮八平五",因炮在中线位置,故名。

(一)顺手炮

简称顺炮,因双方的炮为同一方向,故名。这种开局的特点是:对攻激烈、针锋相对、变化复杂。双方开局的基本型(图10.4.1):

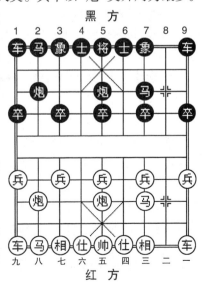

图 10.4.1

炮二平五　炮8平5
马二进三　马8进7

从第三回合起,因双方车的位置各异而形成不同的开局。

1. 顺炮直车对横车(图10.4.2)

炮二平五　炮8平5
马二进三　马8进7
车一平二(直车)　车9进1(横车)

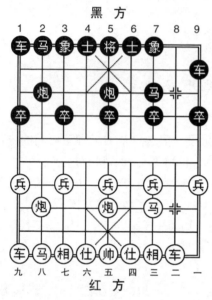

图10.4.2

2. 顺炮横车对直车(图10.4.3)

炮二平五　炮8平5
马二进三　马8进7
车一进一(横车)　车9平8(直车)

红方从第三个回合先起横车,是一种趣向,总之,我直彼横,我横彼直,孰优孰劣,无可厚非,关键在于运用。

3. 顺炮直车对缓开车(图10.4.4)

炮二平五　炮8平5
马二进三　马8进7
车一平二(直车)　卒7进1

此开局的特点是:红方直车已出动,而黑方主力却按兵不动,一改对攻初衷,坚守阵地,寓攻于守。

小结:"顺手炮"开局具有悠久的历史,早已形成比较完整的体系。三回合后,几乎着着有变。尤其自象棋列入体育竞赛后,数十年间,广大棋手推陈出新,又创造出一系列新阵式。

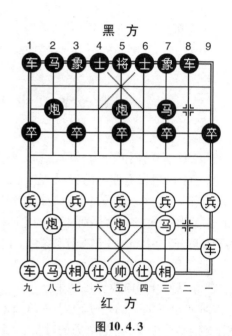

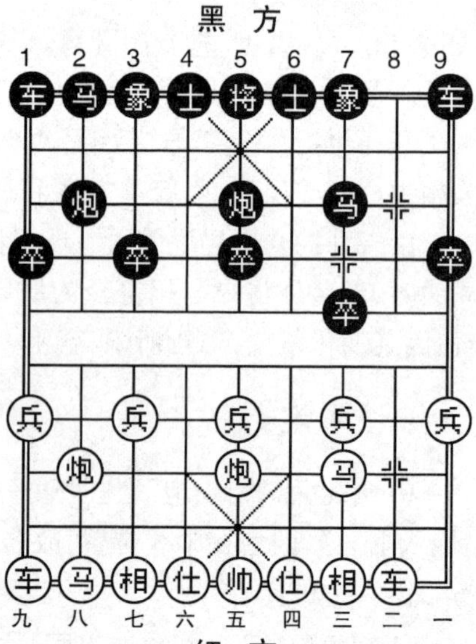

图10.4.3

图10.4.4

(二) 列手炮

简称"列炮",也叫"逆手炮",双方第一着炮相对而行,故名。其特点是:双方子力都集中于一侧,往往构成对称式阵形,各攻一侧进行激烈搏杀。

双方开局的基本型(图10.4.5):

炮二平五　炮2平5

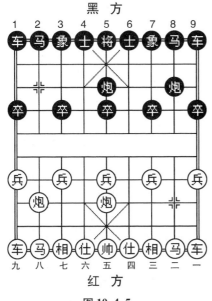

图10.4.5

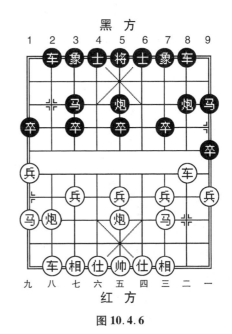

图10.4.6

1. 大列手炮(图10.4.6)

炮二平五　炮2平5
马二进三　马8进9
车一平二　车9平8
马八进九　马2进3
车九平八　车1平2
兵九进一　卒9进1
车二进四

黑方学步,阵形对称,理论上总亏一步。由于此局各攻一面,另一面必然空虚,双方子力均不平衡,故对攻如履薄冰,一着不慎,即露败象。

2. 小列手炮(图10.4.7)

炮二平五　炮2平5
马二进三　马8进7
车一平二　车9平8
车二进六　炮8平9
车二平三　车8进2

大、小列手炮之别,主要在于黑方第二回合不屯边马而跳正马,其意是:诱红车深入,在防守中调整阵形,伺机反击。其对攻速度较上局稍缓。

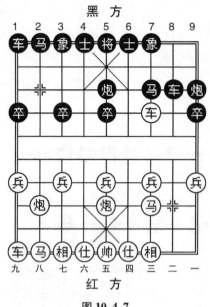

图 10.4.7

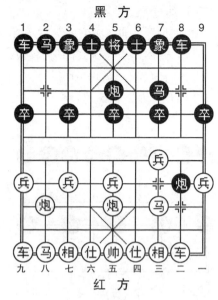

图 10.4.8

3. 半途列炮（图10.4.8）

也称"后补列炮"或"现代列炮"。黑方一改先摆列炮的次序，改为先跳马通车，再架中炮，故名。

炮二平五　马8进7
马二进三　车9平8
车一平二　炮8进4
兵三进一　炮2平5

小结：由以上介绍不难看出，"列手炮"已由原来的单一型发展到多样型，从速战到相持，局势千姿百态，内容丰富多彩。

（三）中炮对屏风马

前面提到的"顺手炮"和"列手炮"在"中炮类型"中纯属"斗炮型"系统；而"中炮对屏风马"则属于"炮马争雄"系统，也是最实用的系统之一，自古至今，都称得上是象棋开局的主流。因其刚柔相济，攻守兼备，故无论先走或后走，多乐意采用。黑方双进正马，状如屏风，故名。

双方开局的基本型（图10.4.9）：

炮二平五　马8进7
马二进三　马2进3

1. 中炮盘头马对屏风马（图10.4.10）

炮二平五　马8进7
马二进三　马2进3
马八进七　卒3进1
兵五进一　士4进5

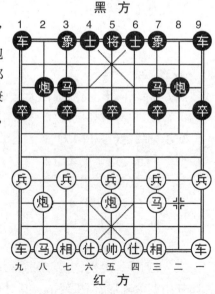

图 10.4.9

车一平二　车9平8
车二进六

红方双马意在中路连环盘头而上,从中路发起攻势,红车过河,避免黑方进炮封车。至此,黑方大体有四种选择:马3进4、炮8平9、卒7进1、炮2进1。

中炮盘头马对屏风马开局,双方子力接触紧密,容易兑子成和,故先手方多不采用。

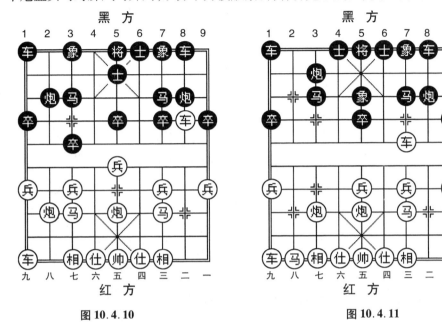

图 10.4.10　　　　　　　　图 10.4.11

2. 中炮巡河车对屏风马(图 10.4.11)

炮二平五　马8进7

马二进三　马2进3

车一平二　车9平8

车二进四　卒3进1

兵七进一　卒3进1

车二平七　炮2退1

炮八平七　炮2平3

车七平三　卒7进1

车三进一　象3进5

此局是有名的"弃马陷车局",其对攻激烈,变化复杂,但总的来说,黑方由此反先主动。

以下红方有三种选择:车三进二,吃马,将计就计,铤而走险;车三进一,黑方活跃占先;车三退一,黑方亦活跃占先。

3. 中炮过河车对屏风马(图 10.4.12)

全称应为"中炮过河车进七兵对屏风马平炮兑车"。由于急进过河车能够演绎出多路变化,因而一度成为大赛中"马炮争雄"的开局主流。由于各人风格迥异,对手不同,所以在基本型后又可因人而异演变成不同的攻防阵式。

炮二平五　马8进7

马二进三　马2进3
车一平二　车9平8
车二进六　卒7进1
兵七进一　炮8平9
车二平三　炮9退1

以下红方有马八进九、兵五进一、马八进七等走法,每一种走法都可以导演出许多生动壮观的变化,国内有这方面的专著。

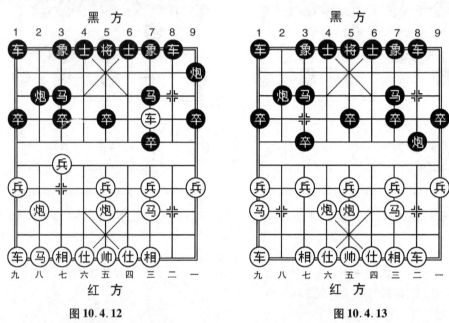

图10.4.12　　　　　　　图10.4.13

4. 五六炮对屏风马(图10.4.13)

五六炮,指先手一方一炮在中路,另一炮在六路士角,故名。此类布局属于稳健型缓攻。

炮二平五　马8进7
马二进三　马2进3
车一平二　车9平8
马八进九　卒3进1
炮八平六　炮8进2

至此,形成"五六炮对屏风马"阵式,以下红方主要有两种选择:兵三进一、兵七进一(先弃后取)。

5. 五七炮对屏风马(图10.4.14)

先手一方将一炮走在中路(即五路),另一炮走在七路,故名"五七炮"。

炮二平五　马8进7
马二进三　马2进3
车一平二　车9平8
兵三进一　卒3进1
马八进九　象3进5

炮八平七　马3进2

这种开局的特点在于两翼平衡、攻守兼备,为广大棋手所喜用。

至此,红方主要有两种选择:车九进一、马三进四。

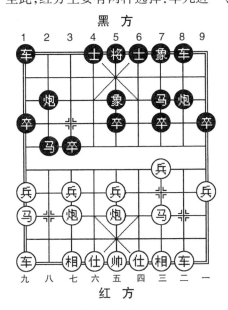

图10.4.14　　　　　　图10.4.15

6. 五八炮对屏风马(图10.4.15)

先手方炮置中路,另一炮急进过河,称为"五八炮",也称"中炮过河炮"。

炮二平五　马8进7

马二进三　马2进3

车一平二　车9平8

兵三进一　卒3进1

炮八进四

此开局灵活多变,红方飞炮过河,意在下步压黑方三路马或七路马,由此引起一系列攻防变化。

至此,黑方主要有两种选择:卒1进1、象3进5。

7. 五九炮对屏风马(图10.4.16)

先手方一炮在五路,另一炮在九路的开局称为"五九炮",也可称"中炮边炮"。这种布局因双方子力比较通活,大子互有联系,一旦短兵相接,对攻态势明显,所以是一种互有顾忌、各具长短的阵式。正因为其变化复杂,对攻激烈,近30年间一直为进攻棋手所乐用。

炮二平五　马8进7

马二进三　马2进3

车一平二　卒7进1

车二进六　车9平8

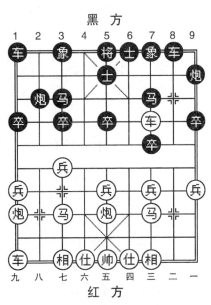

图10.4.16

兵七进一　炮8平9
车二平三　炮9退1
马八进七　士4进5
炮八平九

至此,黑方主要有两种选择:炮9平7、车1平2。

小结:"中炮对屏风马"开局,在对付强劲猛烈的"当头炮"进攻时,"屏风马"以静制动,以柔克刚,应付自如。这也正是"屏风马"数年来长盛不衰的原因。上面介绍的,只不过是有代表性的布局阵式。

(四) 中炮对反宫马

"中炮对反宫马"是古老布局之一,长期以来,因后手方大多吃亏,故"反宫马"布局长时间被冷落。直到近30年,当代棋王胡荣华悉心钻研,推陈出新,才使"反宫马"重新得到人们的青睐,并逐步形成一支庞大的布局体系。在对付"中炮"的应用程度上,其已与作为当代布局主流的"顺手炮"和"屏风马"形成鼎足之势。

"反宫马"与"屏风马"的区别,就在于两个马之间夹一士角炮,所以又称"夹炮屏风"或"半壁河山"。其变化复杂,反弹强烈。这里介绍几例比较典型的开局阵形。

双方开局的基本型(图10.4.17):

炮二平五　马2进3
马二进三　炮8平6
车一平二　马8进7

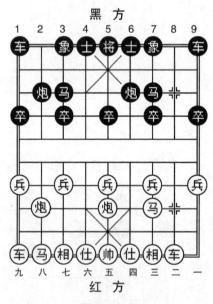
图 10.4.17

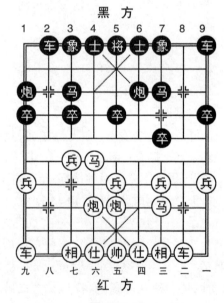
图 10.4.18

1. 五六炮对反宫马(图10.4.18)

炮二平五　马2进3
马二进三　炮8平6
车一平二　马8进7
炮八平六　车1平2

马八进七　炮2平1
兵七进一　卒7进1
马七进六

红方左马盘河,加快中路攻势;黑方平炮亮车,封锁红方左车。至此,黑方主要有三种选择:象7进5、士6进5、士4进5。

2. 五七炮对反宫马(图10.4.19)

炮二平五　马2进3
马二进三　炮8平6
车一平二　马8进7
兵三进一　卒3进1
马八进九　象7进5
炮八平七　车1平2
车九平八　炮2进4

五七炮对反宫马右炮过河是近些年来极为流行的布局,曾在历届全国比赛及重大比赛中屡屡出现,很受棋手喜爱。

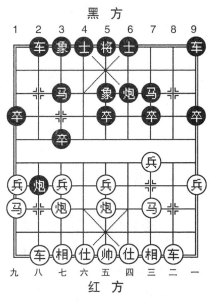

图10.4.19

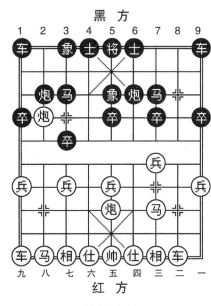

图10.4.20

3. 五八炮对反宫马(图10.4.20)

炮二平五　马2进3
马二进三　炮8平6
车一平二　马8进7
兵三进一　卒3进1
炮八进四　象7进5

红方八路炮过河,意在打卒压马,通活左车;黑方飞象,巩固中防。至此,红方大致有三种选择:车二进六、马八进七、炮八平三。

小结:反宫马对抗中炮已是当代最流行的开局之一,特别是近几年,双方的攻防战术越发深化,阵形琳琅满目,举不胜举。

(五)中炮对单提马

对付中炮,除比较流行的"顺手炮""屏风马""反宫马"外,"单提马"也是使用较多的一种阵形。

单提马的特点是:各子有根,紧密互保,先求自保,后发制人,但中卒只有一马保护,中线比较薄弱。下面介绍横车型的一种阵式(图10.4.21):

炮二平五　马2进3
马二进三　马8进9
车一平二　车9进1
马八进七　炮8平6
炮八平九　象3进5
车九平八　车1平2
车八进六　车9平4

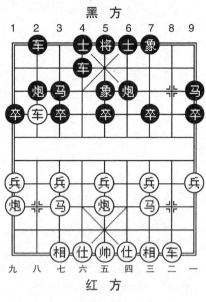

图10.4.21

至此形成"中炮对单提马"阵式,由于单提马通常比较吃亏,故在实战中一度被冷落。

二、马相兵类

起手第一步不走中炮而走马、相、兵或者偏头炮,均归"马相兵类"。如果说"中炮类"基于先发制人的战略思想,那么"马相兵类"则是后发制人的思想体现。事实上,越是平淡无奇,棋越难下,拙中藏巧、伤于无形正是此类布局的主要特点。

(一)飞相局

第一步上相,除巩固阵地外,还有静观其变、相机行事的深意,或攻或守,取决于对方的应手。就先手而言,目前除中炮局外,飞相局成为最流行的布局。

对付先手飞相,黑方主要有如下几种方案:

1. 飞相局对左中炮(图10.4.22)

相三进五　炮8平5
马二进三　马8进7
车一平二　车9平8
马八进七

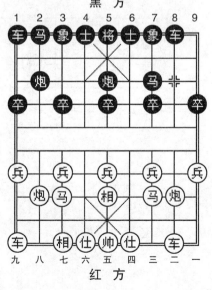

图10.4.22

对付飞相局,黑方左炮镇中是比较常见的阵形,力图强攻夺得主动权。短短几个回合中,已形成反向"先手屏风马对后手中炮"的布局形式。对红方来说,能否取得先行之利,就在于如何发挥起"相"这步棋的作用了。

至此,黑方大致有两种方案:马2进1、车8进6。

2. 飞相局对左过宫炮（图10.4.23）

相三进五　炮8平4
马二进三　马8进7
车一平二　马2进1
兵三进一　炮2平3
马八进九　车1平2
车九平八　车2进4
炮八平七

至此，黑方大致有两种选择：卒1进1、车2平8。

由于黑方以中炮应付飞相局易使红方布成"先手屏风马"，故改用"过宫炮"。所谓"过宫炮"，就是炮通过"九宫"置于士角位而言的，分"左炮过宫"和"右炮过宫"。近年来，通过优秀棋手不断研究与无数次的实践演习，以"过宫炮"应付"飞相局"已成为比较流行的布局体系。这里介绍的只是其中的一种阵式。

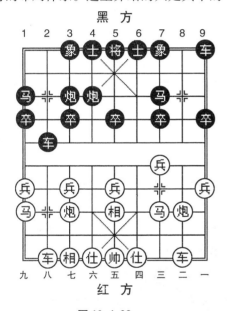

图 10.4.23

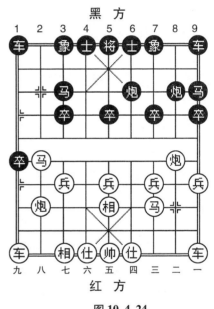

图 10.4.24

3. 飞相局对右过宫炮（图10.4.24）

相三进五　炮2平6
马八进九　马2进3
兵九进一　卒1进1
马九进八　卒1进1
马二进三　马8进9
炮二进二

红方弃兵而跃边马，争取运子速度，虽短短数回合，红方各大子的灵活性显然要好于黑方。至此，黑方主要有两种选择：卒1进1、卒3进1。

小结：自从当代棋王胡荣华将"飞相局"推陈出新、重放光彩后，棋界群雄对如何应付"飞相局"进行了一系列的探索研究。除以上介绍的几种外，尚有不太流行的几种（仅指

第一步应手),如:

顺相局:象7进5,同方向飞相。

逆向局:象3进5,反方向飞相。

起马局:马8进7。

士角炮:炮8平6。

(二) 进兵局

也称"仙人指路"。起手第一着走"兵三进一",既开通马路,又试探对方应手,因棋路而定策略,意图莫测,变化多端,故名"仙人指路"。

针对红方的投石问路,黑方主要有以下几种方案:

1. 仙人指路对卒底炮(图 10.4.25)

"卒底炮"即针对红方挺兵,立即平炮威胁,也叫"小当头"或"一声雷"。

兵七进一　炮2平3

炮二平五　象3进5

马八进九　马8进7

马二进三　车9平8

兵三进一　炮8平9

红方先挺起兵后转中炮是针对黑方布不成"屏风马"而考虑的,它可以使红方稳居主动。

至此,黑方有两种选择:车8进4、士4进5。

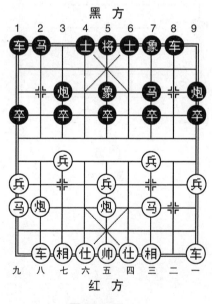

图 10.4.25

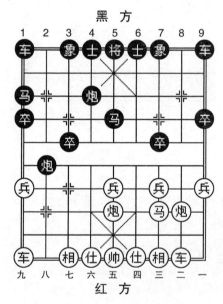

图 10.4.26

2. 仙人指路对过宫炮(图 10.4.26)

兵七进一　炮8平4

马二进三　马8进7

车一平二　马2进1

马八进七　卒7进1

马七进六　炮2进3
兵七进一　卒3进1
马六进五　马7进5
炮八平五

本局红方先弃后取,力求掌握主动,是否如意,关键在于黑方。至此,黑方有两种方案:象7进5,消极防御;车1平2,积极防御。

小结:"进兵局"的布局阵式众多,范围广泛。除上述介绍的以外,尚有"对兵局""起马局""飞象局""中炮局"等阵式,限于篇幅,就不介绍了。

(三) 过宫炮局

先手第一着走"炮二平六"或"炮八平四",因途经中宫,故名"过宫炮局"。其集双炮于一侧,又为车马开路,是一种构想精细、稳健缓进的布局,可起到以逸待劳、战和两便的效果。布此阵式者,往往以功力深厚为基础。红方应法较多,这里介绍常见的两种阵形。

1. 过宫炮对当头炮(图10.4.27)

炮二平六　炮8平5
马二进三　马8进7
车一平二　车9进1
车二进六　车9平4
仕六进五　马2进3
车二平三　卒5进1
兵三进一　马3进5

至此,红方大致有两种选择:炮八进四、马三进四。

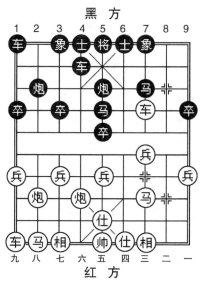

图10.4.27

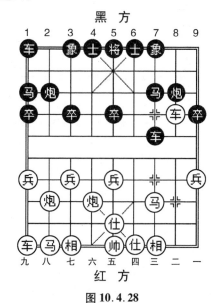

图10.4.28

2. 过宫炮对过宫车(图10.4.28)

炮二平六　车9进1
马二进三　车9平4
仕六进五　马8进7

车一平二　车4进3
兵三进一　卒7进1
兵三进一　车4平7
车二进六　马2进1

至此,红方大致有两种选择:相七进五、兵九进一。

小结:先手"过宫炮局"是比较工稳的布局之一,它立足于不败,着眼于寻隙,攻则乘机,守则牢固,决胜于中残局。

(四)起马局

先手第一步走"马二进三"或"马八进七",称为"起马局"。其不攻先守,稳中求变。采用此开局的棋手,主要想避开熟路,较量功力。其目前尚无规律可循,亦无套路可用,故实战应用不多,属奇型开局。

应付"起马局"的常见着法是"中炮"和"挺卒",分别介绍如下:

1. 起马局对还中炮(图10.4.29)

马二进三　炮8平5
马八进七　马8进7
兵三进一　车9平8
车一平二

此时,阵形突变,已成先手"屏风马对当头炮"开局。屏风马应付当头炮是最稳健的布局,何况是先手屏风马,其效力可想而知。

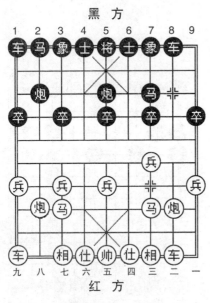
图10.4.29

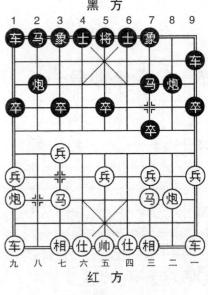
图10.4.30

2. 起马局对挺兵局(图10.4.30)

马二进三　卒7进1
兵七进一　马8进7
马八进七　车9进1
炮八平九

红方开局从容,以逸待劳,在大赛中一般为高手所乐用。

(五)士角炮局

先手第一步走"炮二平四"或"炮八平六",因炮置于士角,故名。"士角炮"的战略方针在于先守后攻,迷惑对方;在战术上,又可随时变化为先手"反宫马""单提马"以及"五四炮"。尽管目前尚未形成一定的体系,其变化规律尚在探索,也许正是如此,"士角炮"才方兴未艾,前景乐观。例如:

士角炮对还中炮(图10.4.31)

炮二平四　炮2平5
马八进七　马2进3
马2进3　马8进9
车九平八　车9平8
车一平二　车1平2
炮八进四　卒3进1
车二进五

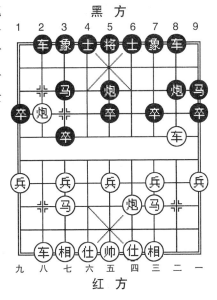

图 10.4.31

红方是先手"反宫马"型,柔中有刚,稳步进取。

结束语:象棋开局,博大精深,很难一一论及,以上介绍的棋局虽属基本常型,但也只是主要代表而已,何况还有一些冷门开局,如"边兵局""边马局"等。总之,各种开局含有很多阵法,每一阵法又含有很多变化。当然,这是象棋爱好者以后研究的课题。本节只希望通过对开局的起手和基本型的简单介绍,使同学们了解各种开局的来龙去脉。

第五节　中国象棋残局基础

棋局进展到残局阶段,除了有时形成连杀的杀局外,也常常出现非连杀性的例胜残局定式和例和残局定式。初学者必须首先掌握基本的残局。

一、兵类残局

(一)兵相巧胜单士

一般来说,兵对士不一定能胜,但如图10.5.1所示局面,红方有停着可以巧胜。

帅五进一　士4退6
兵五平六　将5进1

黑如改走将5平4,则帅五平六,士6进5,兵六进一,将4平5,帅六平五,士5进6,帅五平四,士6退5,相五退七,士5进6,帅四进一,将5平6,兵六平五,红胜。

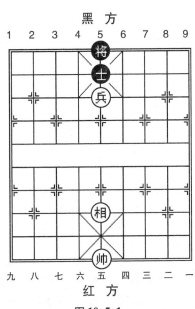

图 10.5.1

帅五平四　将5退1
兵六进一　士6进5
相五退七　士5进4
帅四进一　士4退5
帅四平五　将5平6
兵六平五

红兵吃士后,成独卒擒王必胜定式。

如图10.5.1所示形势,如改黑方先行,也是红胜,取胜的方法是:等黑落士后,兵从无士的一侧挺进,帅在另一侧控制黑将。

(二)三高兵必胜士象全

如图10.5.2所示,胜法是兵分左右两路塞象眼,最后以兵换士取胜。

兵四平三　士5退4
兵三进一　士6进5
帅五平四　士5退6
兵三平四　象5退3
兵四进一　士4进5
兵六平七　将5平4
帅四平五　象7进9
兵五平六　象9进7
兵七进一　象3进1
帅五平六　象1进3
兵六进一　象3退1
兵六进一　将4平5
帅六平五　象7退5
兵七进一　士5进4
帅五平四　士6进5
兵六平五　士4进5
兵七平六　士5退6
帅四平五　象1进3
帅五平六　士6退5
兵六平五　(红胜)

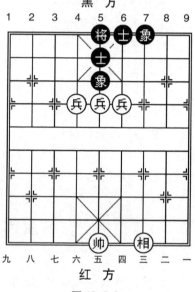

图10.5.2

二、马类残局

(一)马对单士必胜

例如(图10.5.3):

马四退五　将4进1

黑方不得走将4退1,因有马五进七照将抽士。

马五进三　士5进6

黑如走士5退4,则马三退二!将4退1,马二进四,很快就能吃到黑士。

马三退四！ 士6退5

黑如走将4退1，则马四进六捉死士。

马四进六　士5退6

马六进八　士6进5

马八进七照将抽士　（红胜）

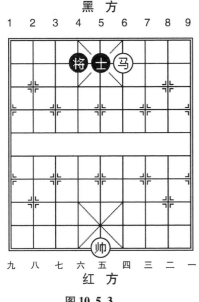

图 10.5.3

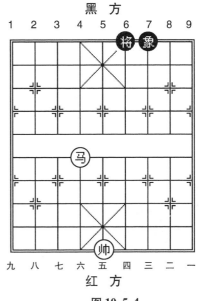

图 10.5.4

(二) 单马对单象

马对单象有胜有和。当象和老将在同一侧翼，同时红马能控制象不能飞到中线时，马方可胜。当象和将不在同一侧翼时，一般可成和局。

如黑方的象和将在同一侧，红马可控制黑象不能飞中，红先可胜（图10.5.4）。

马六进四！　将6进1

马四退二　　将6进1

马二进三

下着黑非送象不可，红胜。

如黑象和将分居两翼，若不走错，红方无法取胜（图10.5.5）。

马六进七　将6进1

马七进八　将6退1

马八退六　象3进5

此着如误走象3进1，则帅五进一，黑象被迫送吃。

帅五进一　将6进1

马六退五　将6退1

红马始终吃不到黑象，成和局。

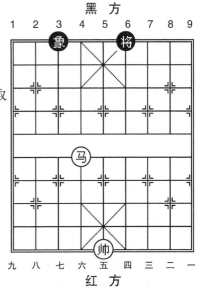

图 10.5.5

三、炮类残局

(一) 炮士必胜双士

例如(图10.5.6)：

炮四平五　士5退4
仕六退五　士4进5
帅四平五　将5平4
仕五进六　将4平5
炮五平二　将5平4
炮二进九　将4进1
帅五退一　士5进4
炮二退九　将四退一
炮二平六　士6进5
帅五进一　将4平5

针对红炮的等着,黑方只有老将平中,如改走将4进1,仕六退五闷宫杀。

炮六进七

破士后红方胜定。

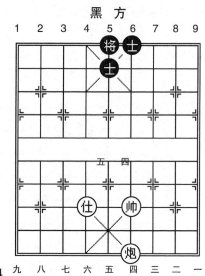

图 10.5.6

(二) 炮高兵胜单象

炮高兵胜单象,办法是左兵右帅,炮塞象眼(图10.5.7)。

帅六平五　将6平5
帅五平四　将5进1
兵五平六　将5进1
炮二平八　将5退1
兵六进一　将5退1
炮八进四　将5进1
炮八平六　将5退1
兵六进一　象3退1
炮六平八　象1退3
炮八进二

黑方无子可动,成困毙。

四、车类残局

(一) 单车胜双象

胜法是逼对方的底象飞到河口,后用车迎头照将,乘势扫掉河口象,接着再收拾孤象(图10.5.8)。

车四进二　将5进1
帅四平五　象3进1

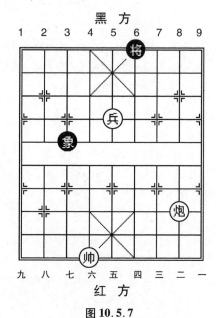

图 10.5.7

车四平九　象1进3
车九平七　将5平4
黑如将5平6,胜法亦同。
车七平5　象5进七
车五退四

以下不论黑方哪一个象回中,红车迎头照将,即可吃掉黑象。于是成单车必破单象的例胜定式。

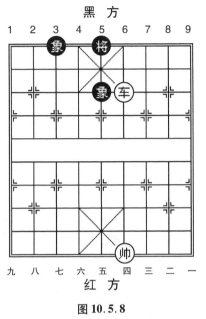

图 10.5.8　　　　　　　图 10.5.9

（二）单车胜双士

例如（图10.5.9）：

车五平四　将5平4
车四平八　士5进6
帅五平六

以下黑如走将4平5,则车八进三,将5进1,车八平六捉死"羊角士",红胜;如将4进1,则车八进一,士6退5,车八进一,将4退1,车八平五吃中士,黑无子可动,红胜。

第六节　中国象棋基本战术

在预定的战略计划下,灵活运用各种战术,进行战术攻击或战术防守,这是象棋对局中争胜或谋和的重要手段。对于象棋初学者来说,基本战术的训练无疑是一项必修的基本功,只有全面掌握各种基本战术,才能在对局的各个阶段中灵活运用。

象棋的基本战术有很多种,分别体现各种独特的战术思想。下面简单介绍几种最常见的基本战术。

一、捉双

"捉双"是象棋残局战斗中常见的基本战术,几乎每局棋里都能运用。从战术分类看,捉双实质上是击双或双重攻击的一种,其特点就是攻击的目标对准对方的两个棋子或兵。从战术主题思想看,捉双就是中国古代兵法上常常提到的"一箭双雕"。

捉双的战术结果常常是一方得子,一方失子。因此,它是谋取子力优势的常用手段。

如图10.6.1所示,红炮镇住当头,给红车捉双创造了有利的条件。

车四进二　马8进7
车四退五　炮7退2
车四进二　将5平4
车四平六　将4平5
车六平三

红方得子胜。

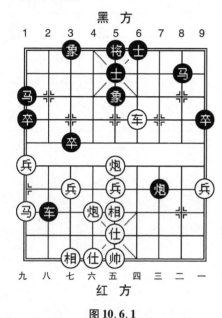

图 10.6.1

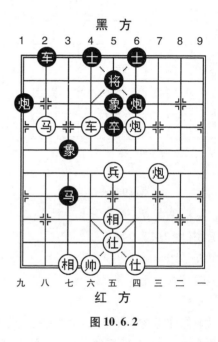

图 10.6.2

二、双重威胁

一方活动一子以后,同时给对方两个方面的威胁,如一面捉子,一面胁以将死或同时从两个方面给以将死的威胁等,叫"双重威胁"。

因为有将死对方的威胁,双重威胁的战术结果就不仅仅限于一方得子,一方失子,而往往成一方获胜,一方败北。

如图10.6.2所示,双方子力相等,但红方子力位置优越,处于攻势,轮红方先行时,红方采用双重威胁战术,结果成杀。着法如下:

车六进二　将5进1
车六平四　…………

双重威胁:一面胁以进马卧槽将杀,一面胁以炮沉底线后的双将杀。

………… 车2进3

如黑士4进5,红炮三进五闷宫杀！如黑士6进5,则马八进七杀！

炮三进五　士6进5

车四进一　双将杀！　（红胜）

三、闪击

闪开一子后露出后面的棋子向对方进行攻击的着法称为"闪击"。这种战术在实战对局中颇为常见,适于车炮马等子配合运用,有时也可由车炮与相（象）、兵（卒）等配合实施。由于闪开的棋子常常同时起着捉、献或拦等作用,因此,实际上起着双重威胁的作用,使对方顾此失彼,难于防范。例如（图10.6.3）：

车八平二　…………

典型的闪击着法,平车一着起到腾挪闪击、移花接木、解杀还杀的作用,着法饶有趣意。

…………　车8进5

黑进车吃车,只能解除由闪击造成的两种威胁中的一种,顾此失彼,防不住对方炮沉底线后的杀着。

炮八进七　象3进1

如黑改走士5退4,红车六进一,将5进1,车六退一杀,红胜。

车六进一！将5平4

兵六进一　将4平5

兵六进一

最后红方弃车引将,再冲兵连将,造成双将杀。

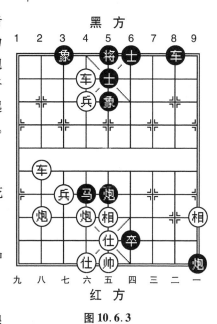

图10.6.3

四、闪将

闪开一子露出后面的棋子向对方将（帅）照将的着法称为"闪将"。这种战术在实战中也是十分常见的,适于车马炮相等各种子力在战斗中的配合运用。它是"闪击"的一种特殊形式,所不同的是对方必须立即应将。如果闪开的棋子同时给对方造成捉吃或其他威胁,这时的闪将即成抽将。

如图10.6.4所示,黑方多子占优,以下黑炮沉底、卒吃士等的杀着,但由于红方走棋,红方采用调虎离山、照将顿挫等战术,最后造成车马闷杀。

炮三进三　士6进5

车七进一　将4进1

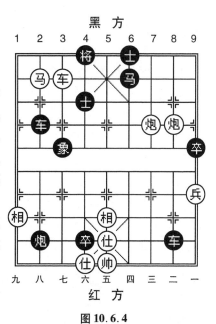

图10.6.4

炮二平六　车2平4
车七退一　将4退1
车七平五　（红胜）

五、抽将

一方走动一子以后,同时攻击对方两个目标,一面照将或解将还将,一面捉吃对方棋子或拦截选位,改善子力位置,这种着法叫"抽将"。对方为了应将,不得不放弃被抽吃的棋子,蒙受子力损失,或者任凭对方抽动的棋子选占有利位置,封阻拦截,解将还将、解杀还杀。

例如（图10.6.5）：

炮七进五　士4进5

黑方不能象5退3,因有车一平三杀。

炮七平三

以下如黑车8进5照将杀,红炮三退九,解将还将,车8退9,炮三进四,车8平9,炮三平四,将6平5,车七进一杀,红胜。再如,象5退7去炮,红车一平三,将6进1,炮五平四杀,红胜。

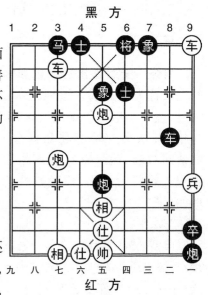

图10.6.5

六、引离

用弃子或兑子手段强制地将对方某个棋子引离重要的防御位置,这种战术叫"引离"。它的战术主题思想其实就是兵法中常见的"调虎离山"计。不过,引离是强制性的,对方不得不应。

引离战术的运用常和照将、要杀、捉子、牵制等强制性的着法结合在一起。

如图10.6.6所示,双方对杀,红方先行,采取弃子引离和吸引战术,连续弃去双车一兵,最后跃马照将,构成马后炮妙杀。

车六进三　士5退4
车九平四　将6进1
兵三平四　将6进1

如黑改走将6退1,则炮一平四杀。

马三进五　将6退1
马五进三　将6退1
马三进二　将6进1
炮一进二　（红胜）

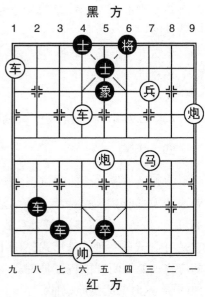

图10.6.6

七、吸引

一方用弃子或兑子手段强制地将对方的将(帅)或某个棋子吸引到易受攻击或自相堵塞的位置,这种战术叫"吸引"。在实战对局中,它和"引离"战术一样,十分常见,而且常常和照将、要杀、捉子、封锁、堵塞等战术结合运用,因此,常使对方不得不应。同时,吸引战术还常和引离战术配合使用,达到攻杀入局的目的。

如图 10.6.7 所示,红方采取弃子吸引战术将黑将引至 6 路,然后以车马炮配合成杀。

车四进一　将 5 平 6

黑方不能走士 5 退 6,因红有马五进三杀。

车六进一　将 6 进 1

马五退三　将 6 进 1

车六退二　象 3 退 5

车六平五　（红胜）

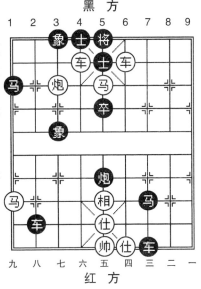

图 10.6.7

八、堵塞

对局中的一方采取弃子手段使对方子力自行阻塞其将(帅)出路,或者运子阻塞象(相)眼、象(相)路及破坏双象(相)联络的战术叫"堵塞"战术。它是象棋残局中常用的基本战术之一,常常导致各种型的闷杀。

如图 10.6.8 所示形势,双方子力相当,但黑缺士露将,处于被动受攻局面。红方借先行之利,采取堵塞战术,抢先入局。

车四进二　将 5 进 1

马五进六　将 5 平 4

车四退一　……

以下黑方有两种应法,结果都是红胜。

一种应法：

……　　　将 4 进 1

炮一退二　车 8 退 7

马六进八　马 4 退 3

车四平六　马 3 退 4

马八进七　（红胜）

另一种应法：

……　　　士 4 进 5

马六进八　将 4 进 1

如黑改走将 4 退 1,则红车四进一速胜。

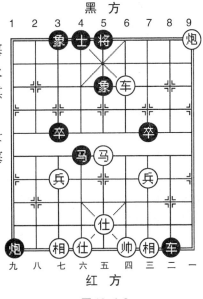

图 10.6.8

炮一退二　车8退7
车四平五　马4退3
车五平六　马3退4
马八进七　（红胜）
两种应法中都有红方弃车堵塞将路之着。

九、牵制

牵制战术是象棋中残局战斗最常用的一种战术。通过牵制，可以限制对方子力的活动，从而陷对方于被动挨打的地位。这时，主动牵制的一方，为了发挥战术效果，需要抓紧时机，围歼对方已占取物质优势，或者利用对方子力受制的良好时机，集中优势兵力，攻其薄弱环节，争取以多胜少，速战速决。

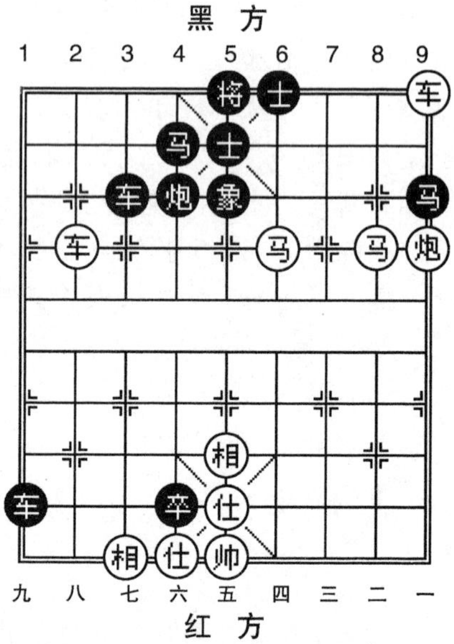

例如（图10.6.9）：

马二进三　将5平4

如黑马9退7去马，则红马四进三，将5平4，炮一平六，车3退2，车八进二，红胜。

马四进五　马9退7
车一平四　马7退5
炮一平六（牵制）　车3退2
车八进二（红胜）

此局红方弃一马入局，采取牵制战术，以双车一炮做成绝杀。

十、交换

通过子力交换达到争先、取势或成杀的目的，这种着法叫"交换"战术。它在实战对局里是最常见的一种基本战术，不论在开局、中局或残局阶段都能广泛运用。

如图10.6.10所示是典型运用交换战术入局的实例。

炮八平七　车3平8
炮七进五　车8进1
车一进二　车8退2
车一平八　炮2平1
车八进六　士6进5
车六进四　将5平6
炮七平三　炮1平7
车六平五　（红胜）

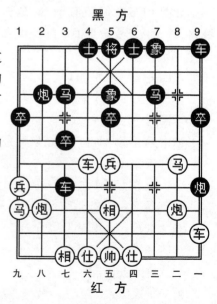

图10.6.9

图10.6.10

第七节 中国象棋竞赛规则简介

最新的《象棋竞赛规则》是在1987年版《中国象棋竞赛规则》的基础上于1999年修订出版的,下面有选择性地做一些介绍。

一、术语解释

(1) 胜局:也称得胜,指对局中的一方取得胜利。具体为:①将死对方的将或帅;②困毙对方的将或帅;③对方超过规定走子时间。

(2) 困毙:也称欠行、无着,指对局中以己方棋子围困对方将(帅),使之无应着可动而认输。运用此着法,有时需注意将、帅间的制约关系,并充分运用以己方将(帅)控制对方帅(将)的手段。

(3) 和棋:也称和局或平局,指双方不分胜负。按《象棋竞赛规则》规定,对局中出现下列情况之一,就算和棋:①从局势上来看,双方都没有取胜的可能性。②一方走出自己轮走的一着棋后,提出作和,对方表示同意。提议作和,应使双方提和机会均等。先提出者如被对方拒绝(口头不同意,或走出轮走的一着棋,均为拒绝),非经对方提和一次(也被拒绝),不得再度提出。若双方提和次数对等,即可由任何一方再次提和。提和的一方,在对方做出明确的表示之前,不能撤回自己的提议。同意和棋的一方,宣布同意后也不能反悔。此外,只能在提和后,方可按动对方的计时钟。③双方走棋出现循环反复已达三次,属于"允许着法",可由任何一方提议作和,经审查局面属实,无论另一方是否同意,裁判员均有权判为和棋。如双方都没提和,而循环重复局面还在延续,裁判员不做判定。④符合"六十回合规则"。⑤双方着法循环重复,符合棋例中"不变作和"的规定。

(4) 负局:指对局中输棋。按《象棋竞赛规则》规定,在一方出现下列情况之一时,应判为该方负局,对方获胜:①将(帅)被对方将死。②将(帅)被困毙。③自己宣告"认输"。④超过比赛规定的走棋时限。⑤没有正当理由迟到,并超过了该次比赛规定因迟到判负的时限。⑥封棋时所记着法有误,而又解释不通。⑦走棋违反禁例,应当变着而不变。此外,由于运动员违反纪律而影响当场比赛的进行,也可由裁判员依据竞赛组织机构的有关规定,判作负局。

(5) 先走(后走):指对局开始先走(后走)棋的一方。

(6) 计时:比赛规则之一,指比赛中按规则规定的制度计算走棋时间。有时间总计制与时间分计制两种。在正式比赛中,由竞赛组织统一确定采用何种制度。

(7) 时间总计制:比赛计时制度之一。比赛时采用具有两个钟面的棋赛计时钟,分别累计双方的走棋时间。具体为:①全国比赛或其他重要比赛,第一单元每方在自己的90分钟内必须走满40着,第二单元在30分钟内必须走满20着。第一单元所走着数不得少于规定数字,但如超出,允许把多余的着数转入第二单元内合并使用,第二单元多余的着数则不得转入以下各单元使用。第三单元起,以后每个单元都应在15分钟内走满10着,直至对局结束。②省、市、自治区以下的比赛或表演赛,可采用:开始60分钟内必须走满30着,之后每10分钟必须走满10着,多走的着数不得挪后累计。

（8）时间分计制：比赛计时制度之一。比赛时用秒表或手表计算双方走棋时间。如每方走第一着棋的时间不得超过2分钟，每方每局棋共有30分钟由自己支配的延长时间，可一次或分几次用。延长时间用完后，如有一着超过2分钟，判负。

（9）子力价值：棋子兑换时衡量双方得失的尺度，也是判断一着棋是否属于"捉"的依据之一。如车的实力最强，其次是马和炮，以上均可称为强子，士和相的实力相对较弱，可称为弱子。兵的实力同过河与否有关，而且随着战局形势的变化，起伏较大，难以拘一，宜另作特殊规定。帅（将）是全军统领，地位最高，但因不存在与其他棋子进行交换的问题，无须对其子力价值作出具体规定。

（10）违例：指对局中走棋违反竞赛规则的条例。如棋子不按规定的走法行棋，以及禁止着法等。

（11）棋例：裁判术语，指裁判员用以判定某些特定棋局的有关规则条款。如对局双方着法重复、循环不变，裁判员即需按规则条款分析是属允许着法还是禁止着法，从而作出判决。

（12）禁止着法：比赛规则之一，指对局中双方出现规则所不允许的循环重复的着法。按《象棋竞赛规则》规定，凡是单方面走出长将、长杀、长捉、一将一杀、长要抽吃、一杀一要抽吃子、一捉一要抽吃子等连续直接威胁的着法，以及二打一还打、二将一还将等，均属禁止着法，不变作负。此外，除出现二将二还将外的长将，亦属禁止着法，不变作负。

（13）允许着法：比赛规则之一，指对局中双方出现规则允许的循环重复的着法。按《象棋竞赛规则》规定，包括：①长拦、长跟、长兑、长献、一将一无抽吃子、一打一闲，以及互走闲着等着法；②将（帅）步步捉吃对方棋子；③兵（卒）步步捉子，但不包括长将和兵（卒）受到对方将（帅）叫吃时，借口解捉而配合其他棋子进行长杀。此外，二将二还将、二打二还打、四打二还打、多打对多打等亦作允许着法。凡属允许着法，双方不变作和棋。

（14）个人比赛：比赛方法之一，指以计算运动员个人成绩来确定名次的比赛。按《象棋竞赛规则》可采用一局制、大循环制、两局制、多局制，以及积分编排制等进行。

（15）记录：比赛规则之一。按《象棋竞赛规则》规定，在比赛中，每方必须在走完每一个回合后，自己把双方着法精确地记录下来。对局完了时，双方记录经运动员共同签字后，交给裁判员。记录着法用完整记录和简写记录两种方式均可。对局过程中如有漏记现象，裁判员有权要求漏记的一方用其自己的走棋时间补记。在时间特别紧张的情况下，可暂时只记单方面的着法，但规定数一经走满，必须立即补全。

（16）封棋：按《象棋竞赛规则》规定，对规定的比赛结束时间已到而尚未赛完的棋局，由裁判员宣布"封棋"，并完成以下手续：①通知轮到走棋的一方把这着棋的着法暗记在自己的记录纸上，不要在棋盘上走出来。②当场把双方的记录纸和填好并经核对的封局棋图装入封套，将封口封严。③在封面上记下比赛双方的姓名、谁是封棋方、双方用时和已走着数，并核对，由比赛双方签名。封套由裁判员保管。如宣布封棋后，轮走一方仍把着法在棋盘上走出来，该方必须把这着记在记录纸上，不准更改和要求对方封棋。

（17）团体比赛：比赛方法之一，计算运动队团体成绩的比赛。参加比赛的各队由人数相同的若干名队员组成。有分台定人制、分台换人制、临时定台制、全队轮赛制四种比赛方式。

（18）快棋赛：比赛规则之一，在规定时间内完成规定着数的对局，通常用于某些棋赛中两名棋手积分相等,不能确定名次时。规定每方在自己的30分钟内必须走满30着棋,如30分钟用完而未分胜负,则再加30分钟,规定着数不变。可按此方式反复进行,直至决出胜负或和局。

(19) 中国象棋裁判员:在比赛过程中,依据比赛规程和规则,以评定运动员(队)成绩、胜负和名次的人员。竞赛组织机构根据比赛的规模和条件,指定或邀请一名或多名裁判员。如有几名裁判员,指定其中一人为裁判长,亦可增设副裁判长。裁判员的职责是:①严格执行比赛规则、竞赛组织机构制订的比赛章程和补充规定。②检查比赛场地及各种专门器材。③主持抽签及编排,公布比赛结果。④依据比赛规则,裁决比赛中出现的有关问题。对违反纪律的运动员,裁判员酌情给予处分。根据《裁判员技术等级制度》,裁判员可分为国家级、一级、二级、三级四个技术等级。

(20) 特级大师:国家体委授予中国象棋棋手的最高称号。男子凡获得全国象棋个人赛冠军或三次获得第二、第三名,或两次达到等级称号赛规定之胜率者,女子凡两次获得全国象棋个人赛冠军,或两次达到等级称号赛规定之胜率者,均可获得此称号。

(21) 象棋大师:国家体委授予中国象棋棋手的称号。男子凡1956年以后获全国象棋个人赛前十二名,或两次达到等级称号赛规定之胜率者,女子获全国象棋个人赛前六名或两次获第七、八名,或两次达到等级称号赛规定之胜率者,均可获得此称号。

(22) 照着:凡走子直接攻击对方将(帅)者谓之"照着",又称"照将"或"将军"(惯例:走照着时告知对方)。

(23) 杀着:凡走子企图于下一着听将或连续叫将,令对方无法解救者,谓之"杀着"。

(24) 捉着:凡走子攻击对方将(帅)以外之任何一子,企图于下一着吃去之者,谓之"捉着"。

(25) 兑着:凡走子可互换吃去者,谓之"兑着"。

(26) 拦着:凡走子拦阻对方子力之左右进退移动者,谓之"拦着"。

(27) 献着:凡走子送吃者,谓之"献着"。

(28) 闲着:凡走子不属于照、杀、捉、兑、拦、献者,谓之"闲着"。

(29) 长照:凡走子连续不停照将,演成归原状态者,谓之"长照"。此项诠释适用于"长拦""长兑""长献"。

(30) 长杀:凡连走杀着者,谓之"长杀"。

(31) 长捉:凡甲方连走捉着,而乙方被捉之子每着均走逃避着法,或以他子每着直接消解之,而甲方仍每着捉之者,谓之"长捉"。

(32) 解杀:凡走子直接化解对方之杀着者,谓之"解杀"。此项诠释适用于"解照"与"避捉"。

(33) 反照:凡走子化解己方被照,同时又还照对方者,谓之"反照"。此项诠释适用于"反杀反捉""解杀反捉""解照反照"。

(34) 有根:凡被捉子如有另子保护,可以反吃者,谓之"有根",否则谓之"无根"。

(35) 真根:凡有根子之"根"(即保护子)于该子被对方吃去时,却可反吃敌子者,谓之"真根"。

(36) 假根:凡有根子之"根"于该子被吃去时,不能移动反吃敌子者,谓之"假根"。

(37) 一照一杀:凡走照着后续走杀着者,谓之"一照一杀"。此项诠释适用于"一照一捉""一照一闲""一杀一捉""一杀一闲""数照一杀""数照一闲"。

（38）二照一还照：一方步步叫将，另一方在解照同时，两步中有一步是还照，谓之"二照一还照"。

（39）二捉一还捉：一方步步捉子，而另一方在解捉之时，两步中有一步是还捉者，谓之"二捉一还捉"。

（40）二捉二还捉：一方连续两步循环捉子，另一方亦在解捉同时，两步连续捉子，谓之"二捉二还捉"。

二、棋例的判决

引用棋例用以判决胜、负、和的四大原则：

（1）双方均无触犯禁例而又互不变着者，可判作和。
（2）双方均同时触犯同一禁例者，可判作和。
（3）一方长照，一方长捉，则长照者必须变着，不变作负。
（4）一方犯例而另一方不犯例时，应由犯例方变着，不变作负。

三、棋例总纲

（1）无论任何情况，长照作负。
（2）长杀、一照一杀、一照一捉、一照一停、一照一要抽吃、一捉一要抽吃，双方不变，均作和局。
（3）一子长捉一子作负（但可长捉未渡河兵卒），两子或多子长捉一子亦作负（但其中如有一兵卒或将帅者除外）。
（4）一子分捉两子或多子作和，两子分别捉两子或多子亦作和局。
（5）二捉一还捉、二捉者(指捉同一子)等于长捉，必须变着，否则作负。
（6）长捉真根子作和，长捉假子作负，但马或炮如长捉有根车亦作负。
（7）长捉同类子作和，但该子如受牵制不能离线时，则仍作为长捉论，不变作负；活马长捉蹩脚马，仍作为长捉，必须变着。
（8）捉二而其中一着兼兑者仍作长捉，长捉兼长兑者，亦作长捉论。
（9）将帅或兵卒长捉均作和，其联合一车或一马或一炮长捉一子亦作和局。
（10）长拦、长献、长兑、长要抽吃均作和局。

第十一章

游泳运动

经常参加游泳锻炼能改善神经系统的机能,增强心肌的收缩能力,增大肺活量,促进肌肉、骨骼和其他内脏器官的发育,全面增强人的体质。如果坚持较长时间的冬泳,还可以增强人的抗寒能力,更能锻炼人的坚强意志。

游泳对心血管系统功能的改善有相当重要的作用。冷水的刺激通过热量调节作用与新陈代谢能促进血液循环。此外,游泳时水的压力和阻力还对心脏和血液的循环起到特殊的作用。在水面游泳时,身体所承受的水压就已达到每平方厘米 0.02~0.05 千克,潜水时随着深度的加大、物理条件的变化,压力还会增大,游泳速度的加快也会加大压力负荷,从而使心房和心室的肌肉组织得到锻炼,心腔的容量也能逐渐有所加大,心脏的跳动次数减少,整个血液循环系统得到改善,血管的弹性也有所提高。根据有关专家统计,一般人在安静状态下每分钟心脏跳动 66~72 次,每搏输出量为 60~80 毫升,而长期参加游泳锻炼的人,在同样情况下每分钟心脏跳动 50 次左右,每搏输出量却达到 90~120 毫升。在游泳练习时,由于水压迫着胸腔和腹部,给吸气增加了困难。曾有人做过专门的试验,游泳时人的胸廓要受到 12~15 千克水的压力,那么要想使身体获得足够的氧气,呼吸肌就必须不断地克服这种压力。另外,游泳时呼气一般都是在水下完成,而水的密度比空气的密度要大得多,因此要想呼气就必须用力。这样不管是吸气还是呼气,都能增加呼吸肌的收缩力,从而增强呼吸系统的功能,加大肺活量。一般健康男子的肺活量为 3 000~4 000 毫升,而经常从事游泳锻炼者可以达到 5 000~6 000 毫升。

在游泳过程中,由于水温的刺激,机体为了保证足够的温度,皮肤血管起到了重要的调节作用。冷水的刺激能使皮肤血管收缩,以防热量扩散到体外。同时身体又加紧产生热量,使皮肤血管扩张,改善对皮肤血管的供血,这样长期坚持锻炼能使皮肤的血液循环得到加强。

另外,水是十分柔软的液体,游泳时水波不断对人体表皮进行摩擦,从而使皮肤得到更好的放松和休息,所以经常参加游泳锻炼的人,都有一身光洁、柔软的皮肤。

第一节 游泳基本技术

一、熟悉水性

不会游泳的人,初次下到齐胸深的水里,往往会感到呼吸急促、心跳加快、站立不稳和行动困难,身不由己地漂浮起来,甚至会产生怕水的心理,这是因为水有阻力、压力和浮力。所以,开始学习游泳时,首先要熟悉水性。熟悉水性是快速学会游泳的关键。通过熟悉水性的练习,可以消除怕水心理,掌握水中呼吸、漂浮和滑行等方法,为学习和掌握各种游泳姿势打下初步的基础。

(一)水中行走

(1)练习要领:练习者站在齐腰深的水里,行走时,身体稍向前倾,两腿自然放松,微屈膝,用脚的前掌着地,同时,两臂在体侧划水,以保持身体平衡,便于推动前进。水中行走应由浅入深,由慢到快。如一人行走有困难,可先3~4人或更多的人在一起手拉手行走,然后再一个人行走,摸索规律。

(2)练习目的:主要使初学者体会水的阻力、压力和浮力对人体的作用。

(二)水中闭气

(1)练习要领:一人单独或两人面对面、手拉手站在齐腰深的水里,先深吸一口气,然后闭气闭眼,慢慢下蹲,把头浸没在水中,保持一段时间后,站起来换气(图11.1.1、图11.1.2)。起立时,应抬头,用嘴或鼻向外呼气,这样不容易呛水。闭气的时间应逐渐延长,如一人单独进行,起立时,不要慌张,两手向下压水帮助身体站起。

(2)练习目的:主要体会水的压力。

图11.1.1

图11.1.2

(三)浮体和站立

(1)练习要领:①站在齐胸深的水里,深吸气后,闭气下蹲,低头,两手抱小腿,两膝尽量靠近胸部,全身放松,身体就会自然浮起,背部露出水面(图11.1.3)。背部露出水面时,往往稍有晃动,不必惊慌。站立时,两手松开,向前伸出,接着向下划水抬头,同时伸腿,两脚着地站起来;头露出水面后,立即张嘴换气。②站在齐胸深的水里,两手前伸,吸足气后,闭气低头浸入水中,两脚蹬离水底,两腿自然伸直,身体就慢慢浮起;或在抱腿浮体的基础上,将手和腿伸直进行浮体(图11.1.4)。站立时,收腹屈膝,同时,两手用力压水,并抬头,使身体站立起来。

(2)练习目的:主要体会身体在水中的沉浮,学会在水中控制身体平衡和浮体后的站立。

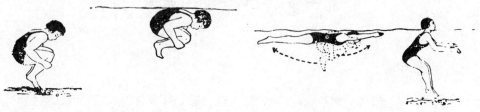

图11.1.3　　　　　　图11.1.4

（四）蹬底滑行

(1) 练习要领：站在齐胸深的水里，两脚并拢，半蹲，上体前倾，两臂向前平伸（掌心向下），深吸气后，低头浸入水中，两脚用力蹬离水底，将身体向前上方一耸，使身体伸展前进（图 11.1.5）。滑行时，挺胸，收腹，头夹在两臂中间，身体平直，保持背部肌肉有适应的紧张度。站立时，两臂向下划水，抬头，两腿前收，两脚触地，站立。头出水面后，立即换气。

(2) 练习目的：主要体会人在水中运动时身体的位置，提高在游泳时控制身体的能力。

图 11.1.5

如在江河中做上述练习，最好在风浪较小的浅水区或流速较慢的水域进行。而且，保护者一定要站在游泳者的下游，以便及时救护（图 11.1.6）。

图 11.1.6

二、蛙泳

蛙泳是模仿青蛙动作的一种游式，游时较省力、耐久、呼吸方便，且能负重，声浪小、易隐蔽、便于观察，是渡江、长游、武装泅渡和救护中拖带游的基本姿势。

（一）身体位置

蛙泳时，身体平俯在水面上，两臂并拢向前伸直，两腿自然地向后并拢伸直；稍抬头，眼眉在水平面处，后脑始终露出水面，微收腹，胸部的一部分、腹部和大腿在水中保持平直姿势，使身体纵轴与水平面成 $5°\sim10°$ 角（图 11.1.7）。

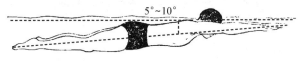

图 11.1.7

（二）腿部动作

腿部动作是蛙泳的基础技术，是推动身体前进的主要动力。因此，必须学好腿部动作。为了便于学习，把腿部动作分为收腿、翻脚、蹬夹、滑行四个阶段。

1. 动作要领

(1) 收腿。收腿前,两腿自然并拢伸直;收腿时,大腿向腹部收起,带动小腿,两腿边收边分开;收腿结束时,两膝相距20~25厘米(约与肩同宽)(图11.1.8),大腿与上体成110°~130°角(图11.1.9)。

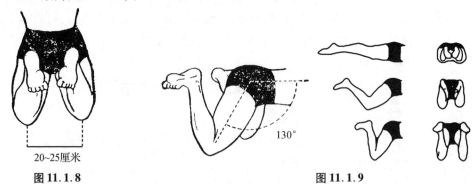

图11.1.8　　　　　　图11.1.9

(2) 翻脚。当收腿的动作快结束时,小腿和两脚跟继续向臀部收紧,两膝向内压,两脚分开,比膝稍宽,勾足尖,两脚掌向外侧,使脚内侧和小腿内侧对准后蹬方向(图11.1.10)。

图11.1.10

(3) 蹬夹。翻脚后,两脚掌和小腿内侧向侧后方呈弧形用力迅速蹬夹(图11.1.11)。

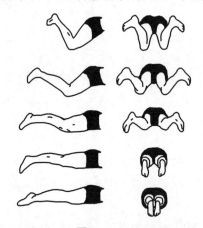

图11.1.11

(4) 滑行。蹬夹腿后,两腿要伸直并拢,给予一定短时间的漂浮滑行(图11.1.12)。

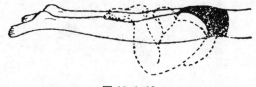

图11.1.12

2. 练习方法

(1) 陆上蛙泳腿的模仿练习。

① 目的:在陆上建立和体会蛙泳腿的动作,为水中练习做好准备。

② 方法：a. 坐在岸边或池边，上体后仰，两手放在身后支撑身体，腿伸直并拢，然后腿做蛙泳动作（图 11.1.13）；b. 俯卧在岸（池）边上，做收腿、蹬夹的动作。

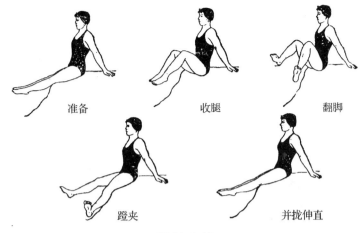

图 11.1.13

（2）水中滑行蹬夹腿练习。

① 目的：在水中掌握正确的蛙泳腿的动作。

② 方法：身体姿势与滑行相同，当两脚蹬离地和身体漂起来成水平时做收腿、翻脚、蹬夹腿和滑行动作。

如果蛙泳腿动作（滑行蹬夹腿练习）做得不正确，可再做些辅助练习。例如，进行双人练习：甲（学生）扶住乙（帮助者）的腰部，乙用一手托住甲的腰部，观察甲练习蛙泳腿的蹬水动作是否正确，如不正确，帮助其改正。

3. 注意事项

（1）收腿时，两膝不能分得过开，大腿不能收得过猛，肌肉要放松，防止臀部起伏过大。

（2）蹬腿前，一定要翻好脚，不能用脚尖、脚背对着水。

（3）收腿、蹬腿时，脚不能露出水面。

（4）收腿、翻脚、蹬夹是一个完整的连贯动作，中间不能有停顿。

（三）臂部动作

蛙泳的手臂动作，能产生较大的引力和一定的浮力，使身体处于较高的位置，并同时配合腿的动作，保持匀速运动。臂部动作主要分为抱水、划水、收手、前伸四个组成部分，应连贯起来进行（图 11.1.14）。

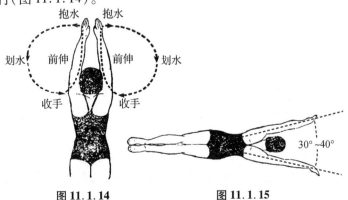

图 11.1.14　　　　　图 11.1.15

1. 动作要领

（1）抱水。手指自然并拢，两臂先伸直向两侧分开；然后，手与前臂向斜下方划，提肘屈臂做抱水动作，造成手掌、前臂向后方对水。这时，两臂之间成30°~40°角（图11.1.15），手与水面的距离约25厘米。

（2）划水。在紧接着抱水动作后，以肩带肌群的力量，带动手臂向后划动。当手臂接近肩的垂直线时，更要用力快划，同时手臂向内弯曲，划至与肩垂直时结束（图11.1.16）。这时大臂与水面约成40°角，小臂与水面约成70°角，大臂与小臂之间的角度由140°逐渐减小到120°左右。

图 11.1.16

图 11.1.17

（3）收手。划水结束后，由上臂带动肘部，前臂和手向中间收。收手时，手掌先向内转，大拇指向上，两手掌向胸部靠拢，同时降肘（图11.1.17）。

（4）前伸。收手后，两手由下向前伸去，随着手的前伸动作，手掌逐渐转向下方，两臂伸直，恢复到原来的滑行姿势（图11.1.18）。

图 11.1.18

2. 练习方法

（1）陆上模仿练习。

① 目的：在陆上建立蛙泳臂的动作概念，为水中练习做准备。

② 方法：两腿平行开立，与肩同宽，两臂向前平举，按蛙泳臂的动作要领进行练习。

（2）水中臂的划水练习。

① 目的：在水中正确掌握蛙泳臂的动作。

② 方法：站在齐腰深的水里，两脚前后开立，两臂前伸，上体前倾俯在水中，头浸入水中或抬出水面，按蛙泳臂的动作要领进行练习。这个练习可在原地做，也可以向前边走边做。

3. 注意事项

（1）划水时，两臂不宜过早用。划水范围要适宜，过大（向后超过了肩的垂直线），容易破坏整个动作的节奏；过小，缩短了划水路线，降低划水效果；过浅（太靠近水面），不能充分发挥臂的作用，影响前进速度。

（2）收手时，动作要迅速，由慢到快；两肩不要下沉。

（3）收手与前伸之间动作不能停顿。

（4）前伸时，要尽量向前伸肩并自然挺胸。结束时，两手靠拢，两臂自然伸直。

（四）呼吸动作

目前，蛙泳多数采用中晚吸气，其呼吸动作是与臂的动作配合进行的。

1. 动作要领

划水将结束时，稍抬头，嘴露出水面，用力完成呼气动作，并立即用嘴进行强而深的快速吸气动作。收手和臂前伸时，头放平，稍闭气后，用鼻和嘴慢慢呼气，再开始第二次呼吸的循环动作（图11.1.19）。

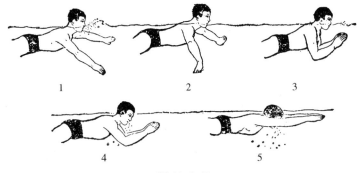

图11.1.19

2. 练习方法

（1）站在陆上，按动作要领进行模仿练习。

（2）站在齐腰深的水中，按动作要领进行划水结合呼吸练习。

（3）站在齐腰深的水中，边走边按动作要领进行划水结合呼吸练习。

（4）平俯在水中，由同伴在侧面托住或在后面夹住两腿，使身体浮起，进行划水结合呼吸练习。这个练习可在原地做，也可向前边走边做。

3. 注意事项

（1）身体位置不宜太低，太低则即使抬了头，嘴还出不了水面，不仅吸不到气，反而会呛水或吃水。

（2）头在水里时，要慢慢呼气；头抬出水面前，要将气呼完；嘴出水后，立即吸气。

（3）抬头不要太猛、太高、起伏过大，以免造成下肢下沉。

（五）腿、臂、呼吸动作的配套

蛙泳腿、臂、呼吸的配合，一般采用两臂同时划水一次、两腿蹬夹一次、呼吸一次的方法。

如图11.1.20所示是用窄蹬腿蹬水和提肘划臂的正确蛙泳技术。

（1）在滑行中，身体成水平位置。头大约80%浸入水中，眼睛稍向前看，两臂伸直，两掌斜向外。

（2）抱水，在水下17~22厘米时开始划臂，手向两侧划水。这时开始从鼻和嘴中呼气。

（3）头开始稍微抬起，上臂也转动，开始屈臂。

（4）当两臂分开达到最大宽度时，屈臂，上臂和前臂同形成110°角。这时两肘明显提高。

（5）头继续向上抬起，嘴开始露出水面把最后一口气呼出。手开始向里收，完成划臂动作的最后有效推进部分。

（6）在两臂准备前伸时吸气。这时开始屈膝、收腿。

（7）吸气完成后嘴闭拢,手开始前伸,继续收腿。

（8）低头,使头浸入水中,肘关节伸展,两臂继续前伸,两脚收到靠近臀部位置。

（9）借颈部弯曲,头继续低下,后蹬开始,同时两足跖屈,两臂前伸动作接近完成。

（10）两臂完全伸直,两手稍低于肩,腿蹬水动作接近完成。

（11）蹬水完毕,集中精力使身体伸直成水平,要保持这一滑行姿势一段时间,在感到游泳速度慢下来时,再做第二次划水。

图 11.1.20

三、自由泳

自由泳时,身体俯卧在水面上,两臂轮流不断地在体侧向后划水,两腿快速地做上下打水,使身体前进。这种姿势,游起来所受的迎面阻力最小,划水效果好,动作配合自如,既省力又能发挥最大的速度,是游泳中速度最快的一种姿势。在战争中强渡江河需要快速到达对岸时,在抗洪抢险、救护弱者要快速游近目标时,一般都采用自由泳。自由泳的竞技价值也很大,比赛中有10个以上的项目必须采用自由泳。所以,学好自由泳对广泛普及游泳运动和提高我国游泳技术,赶超世界先进水平,有着重要意义。自由泳虽然技术简单易学,但是,由于在游进时是连续地划水、打水,体力消耗较大,因而,对意志和身体素质的要求较高,在平时训练中必须加强意志品质的培养和身体素质的全面训练。

(一) 身体位置

自由泳时,身体是较平直地俯卧在水面上,身体纵轴与水平面成3°~5°角,头部放平,两眼视向前下方,前额没于水中,后脑部分露出水面(图11.1.21)。游进时,随着两臂交替划水,在不影响两臂划水力量和腿打水动作时,形成身体纵轴转动。

图 11.1.21

(二) 腿部动作

腿部动作主要是为了保持身体平衡和配合两臂的动作,并能起到一定的推动身体前进的作用。

1. 动作要领

两腿和脚面自然伸直,脚尖稍内转,踝关节放松(图11.1.22)。打水时,两腿的动作基本上一样,以髋关节为轴,由大腿发力,带动小腿和脚,两腿上下交替向后下方做鞭状打水动作。向下打水开始时,膝关节屈成140°~160°角(图11.1.23);向上打水时,膝关节伸直,踝关节放松。打水时,两脚间上下最大距离30~45厘米(图11.1.23)。幅度不宜过大,做连续动作(图11.1.24)。

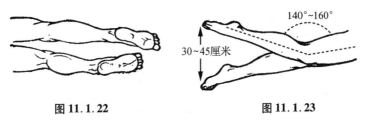

图 11.1.22　　　　图 11.1.23

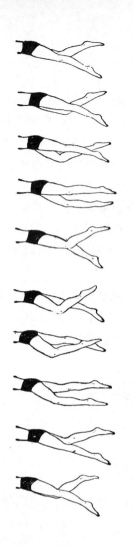

(1) 打水时,两脚间上下最大距离为30～45厘米。左腿达到向下打水的最低点,右腿达到向上打水的最高点。

(2) 左腿伸直开始向上打水。右腿开始向下打水,要用大腿向下压水,同时屈膝,脚部位置基本与上图相同。

(3) 左腿继续向上打水,仍不屈膝。右腿开始自大腿用力向下打水,膝盖开始伸直。当右脚经过左脚时,脚背和脚踝成一直线。

(4) 左腿接近向上打水的顶点,开始稍屈膝。此时右腿已接近完成向下打水的运作。右膝实际已达到动作最低点,从这点开始,大腿将开始向上打水,而右脚仍继续向下打水。

(5) 左腿大腿开始向下打水,而左脚仍继续向上打水。右腿已达到向下打水的最低点,膝完全伸直。

(6) 左膝屈到最大限度,准备开始向下打水。左腿完全伸直,开始向上打水。

(7) 左腿进入产生最大推进力的阶段。右腿继续伸直向上打水。

(8) 左腿区接近全部完成推进阶段,左膝稍屈。

(9) 当右膝加大屈度时,左膝接近完全伸直。

(10) 两脚再度上下分到最大距离,另一腿周期开始。

图 11.1.24

2. 练习方法

(1) 陆上自由泳腿的模仿练习。

① 目的:在陆上建立和体会自由泳腿的动作,为水中练习打下基础。

② 方法:坐在岸边,两手向后撑住身体,上体稍后仰,两腿自然伸直,脚背挺直稍向内弯,做模仿自由泳的打腿动作(图11.1.25);或仰卧坐在池边上,做直腿打水的模仿练习。

(2) 水中自由泳腿的练习。

① 目的:在水中掌握正确的自由泳的动作。

② 方法:在浅水处,两手撑池(河)底,做直腿打水练习(图11.1.26)。

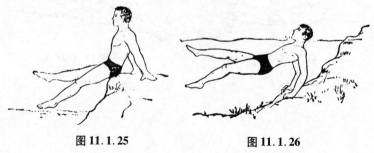

图 11.1.25　　　　　图 11.1.26

3. 注意事项

（1）打水时，膝关节不要过于弯曲，踝关节放松，脚面要伸直，防止仅用小腿打水，两脚不要打出水面。

（2）向下打水时，要快而有力；向上打水时，要放松自然。

（三）臂部动作

臂的动作是推动身体前进的主要动力。自由泳时，两臂划水是轮流进行的，动作基本一样。目前，在自由泳中，都采用屈臂划水的技术。

臂的动作是由入水、抱水、划水、推水、出水、移臂六个部分组成，是互相连贯地进行的（图11.1.27）。

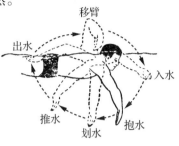

图 11.1.27

1. 动作要领

（1）入水。空中移臂后，上臂在肩线前稍靠外处迅速自然插入水中。入水时，肘关节稍高，小臂微屈，大拇指向下，掌心稍向外转，按手、前臂、上臂和肘的顺序入水。

（2）抱水。臂入水后，手腕迅速微屈，前臂内旋提肘，同时向前下方伸肩，使臂与水面构成约40°角，向外提肘屈臂，使手臂处于有利位置。

（3）划水和推水。抱水后立即划水，这时，上臂与前臂之间弯曲成140°~160°角，前臂划动速度快于上臂。当划至肩下方时，整个臂部与水面垂直，手在体下靠近身体中线，屈肘约成120°角，这时，前臂与上臂同时向后划动，肩部后移。当划至腹下时，屈肘约成100°角，这时，前臂向后划动速度快于上臂，做快速推水动作，推至大腿侧下方，结束划水（图11.1.28）。

图 11.1.28

划水时，手指应自然并拢，少数人在划水过程中手掌与小臂的位置有变化。开始划水时，手掌与小臂几乎成一直线，在推水结束时，手掌与小臂成200°~220°角（图11.1.29）。

划水时，手型和手的移动路线，是由肩前经肩下到腹下到大腿外侧，呈一种"S"形（图11.1.30），它是屈臂划水而自然形成的。

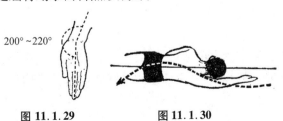

图 11.1.29　　图 11.1.30

(4)出水。划水结束后,利用推水时所产生的惯性和肩部肌肉收缩的力量,迅速将臂提出水面。

(5)移臂。臂出水后,以肩带动臂,屈肘,手从空中沿着水面向前方移动(图11.1.31)。

(6)两臂配合。自由泳的两臂划水是轮流进行的,其配合的形成一般称为"交叉"。当一臂完成空中移臂入水时,另一臂划水至胸肩下垂直部位,与水平面构成90°角,叫"中交叉";或者另一臂已划水至腹部下方在做推水动作,与水平面构成约120°角,叫"后交叉"。现在大多数运动员采用"中后交叉",即一臂完成空中转臂入水时,另一臂划水至胸腹下与水平面构成约120°角。

图11.1.31　　　　　图11.1.32

2. 练习方法

(1)陆上自由泳臂的模仿练习。

① 目的:在陆上建立自由泳臂的动作概念,为水中练习打下基础。

② 方法:两脚开立,上体前倾做直臂的单臂或两臂轮流划水、移臂的模仿练习。在上述练习的基础上再屈臂做划水、移臂动作。

(2)水中练习。

① 目的:在水中正确掌握自由泳臂的动作。

② 方法:站在齐腰深的浅水中,上体前倾做臂划水练习(图11.1.32),或者由同伴抱住两腿做臂划水练习。

3. 注意事项

(1) 臂的整个循环动作要有节奏,不能停顿。
(2) 入水动作要自然,抱水动作要逐步加快,练习抱住水。
(3) 划水要用力,动作速度不断加快并有一定的紧张程度。
(4) 出水时,利用惯性,臂和手应尽量放松,手掌稍转向内侧方。
(5) 移臂时,肘部始终保持比肩高的位置,动作要快而放松。

第二节　游泳的安全卫生措施

一、游泳安全知识

(一) 游泳前要进行身体检查

凡是患有严重心脏病、癫痫病、皮肤病、中耳炎和传染病者都不能参加游泳活动。伤风、发热、腹泻、红眼病患者最好不要勉强下水游泳,否则只会加重病情。妇女月经期、产假期和怀孕期也不宜参加游泳。

(二) 游泳前要做好准备活动

在每次游泳前,应在陆上认真做好准备活动,目的是提高神经系统的兴奋性,促进血液循环,增加肌肉的弹性,加大关节活动范围,防止肌肉痉挛和拉伤。一般可做慢跑、徒手操、游泳模仿等各种活动。

(三) 空腹、酒后和饭后 1 小时内不宜游泳

空腹游泳容易使人体血糖降低,产生头晕、四肢乏力,甚至出现昏厥现象。饭后游泳不仅加重心脏负担,而且容易引起胃痉挛,出现腹痛和呕吐现象。酒后游泳,在水中极容易发生危险,因而酒后不宜游泳。

(四) 了解游泳水域情况

到江河湖泊游泳,首先要勘察水情,选择水低平坦,无淤泥、水草、桩柱,以及水质无污染、无急流漩涡的水域,并把浅水区、深水区划分清楚,做出显著标记。最好结伴前行,以便相互照顾,防止意外发生。游泳时间不宜过长,人在水中身体感到不适,就应马上起水,擦干身体,及时穿上衣服。如遇到雷雨,应迅速上岸停止游泳,切不可在大树底下躲避或更衣。

二、急救

(一) 自救

初学者误入深水区或者漩涡等其他险区,首先要镇定,不要慌乱,放松漂游,力争呼吸自如。如在漩涡中,身体应保持俯卧姿势,逆漩涡方向游出险区或向人呼救,切不可踩水和潜泳,以免被漩卷进去。如果在游泳中被水草纠缠住,首先身体成卧姿进行解脱,然后从原路返回。游泳时间过长或者准备活动不充分,常常会引起大腿、小腿或脚趾等部位痉挛。消除方法是:使身体漂浮水面,用痉挛腿对侧的手,拉住痉挛腿的脚趾,用力向身体方向扳拉,另一手压痉挛腿的膝盖,使小腿伸直。大腿痉挛,可用两手用力抱住小腿贴近大腿,反复振压直至解脱。如果痉挛严重,无法自行消除,应向人呼救。

(二) 水中救护

在实施救护时,尽可能将救生圈、竹竿、木板等器材抛给溺水者进行间接救护。如果没有任何救生器材,必须实施直接救护时,救护者首先要沉着、冷静,迅速观察周围环境,辨别水流,然后在溺水者上游的斜上方水域入水,对不熟悉的水域应脚先入水,用抬头自由泳或蛙泳接近溺水者。当游到离溺水者2~3米处时,潜入水中,从溺水者背后用两手托住溺水者的下颌或腋下,用反蛙泳进行拖带,或者一手从溺水者的胸前握住对方腋下用侧泳进行拖带。不管用哪一种拖带方法,必须使溺水者成仰卧姿势,口鼻露出水面,呼吸空气。若被溺水者抓住或者抱住,应设法解脱。解脱方法一般有虎口解脱法、扳指解脱法、扭转解脱法和托肘解脱法等。

第十二章
快乐体育运动

娱乐是体育本身所具有的独特属性。体育中的诸多项目如田径、球类、体操、舞蹈等都是由游戏演变而来的,具有娱乐性。近年来,由于学校体育教学以增强学生体质和发展运动技能为目的,使教学内容变得更加正规化与竞技化。以运动技能为主线的体育课逐渐使学生掌握了一些技术,但学生缺乏从内心去感受体育带来的快乐。

所谓快乐体育,是指从终身体育和个人发展需要出发,从情感入手,对学生进行以健全的人格教育、身体教育为目标的一种体育教学思想。快乐体育在形式上是以快乐地从事体育学习为目标,但其本质含义是寓教于乐,对学生进行完整的人格教育、体能教育等,使学生能够在学习中认识体育、接受体育,从而达到一定的目标。

第一节 体育游戏

体育游戏是一个有目的、有意识的活动。任何一种体育游戏总是具有一定的目的,或是为了传授生活和劳动的技能,或是为了发展游戏者的体力和智力,或是为了娱乐。由于体育游戏是人类有意识的活动,因而在游戏活动的过程中,人们可以创造性地发展游戏的内容,制定游戏的规则,传授游戏的经验,以及不断地创造出新的游戏。人类所特有的第二信号系统在这个过程中起着重要的作用。从这个意义上来讲,只有人类才有游戏。动物虽也有一些类似游戏的嬉戏,但那只是无意识的本能活动,与人类的游戏有着本质的区别。

游戏按其内容可分为奔跑游戏、跳跃游戏、投掷游戏、对抗与负重游戏、球类游戏等;按其提高身体素质的侧重点可分为力量性游戏、耐力性游戏、速度性游戏、灵巧性游戏;按游戏组织形式可分为不分队游戏和分队游戏等。有了形式多样的游戏,在教学中就可根据教学内容选择相应的种类进行教学。

一、几种实用的体育游戏

(一)活动性游戏

1. 托球跑

(1)参赛办法:每队报2组,可以男女混合,每组8人,分两次进行。每次每队只允许1组参加。器械:乒乓球。

(2)比赛规则:乒乓球必须放在乒乓球拍的中间,不得用手固定,每个人每次只能托一个球,从起点到终点(10米)的过程中球不掉在地上并放入指定位置才算有效球,另外一人再从筐中捡起球进行接力。如果球在托送途中掉到地上,选手必须回到起点重来,以8位选手全部运送完球,所用的时间最少的为获胜队。

2. 单足跳接力

(1) 参赛办法:每队男、女各5人参赛。器械:接力棒。

(2) 比赛规则:学生成一路纵队站立在起跳线后,距离起跳线20米处放一标志物。教师发令后,排头用单脚连续跳,绕过标志物跳回,拍第二人的手,自己站到排尾。依次进行,以先跳完的队为获胜队。

3. 运球上篮比赛

(1) 参赛办法:每队5名男生参赛。器械:篮球。

(2) 比赛规则:学生成一路纵队站在篮球场底线,教师发令"开始",排头先运球到对面的篮筐进行投篮,投篮方式不限,进球后方可运球折回投另一个篮筐,投进后把球交给下一名同学,依次进行,用时少的队名次列前。

(二) 追逐游戏

双杠追逐跑:

(1) 参赛办法:每队5名男生参赛。器械:双杠。

(2) 比赛规则:学生手握双杠一端站好,教师发令"开始",学生手撑双杠做前摆挺身下,跑向另一端再做。依次进行,最后以各队在规定时间内所做总数的多少判定名次。

(三) 角斗游戏

1. 拔河

(1) 参赛办法:每队男、女各12人参赛。器械:拔河绳。

(2) 比赛规则:在场地上画三条平行的短线,间距1.5米,中间的为中线,两边的为"河界"。拔河绳中间系上一根红带子为标志带。使拔河绳垂直于中线,放在场地的中间,并使标志带对准中线。双方队员分别站在"河界"后拔河绳两侧,对面间隔站立。裁判鸣哨后双方一起用力拉,最终把标志带拉过本队"河界"的为获胜队。

2. 抢棒棒糖

(1) 参赛办法:每队8人,男、女各占一半,可多组进行。器械:4根绳子,棒棒糖若干。裁判:2人。

(2) 比赛规则:两个男(女)生背靠背挽住对方,每个男(女)生前面1米左右站着一个女(男)生,手拿一个棒棒糖。裁判员发令后男(女)生反向用力以吃到对面女(男)生手里的棒棒糖,先吃到者获胜。

(四) 集体竞赛游戏

1. 多足虫

(1) 参赛办法:每队男、女各8人参赛。

(2) 比赛规则:参赛队员成一路纵队,后面队员将双手放在前面队员的肩上。比赛开始,全队协同一致交替迈步向前,以排尾通过终点线为比赛结束,用时少的队获胜。

2. 二人三足跑

(1) 参赛办法:2人一组参赛。器械:绳带。

(2) 比赛规则：参赛者并排站在起跑线后，用绳子将两人的内侧腿捆好。比赛开始，两人向前跑出，以先到达终点者为胜。细则：必须向前走跑，不得跳跃。

3. 协同作战

(1) 参赛办法：每队 2 人一组参赛。器械：排球。

(2) 比赛规则：参赛者背对背，互相挽住对方的手臂，中间夹一排球，站在起跑线后。比赛开始，两人迅速侧身向前跑，绕过标志物跑回，将球交给后面的队员。依次进行，以先跑完的队为胜。细则：不得松开手臂；球若掉下，必须拾起重新开始。

（五）专项游戏

1. 运球接力

(1) 参赛办法：每队 10 人，分为甲、乙两组，每组 5 人。器械：篮球。

(2) 比赛规则：各队甲、乙两组分别站在起、终点线后成一路纵队，比赛开始后，甲组第一名队员运球至乙组并将球交给乙组第一名队员，乙组第一名队员接球后迅速向甲组运球并将球交给甲组第二名队员。依次进行，以先完成的队为胜。细则：不得抱球跑，不得扔球。

2. 排球自垫球

(1) 参赛办法：男、女各 5 人参赛。器械：排球。

(2) 比赛规则：学生每人手持一个排球站好，比赛开始，学生双手垫球（球必须超过头部），以单位时间内垫球次数多少判定名次。

二、在体育游戏中需注意的问题

无论什么游戏，都必须具备参与者、场地、器材和规则等条件，其规则可由教师制定，学生执行，或学生自行商定。无论采取哪种方式，都能最大限度地培养学生遵守纪律的自觉性。在体育教学中，运用集体性游戏能够最大限度地培养学生的自觉能力和自律行为，使平时纪律较差的学生能够养成遵守纪律的行为习惯。因为在整个游戏过程中，每一个人既不愿因自己的行为失误而破坏全队的成绩和名次，又不愿违反规则使全队受罚或取消资格。

根据学生的身心特点，在体育游戏中应注意以下几点：

(1) 青少年时期由于各器官系统的发育还不够完善，因此在游戏中还不适宜做过多负重的练习、大强度的力量练习、较长时间的静力性练习或耐力练习、较长时间的剧烈运动等。

(2) 女孩在月经期间，不宜做剧烈的运动。

(3) 随着年龄的增长，青少年在智力上已经能适应较为严密的游戏规则。规则的严密既能保证游戏的正常进行和易于评判，也能增加游戏的趣味性，但规则也不能太多或太过复杂。

(4) 青少年参加体育游戏一般都是从兴趣出发，对于自己喜欢的游戏常常会不顾一切尽情地去玩，没有自我控制力；而对于自己不喜欢的游戏，则不愿意去玩。老师在组织教学游戏时，应注意这些情况，并采用适当的方法控制游戏的运动负荷量，或选用有趣的手段组织学生做好游戏。

第二节　校园拓展运动

校园拓展运动是一项体力与智力、心理和技能相组合的体育运动。它以学生为主体，以"先行后知""边行边知""愈怕愈行"等体验式的学习方法，让学生在愉快、积极、刺激的参与中，在大自然中，学习知识、掌握技能、领悟道理。参加校园拓展运动，既能锻炼体力、愉悦身心，又能提高机敏、协调和配合能力。

一、校园拓展运动概述

校园拓展运动是指以身体活动为手段，根据学生的心理、生理特点，有计划、有目的、有组织地安排的练习项目和练习训练课程。

（一）校园拓展运动的特点

（1）时尚性。校园拓展运动适应当今时代完善人格、提高素质和回归自然的需求，符合学校体育所倡导的"到阳光下，到大自然中去活动"的理念。

（2）突破性。校园拓展运动并非体育加娱乐，也不是魔鬼训练，而是对正统体育的一次全面提炼和综合补充，打破常规，产生新的意义。

（3）丰富性。校园拓展运动的所有项目都以体能活动为先导，引发出认知活动、情感活动、意志活动和交流活动等，使短暂的训练充实而丰富。

（4）挑战性。校园拓展运动的项目都具有一定的难度，特别是表现在心理考验上，需要队员向自己体力、能力和心理的极限挑战。

（5）团体性。校园拓展运动实行分组活动，强调团队合作。通过面对共同的困难，可使每一名队员竭尽全力，既增强团队合作的意识，同时又从团队中汲取巨大的力量和信心。

（6）高峰体验。在克服困难、顺利完成课程要求以后，队员能够体会到发自内心的胜利感和自豪感，获得人生难得的高峰体验。

（7）自我教育。教师只是在课前把课程的内容、目的、要求以及必要的安全注意事项向学生讲清楚，活动中一般不进行讲述，也不参与讨论，充分尊重学生的主体地位和主观能动作用的发挥。即使在课后的总结中，教师也只是点到为止，主要让学生自己来讲述，达到自我教育的目的。

（8）回归自然。即与大自然互动，通过自然的学习方式，达到自然的个性成长。

（二）校园拓展运动练习流程

校园拓展运动课程由多个针对不同练习目的的项目组成，这些项目的使用按照不同的训练目的进行排列组合，将不同类别、不同应用层次的项目穿插使用，在安排项目顺序的时候，最好能够做到循序渐进、因势利导。但不管课程的设置如何，整个课程的操作都是由以下六个标准流程组成的：

（1）场景布置。按照活动项目的内容特点，合理利用活动环境，准确地布置所需器材，使其具有该项目要表达的真实性。

（2）项目介绍。任何一个子训练项目的开始，都是学生在教师的指引下去经历一种模拟的场景或氛围。在这个过程中,教师要向学生准确描述所要开展项目的名称、目的和要求,让学生明确训练项目操作过程的规划目标。在此过程中,教师除了对项目本身进行描述外,不要向学生提供解决的方法,但可提示。

(3) 项目操作。学生根据教师提供的信息完成项目要求的任务。参与挑战的过程是学生的实战过程。由于校园拓展运动的不定性,体验结果也不尽相同。获得成功者殊途同归;没有成功的,活动过程也各具特点。教师可以在每次活动时安排个别学生做观察员,观察员除了保护队友的安全,也可以帮助记录活动的进程。当然,教师也应该准确记录,以便在分享回顾时运用。

(4) 分享回顾。作为校园拓展运动的重要组成部分,分享回顾是在学生体验后,回顾刚才经历的过程,将各自完成任务时的感想、完成后的感受真诚地说出来,结合教师的记录与大家分享得失,求同存异,达成默契。教师在引导分享回顾时要注意以下几个原则:即时性原则、求同存异原则、密切联系原则、追求卓越原则。

(5) 引导总结。分享回顾后,要对活动中出现的问题和认知感受进行引导,用符合校园拓展运动理论基础的理念进行科学的总结,使其理论更加严谨与系统化。这个环节主要由教师来做,有时也可由教师授权给某个学生进行讲解。在这个过程中,教师应根据学生讨论的结果,结合相关的理论知识,进行归纳总结,让学生的知识由感性认识上升到理性认识。引导总结经常会和分享回顾交叉进行。进行适时的引导,做出精辟的点评,讲述振奋人心的故事,不仅能使课堂生动活泼,而且也能让学生牢记在心。

(6) 指导行动。在分享回顾和引导总结后,将学生的感悟与理解进行提升,主要运用鼓励与肯定的形式,让其对自己的能力与潜力有一个新的认识,对校园生活及人生发展充满信心,并将这些感悟运用于生活情景中,完成由实践到认识,最终用来指导实践的循环上升的过程。

(三) 校园拓展运动注意事项(安全问题)

在校园拓展运动开展的过程中,要时刻保持警惕,以高度负责的态度保证每一个细节的绝对安全可靠,及时消除安全隐患,杜绝不安全行为,控制不安全因素,确保学生人身安全。活动前,必须做好充分的思想、心理和体能准备,了解活动目的、意义和方法,并对活动的器械和装备进行安全性能的检查,做到安全可靠,万无一失。活动中,参与者的注意力必须高度集中,尤其是保护者,必须抱着认真负责的态度,保持严密的组织性、纪律性。

选择的场地、器械的特殊性,活动内容的求知性以及特有的心理挑战性等,决定了拓展训练具有一定的风险性。如何获得最大的安全保障,如何让学生在身体、心理上获得安全保障,是拓展训练课程进入学校教学课程中至关重要的一环。为了消除隐患、降低风险,拓展训练应遵循以下四大安全原则:

(1) 双重保护原则。课程设计时所有需要安全保护的训练项目,都必须进行双重保护演练,注意每种保护方法均是以保证在实施操作过程中学生的安全为前提。

(2) 器械备份原则。任何需要器械保护之处,都必须安置备份器械。

(3) 重复检查原则。所有安全保护器械应合理使用,用完后必须再复查一遍,操作中部分保护要多次检查,消除操作失误的可能性。

(4) 安全监护原则。教师应对项目进行中可能遇到的安全问题进行全程监护,将任何隐患消除在萌芽中。只有在活动过程中认真讲解、规范操作,将安全问题很好地落到实处,才能使我们享受拓展训练带给我们的快乐与收获。

二、沟通项目

(一)与你同在

人数:将队员分成若干个由15~20人组成的小组。

时间:15分钟。

场地:一块平整的场地。

器材:每组3个网球。

1. 项目目标

每个人能迅速进入团队,相互熟悉,改善团队人际关系,活跃团队的现场气氛。

2. 项目程序

(1)选择一块宽阔平整的活动场地,教师和队员们以小组为单位站成一圈,每人相距约一臂长。

(2)教师大声喊出自己的名字,然后将手中的球传给自己左边的队友。接到传球的队友也要如法炮制,喊出自己的名字,然后把球传给自己左边的人。这样一直继续下去,直到球又重新回到教师的手中。

(3)教师重新拿到球后,告诉大家现在要改变游戏的规则,接到球的队员必须要喊出另一个队员的名字,然后把球扔给该队员。

(4)几分钟后,队员们就会记住大多数队友的名字。这时,再加一只球进来,让两只球同时被扔来扔去,活动规则不变。

(5)在活动接近尾声的时候,再把第三只球加进来,其主要目的是让活动更加热闹有趣。

(6)活动结束后,在解散小组前,邀请一个志愿者,让他在小组内走一圈,报出每一个人的名字。

3. 总结与评价

(1)扔球的时候不可用力过猛。教师最初扔的应当是一个较慢的高球,为后续的扔球队员树立典范。

(2)活动结束后,教师带领学生讨论本项目的感受和启示。

(二)集体握手

人数:30~50人。

时间:20分钟。

场地:一块平整的场地。

1. 项目目标

(1)让队员认识至少一半以上的其他队员。

(2)体会沟通中微笑、眼神等表情因素的重要作用。

2. 项目程序

(1)请所有人围成两个大圆圈,一个圈在另一个圈里面。

(2)内圈的人转过身来,面对外圈的人。

(3)迅速地彼此进行自我介绍,然后向右移动。

(4)外圈的人持续左移,内圈的人持续右移,直到一个圈的每个人对另一个圈的所有人都做了自我介绍。

3. 总结与评价

(1)内圈和外圈的最佳距离是多少?

(2)当你面对下一个新面孔的一瞬间,你的第一反应是什么?

(3)有多少人是以微笑开场的?在整个过程中你注意到自己的表情了吗?在说话或聆听时你的目光停留在哪里?

(三)跨越雷区

人数:10人以下为一组。

时间:30分钟。

场地:教室或校园空地。

器材:大号塑料杯3个,A4白纸数张,桌子,纸板一块(30厘米×30厘米),每人一个眼罩。

1. 项目目标

(1)让学员了解在非语言沟通方面需要用到哪些沟通方式与技巧。

(2)体会视觉线索对人的重要意义。

2. 项目程序

(1)教师在活动赛区内用白纸设置障碍。

(2)在活动区中间放置一张桌子,桌子中间放三个杯子,形成一个塔(底部的杯子正放,第二个杯子倒放,第三个杯子盛水放在第二个杯子上)。

(3)每组有一位已跨越雷区的"幸运队员",在雷区的另一边指导本组的其他队员跨越雷区。

(4)每个小组除"幸运队员"外的其他队员必须蒙上眼睛,每次只能由一位队员通过雷区。

(5)每个小组的全部队员通过雷区时,要将小组的纸板放在杯塔上,如果杯塔不倒,则视为完成任务。

(6)踏中雷区(杯塔倒掉)的组员视为"死亡",退出活动,只能在旁边观看。

(7)通过雷区的队员可以摘下眼罩,参与指导。

3. 总结与评价

(1)在活动过程中,指导人员是如何和蒙眼队员进行交流的?

(2)蒙眼队员在活动中的感受如何?

(3)我们应该用什么办法来改进沟通?

(四)盲人足球赛

人数:集体参加。

时间:30~60分钟,参与人数越多,所需时间越长。

场地:校园内平整的空地(校园足球场最佳)。

器材:眼罩若干(两种颜色),足球2个(要用含气量不足的气球,这样每踢一下,球不会滚得太远),哨子1个,球门2个。

1. 项目目标

（1）建立团队人员的相互信任。

（2）促进队员的相互沟通与交流。

（3）培养团队合作精神。

2. 项目程序

（1）留出2~3个人作为监护员，监护员的任务是负责安全问题，同时兼任边裁。把其他的队员分成两个人数相同的小组，要求每个小组的总人数为偶数。

（2）每个队员在自己的小组内找一个搭档。

（3）每对搭档中只有一个人戴眼罩，另一个人不戴（两组人员选择不同颜色的眼罩以示区别）。

（4）告诉大家："我们即将进行一场别开生面的足球赛。每对搭档中只戴上眼罩的队员才可以踢球，他的搭档负责告诉他向什么方向走、做什么。"

（5）详细解释活动规则：那些戴上眼罩的队员弯曲双肘，手掌向外，手的高度与脸平。负责指挥的队员不允许碰自己的同伴，只能通过语言发出指令。这场球赛中没有守门员，每个队踢进对方球门一个球得1分。任何一队进球后，都要把球拿回场地中间，重新开始比赛。不允许把球踢向空中，在任何时候，球都应当在地面上滚动。如果某个队员踢了高球，裁判会暂停比赛，并把该队员罚下场。如果球被踢出了界，裁判将负责把球踢回场地，除此之外，没有其他的关于出界处理的规则。比赛一共进行10分钟，中场休息，交换场地。

（6）宣布完活动规则后，让两个小组用投硬币的方法选择场地。场地定好后，把2个球放在场地中间，然后吹哨，开始活动。用2个球意味着比赛中每个队一个球，各自为得分而奋斗。

3. 总结与评价

（1）哪些因素有助于最终取得比赛胜利？

（2）蒙眼队员在活动中的感受是什么？

（3）指挥者的指令清楚吗？哪些方面还有待改进？

（五）进化论

人数：集体参与。

时间：30分钟。

场地：教室或校园空地。

1. 项目目标

（1）作为练习活动的开场游戏，制造活跃和轻松的气氛。

（2）增加队员对后面活动参与的积极性。

2. 项目程序

（1）活动以猜拳形式进行（石头、剪刀、布）。进化程序：鸡蛋→小鸡→凤凰→人。不同层次对应的动作为：鸡蛋——蹲下；小鸡——蹲下，手模仿翅膀在身旁拍打；凤凰——站立，两手呈三角形放在头顶上；人——两手叉腰站在一旁。

（2）全体队员先蹲下且被视为鸡蛋。

（3）相互找同一层次的同伴进行猜拳，猜赢后可进化为小鸡。

(4) 活动期间各队员需不断与别人猜拳(只能跟同一层次的人猜拳,即"小鸡"只能和"小鸡"猜,而不能跟"鸡蛋""凤凰"或"人"猜),猜赢了便可升一级,猜输了便跌一级,直至变成"人",则停止猜拳。

(5) 当再没有人能变成"人"时(如只剩下一只"鸡蛋"、一只"小鸡"或一只"凤凰"),活动便结束了。

3. 总结与评价

(1) 活动中你是否能积极地参与进去?

(2) 教师带领队员讨论本活动的宗旨。

三、团队协作项目

(一) 坐地起身

人数:全体学员一起参与。

时间:30 分钟。

场地:校园内一块平整的空地。

1. 项目目标

(1) 增强队员间的爱心和友谊。

(2) 增强团队向心力,培养团队合作意识。

(3) 增强团队成员的归属感,增进团队活力。

2. 项目程序

(1) 两个学员背靠背,坐在地上。

(2) 两个人双手相互交叉,合力使双方一同起立。

(3) 按此原理,可多人一起参加此项目,不断增加参与人数,最后全体队员一同完成,达到全体一起起立的效果。

3. 总结与评价

(1) 你能仅靠一个人的力量来完成起立动作吗?

(2) 如果队员双方能够保持动作的一致性,是不是完成起立动作要容易得多?为什么?

(3) 你们知道为什么4个人时相对比较容易站起来,而10个人时却那么困难吗?这对我们工作、生活有什么样的启发?

(二) 齐心协力

人数:全体学员一起参加。

时间:20 分钟。

场地:校园空地或操场。

1. 项目目标

(1) 体会团队的协作及个人在团队中的重要性。

(2) 体会队员间的相互支撑,提升责任心。

2. 项目程序

(1) 全体队员围成一圈,每位队员将双手放在前面一位队员的双肩上。

(2) 教师介绍"兔子舞"口令:"左、右、前、后、前、前、前",并要求队员根据指令做出相应的动作:伸左脚、伸右脚、两脚并拢向前跳一步、两脚并拢向后跳一步……

(3)教师喊"开始"后,由队员自己喊口令并边喊边跳"兔子舞",跳半圈后教师喊停,恢复队形,进入下一环节。

(4)全体队员左手放在两腿之间伸向后面队员,后面队员伸出右手抓住前面队员的左手。

(5)教师鼓励大家在这种情形下按照刚才的口令继续跳"兔子舞",跳半圈后,教师予以表扬肯定,并鼓励大家进入下一环节。

(6)全体队员围成一圈,前后间隔为"零距离",即每位队员要用自己的脚尖抵住前面队员的脚后跟。听教师的指令,缓缓地坐在身后队员的大腿上,调整几次坐下后,教师再给予指令,让队员保持当前的队形继续完成"兔子舞",边跳边喊口令,要鼓励队员全力以赴,不要"掉链子"。完成半圈后,训练结束,教师引导总结。

3. 总结与评价

(1)在活动过程中,自己的精神状态是否发生变化?身体和声音是否继续出现变化?在发现自己出现以上变化时,是否即时加以调整?

(2)是否有依赖思想,认为自己的松懈对团队的影响不大?最后出现什么情况?

(3)此时此刻,我们对"水桶理论"是否有了更深的理解?对我们的学习、生活会有什么帮助?

(三)蜘蛛网

人数:将队员分成若干个由12~16人组成的小组。

时间:60分钟。

场地:选出中间有两棵结实大树(或杆状物)的空地。

器材:用绳子(或松紧带)编成的蜘蛛网一张,用来作报警器的小铃铛,用来制造气氛的大橡胶蜘蛛。

1. 项目目标

(1)把队员团结在一起,培养团队合作精神。

(2)增进沟通,体现队员协同工作在解决问题中的作用。

(3)让队员们体会计划的重要性,学会克服看似难以解决的问题。

2. 项目程序

(1)所有队员站在网的一边,教师致项目开场白:"你们小组陷入了一片原始森林中,走出森林的唯一出路被一个巨大的蜘蛛网封锁了,你们必须从蜘蛛网中钻过去(不能绕过去,也不能从网的上面或下面过去)。值得庆幸的是,蜘蛛目前在睡觉。但非常不幸,蜘蛛非常容易惊醒,并会立刻扑过来咬人,其结果是造成正在穿越的人和已经过去的人立刻双目失明。另外,每个洞只能用一次,即不同的人必须从不同的洞穿越过去。"

(2)过程中提醒已通过蜘蛛网的队员做好监督工作。

(3)可选出一名观察员记录小组执行任务的过程中都出现过什么问题,如计划方面、沟通方面的问题。

3. 总结与评价

(1)你对计划的重要性有什么认识?你认为这次活动的计划做得怎么样?

(2)该项目最困难的地方在哪里?怎么改进?

(3)完成项目的过程中,你感觉团队的合作精神怎么样?队员们是否有责任感?

（四）有轨电车

人数:20人左右(10人左右一组)。

时间:30分钟。

场地:户外平整空地一块。

器材:"电车"一套(带多个鞋套的长木板2块或装有若干个T绳索的长木板2块)。

1. 项目目标

(1)增强团队凝聚力。

(2)了解协作的一致性与指挥方式的作用。

(3)理解个人、小团队、大团队的关系。

2. 项目程序

(1)人员平均分组,每组10人左右。各组人员手拉绳索,脚踩木板,步调一致地按规定轨道走一圈,最终回到起点。

(2)两组比赛,所用时间少者获胜。

(3)活动过程中要保持步调一致,否则要尽快调整,如果调整不及时出现摔倒的情况,手要扔掉绳子,同时大声喊停以告知同伴。

(4)不要把绳子缠绕在手上,失衡后要向两侧踏,不要踏向中间。

3. 总结与评价

(1)在这个项目中,你对团队协调有什么认识?对团队沟通又有什么认识?

(2)怎么做能够加快小组的行进速度?

(3)这个项目哪些方面与现实生活相通?

（五）排除核弹

人数:15人左右。

时间:60分钟。

场地:相对开阔的小场地一块。

器材:25米长的绳子1根(用于围成雷区),20米长的保护绳2根,纸杯1个,砖头1块,作为稀释溶液的矿泉水1瓶,眼罩1只,手套4双备用。

1. 项目目标

(1)加强团队的合作意识。

(2)强调团队之间的交流沟通,提高团队的整体能力。

(3)培养全体队员各尽所能、共同努力完成任务的能力。

2. 项目程序

(1)用25米长的绳子拉成一个圈,用砖头把纸杯垫起来并放在圆圈的中间。

(2)教师开始给队员们讲一个故事:在一个山村有一枚没有爆炸的核弹头,给该地区造成了威胁,你们作为特工人员将去该地区排除核弹头。圆圈内为辐射区域,所有人员不得进入圈中。2根20米长的绳子可作为防辐射物品,但不能碰到地上。排除核弹头的方法是:利用仅有的工具将一名拿有稀释溶液的队员悬空在,辐射区上方(由于强辐射,该队员需要戴上眼罩),在不碰到辐射区内任何物品的情况下向圆圈中间的纸杯中倒入三分之二的稀释溶液,然后队员的手才可以碰触"核弹装置"(纸杯),把"核弹装置"移出圈外完成任务。在完成任务的过程中,瓶子里的水和杯子里的水都不能洒出来,否则将视为失败,如需重新开始则每人要"奖励"做俯卧撑70次。

(3) 活动过程中出现若干危险动作,应及时叫停。

3. 总结与评价

(1) 在全过程中你认为最佳的表现在哪里?团队的合作精神体现在哪里?

(2) 团队在解决问题的过程中采取了哪些步骤?这些步骤有什么地方可以改进?

四、基地拓展项目

(一) 空中抓杠

人数:10人以上,最好不超过35人。

时间:90分钟。

场地:基地综合训练架。

器材:相应的安全设备(如动力绳、安全带、头盔、D型锁、8字环、手套等)。

1. 项目目标

(1) 克服恐惧,勇往直前,挑战自我,激发潜能。

(2) 以积极的心态去争取和获得机会,掌握目标管理与控制的成功经验。

(3) 培养队员面对困难时的互助精神。

2. 项目程序

(1) 全体队员在跳台下列队集合,教师讲解安全问题,包括安全带的使用方法,主绳与锁具、头盔等的使用要求和方法(教师应经过专业、系统的培训)。

(2) 队员穿戴好保护装备,接受队友激励后,由地面通过立柱扶手爬到顶端,通过自己努力,站到立柱顶端的圆台上,站稳后两手侧平举并大声地问自己的队友和保护人员:"准备好了吗?"当听到"准备好了!"的回答之后,自己大声喊"1、2、3"的同时奋力跃出,用手去抓前上方悬着的一个单杠(可以抓住、触摸或向单杠方向抓去,并非必须抓住),完成之后松开双手,在保护绳的保护下慢慢回到地面。

(3) 教师注意项目的安全监控,队员如有严重外伤病史、严重心脑血管、精神疾病、慢性病及并发症或医生建议不适合做此类挑战活动者,可以不做此类挑战项目。教师还要通观全局,当出现不合理动作时应及时提醒与叫停,此外要保证每位队员在上去之前和下降时都有人鼓励和迎接。

3. 总结与评价

(1) 在跳跃之前,你心里在想什么?有什么感觉?

(2) 抓到单杠以后,身体漂浮在半空中时,你的感触是什么?

(3) 为什么在地面上和在高空中跳同样的距离会有那么大的心理差别?

(4) 不敢做是能力问题还是心理问题?

(5) 在现实工作生活中,是不是也碰到过类似的情况呢?能不能举例说明?

(二) 垂直天梯

人数:10人以上,最好不要超过35人。

时间:90分钟。

场地:基地综合训练架。

器材:相应的安全设备(如动力绳、安全带、头盔、D型锁、O型锁、8字环、手套等)。

1. 项目目标

(1) 全力以赴、合理分工、互相鼓励、充满信心、克服心理障碍是实现目标的保障。

(2) 培养队员的相互协作意识。

(3) 体会阶段性目标对于实现最终目标的重大意义。

(4) 珍惜别人的帮助,懂得感恩是能够继续前进的积极动力。

2. 项目程序

(1) 教师讲解安全问题,包括安全带的使用方法,介绍主绳和锁具、头盔等的使用要求与方法(教师应经过专业、系统的培训)。

(2) 穿好保护护具,经教师检查并连接主锁,接受队员激励。

(3) 两人一组向上攀登,两人共同站在第5根横木上手抱第6根横木即宣告任务完成。

(4) 在攀登过程中,可以利用的只能是横木和两人的身体(可以拖拽腰间和腿间的安全带主带,但不得拖拽衣裤),不允许拉拽胸前的保护绳及两边的钢缆;需要踩踏搭档时,除了大腿根部和肩部靠里的位置外,其他所有部位都是禁止踩踏的。教师全程监控,及时提醒并叫停不合理的动作。

(5) 保护者适当收紧保护绳,但不得提供拉力帮助队友完成任务。

3. 总结与评价

(1) 你们在共同向上的过程中碰到了什么困难?是如何克服这些困难的?

(2) 对于你们的伙伴,印象最深刻的是什么?

(3) 说出挑战自我、体验成功的感受。

(三) 合力过桥

人数:35人左右,不少于10人。

时间:90分钟。

场地:基地综合训练架。

器材:相应的安全保护装备(如动力绳、安全带、头盔、D型锁、O型锁、8字环、手套等)。

1. 项目目标

(1) 增强队员克服恐惧、勇往直前、挑战自我的信心,激发潜能。

(2) 培养团队的信任,增强团队意识和面对困难时互相帮助的意识。

(3) 以积极的心态去争取和获得机会。

2. 项目程序

(1) 教师讲解安全问题,包括安全带的使用方法,介绍主绳和锁具、头盔等的使用要求与方法(教师应经过专业、系统的培训)。

(2) 教师讲解拉拽吊板下方保护绳的方法及尝试以上方吊锁为支点寻求平衡的用力感受。

(3) 学员穿好保护护具,经教师检查并连接主锁,接受队员激励后,由地面通过扶手爬到起点,做好准备,通过2~3块30厘米宽、长度不同、摇晃不平的吊板。其他学员分组抓住吊板垂下的绳子,掌握平衡,让高空队员顺利通过。

(4) 通过之后从另一侧扶梯爬下,休息,直到下一位学员挑战完成后,参与保护。

(5) 教师要通观全局,既要关注桥上学员,也要注意保护人员和拉绳人员的情况,当出现不合理动作时及时提醒或叫停。

3. 总结与评价

(1) 完成这个项目最需要的是什么?

(2) 当你在下面做保护时和你自己在上面挑战时,有什么不同的感觉?

(3) 当你伸手够不到前面的吊锁时,你是怎么克服的?

第三节 交际舞

交际舞是一种文明、健康的娱乐活动,又是进行社交活动的一种积极有效的形式。交际舞可以陶冶人们的心灵,使身心得到美的享受和愉快的休息。通过交际舞的练习,学生能够展现优美形态和个性风格,提高与他人的合作能力和社交能力。

一、交际舞的概念

交际舞又名舞厅舞或舞会舞,也有人称之为社交舞。

交际舞是世界各国流行很广的一种社交、娱乐性质的舞蹈艺术。由于这种舞蹈不用经过专门的舞蹈训练就能很快学会,所以一直受到广大群众的喜爱,成为世界上最具有群众基础的文化娱乐活动之一。

交际舞有三个基本特征:

(1) 绝大部分交际舞来源于朴实、健康的民间舞蹈艺术。

(2) 交际舞的步法和花样都简单易学,便于掌握和普及。

(3) 各种交际舞不受国界限制,所以称之为国际交际舞。

交际舞可分为国际标准交际舞、新型交际舞和流行交际舞三种。体育舞蹈包括摩登舞和拉丁舞两大类,摩登舞又分为华尔兹、探戈、狐步舞、快步舞、维也纳华尔兹五个舞种,拉丁舞分为伦巴、桑巴、恰恰恰、斗牛舞、牛仔舞五个舞种。

二、交际舞的基本知识

(一) 脚的基本位置

交际舞中脚的基本位置是正步(图 12.3.1)。这个脚位是1924年成立的英国皇家舞蹈教师协会舞厅舞分会委员会的统一规定。

图 12.3.1

正步位置要求是两只脚平行站在地平面上,脚尖向正前方,两腿站直,双膝自然放松,但不要弯曲。跨要上提,不能坐胯或歪到一边。切记不能向外撇脚。

(二) 交际舞双人基本持握姿势

双人正确的身体姿势和准确而稳定的持握方式是跳好交际舞的两个很重要的因素,

因为错误的姿势和持握方式不仅会使舞跳得不美,而且也会严重影响双人之间的协调性、稳定性和平衡感。

1. 闭位姿势

(1)腿和脚。男、女面对面站立,双方右脚尖对准对方双脚间中线,双方脚尖相对,以相距100~150毫米为宜(图12.3.2)。

(2)身体。男、女身体站直,立腰,不要展腰或塌腰。双方胸部相距300毫米。双肩放松,应和对方双肩经常保持平行。双方上体略向后倾,女再向右倾。

(3)手和臂。男、女的手势要讲究美观舒适。男的右手放在女的左肩胛骨下面,五指并拢,手背向外,右臂形成一个自然的弧度。男的左手握住女的右手,握手要适当放松,不要太紧,握手的高度以齐女耳垂为宜。女左手虎口张开放在男右肩上,右手大拇指紧贴男大拇指外,其余四指并拢,放男大拇指和其他四指之间。男右肘和女左肘要抬起来(图12.3.3)。

(4)头。男、女头要端正,脸向左斜前方,眼光各自从对方右肩上部向前平视。

图12.3.2　　　　图12.3.3

2. 其他常用姿势

(1)闭位单携手。男、女面对面站立,相隔一步左右。男右臂屈肘握女右手,手心向上,女右臂屈肘。男左臂和女左臂稍屈肘,抬到肩侧,手半握拳与肩齐(图12.3.4)。

(2)闭位双携手。男双手携女双手(图12.3.5)。

(3)开位单携手。男、女面向同一方向站立,左右相隔一步。男右手握女左手,男右臂、女左臂屈肘,另一手臂屈肘,手与肩平,男、女对视(图12.3.6)。

图12.3.4　　　　图12.3.5　　　　图12.3.6

(4)开位双携手。开位双携手是从闭位姿势变化身体方向形成的。男左转45°,女右转45°,男右胯基本上贴女左胯,男头稍向右转,女头稍向左转。手臂位置同闭位姿势(图12.3.7)。

(5)右外侧姿势。女明显向左移动至男的右侧,女的右肩对男的右肩,男女双肩保持平行。男的左臂和女的右臂伸得长一些,男、女头稍向右转(图12.3.8)。

（6）左外侧姿势。女站在男左侧,女左肩对男左肩,两人双肩保持平行。男的左臂和女的右臂伸得长一些,男、女头稍向左转(图12.3.9)。

图12.3.7　　　　　　图12.3.8　　　　　　图12.3.9

（三）舞步

所有交际舞及其花样都是由不同舞步组成的,一般来说每个舞步都意味着身体重心的移动。按照舞步的速度基本上分慢步和快步;按照舞步的方向可分为前进、后退、斜进、斜退、向旁迈、沿弧线前进或后退、转身(45°、90°、135°、180°、360°)等舞步;根据舞步性质可分为实步(全脚掌着地)、虚步(脚似乎着地,但没有真正地落在地面上)、踏步(用全脚掌踏一下地)、敲步(用半脚掌踏一下地)、点步(半脚掌轻轻落在地上)等。许多舞步都有固定的名称,如常步、并步、横步、追步、扫步、前划弧步、后划弧步、锁步等。正是这些千变万化的舞步用不同的方式和节奏结合在一起,形成了各种不同的交际舞。因此,初学者非常重视每种交际舞的基本步型的学习。

（四）舞程线

舞程线(或称方向线)是想象中沿着舞池边缘逆时针方向的一条线。一般来说,华尔兹、狐步舞、探戈、波尔卡等交际舞都要沿着舞程线来跳。这是一种礼貌和尊重别人的表现,还可避免相互干扰和冲撞现象。

（五）带舞和跟舞

1. 带舞

交际舞中,男起带舞的作用,也就是起决定性作用。男带舞时应注意:

（1）男只能用右手给女以清晰明确的信号,切忌用左手拉或提(除女离男太远外)。这样不会破坏跳舞的正确姿势和女的稳定性、平衡感,使男女动作协调一致。

（2）跳慢四步、狐步舞、探戈、华尔兹等舞蹈时不要扭动臀部,腰和胯也要保持稳定,不要左右摇摆。只有这样跳舞才会显得庄重、文雅、大方、流畅。

（3）男带舞,要在跳舞之前听到音乐就决定跳什么样的舞(如慢四步还是探戈),以及确定舞步的节拍。

（4）国际上一般都是男左脚起步(女右脚起步)。男在起舞前身体稍向后倾表示起步,或先把左脚向后撤一小步表示对女礼貌谦让。如音乐节奏较快,舞步就应小一些;如音乐节奏较慢,舞步相应长一些。如男、女高矮相差较大,男要随时调整自己舞步的大小,以免女跟起来吃力。

2. 跟舞

女跟舞较容易,因女可不像男那样考虑迈步的方向和做什么花样。女只要掌握基本舞步和变换花样,就能自如地跟上男的舞步。女跟舞时应注意:

(1)不要紧张,否则全身肌肉用力不当会影响正确的跳舞姿势和平衡,产生与男对抗的感觉。

(2)不要代替男,把自己的舞步或花样以及迈步的方向强加于男身上。

(3)保持正确姿势,身体挺起来,双肩自然放松,上体稍向后倾,肌肉松弛。注意男的右手信号和音乐节奏。

(六)舞会的礼节

舞会是人们文化娱乐、社交活动的公共场所,因此,要时时处处讲文明礼貌。

舞者衣着必须整洁、漂亮、舒适;举止要落落大方,彬彬有礼,不能过于拘谨或做作,也不能过分开放,没有分寸;谈吐要文雅礼貌,诚恳朴实,不能大声喧哗,更不能口出粗言。

在跳舞的过程中无意碰到别人身上,应主动说"对不起"或"请原谅"。在跳完一个舞时,应主动向女道谢,并将其送到原来的座位上。

(七)舞步符号

舞步符号中的脚印有具体的表示意义(图 12.3.10)。脚印旁边的数字号码代表音乐拍子的顺序和节奏。例如,图12.3.11中的 1~2 代表舞步是在音乐的第 1~2 拍来跳,共占两拍,因此是一个慢步;5 代表舞步是在音乐第 5 拍来跳的,占一拍,因此是一个快步。

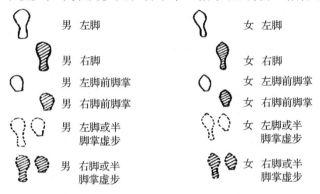

图 12.3.10

三、布鲁斯

布鲁斯也叫慢四步舞,是根据布鲁斯乐曲而得名。布鲁斯舞蹈的特点是速度缓慢、节奏鲜明、舞步简练而稳重(身体不能左右摇摆,也不要更多地上下起伏)。

(一)音乐

布鲁斯的音乐节奏一般为慢、慢、快、快。慢步为两拍音乐,快步为一拍音乐。所以一个完整的慢四步需要六拍音乐完成。慢四步的起步是固定不变的,应为男左女右,身体的方向总是与迈步脚脚尖方向一致。例如,左脚向左斜前方45°迈步,意味着身体也向左转45°。

(二)基本步法

布鲁斯最常见的基本步法是常步、横步和并步。

1. 前进常步

常步就是平常走路的步法。其步法如下:

(1)从正步开始,左脚用脚跟沿地面(基本不离地)向前迈一步,全脚掌落地,身体重心移到左脚前脚掌,左膝伸直,但不要用力伸直,右腿留在后边,膝盖自然弯曲,用脚尖点地。

(2)右脚尖沿地面(基本不离地)拖到左脚内侧旁,膝盖弯曲,前脚掌着地,然后换右脚做上述动作。

2. 后退常步

(1)从正步开始,左脚前脚掌沿地面向后退一步,先前脚掌着地,然后全脚掌着地,左膝基本伸直,右腿在前面用脚后跟着地,右膝也基本伸直,但保持松弛。

(2)右脚后跟沿地面拖到左脚内侧旁,右膝弯曲,前脚掌着地。

3. 横步

从正步开始,左脚全脚向左侧迈一步(基本不离地),大约为肩宽的距离,重心移到左脚上,左膝基本伸直,但不要僵直,右脚前脚掌在旁边着地。

4. 并步

(1)向前并步就是把后面的腿向前腿靠拢,成正步。

(2)向后并步就是把前面的腿向后腿靠拢,成正步。

(3)向侧并步就是把旁腿向支撑身体重量的腿靠拢,成正步。

(三)布鲁斯的基本舞步

1. 横并步

音乐节拍及舞步示意图,男如图12.3.11所示,女如图12.3.12所示。

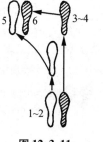
图12.3.11

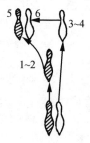
图12.3.12

(1)预备姿势。

闭位姿势,脚正步位置。

(2)动作方法。

① 第1~2拍(慢):男左脚向前迈一常步,重心移至左脚上;女右脚后退一常步,重心移至右脚上(图12.3.13)。

② 第3~4拍(慢):男右脚向前迈一常步,重心移至右脚上;女左脚后退一常步,重心移至左脚上(图12.3.14)。

③ 第5~6拍:第5拍(快),男左脚向左侧迈一横步,重心移至左脚上;女右脚向右迈一横步,重心移至右脚上(图12.3.15)。第6拍(快),男右脚并左脚成正步,重心移至右脚上;女左脚并右脚成正步,重心移至左脚上(图12.3.16)。第5~6拍横并步也可男后退,女向前进。

图 12.3.13

图 12.3.14

图 12.3.15

图 12.3.16

2. 弧线向左转 90°

音乐节拍及舞步示意图,男如图 12.3.17 所示,女如图 12.3.18 所示。

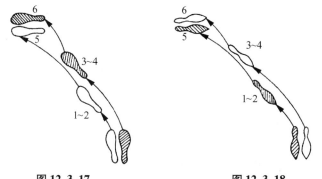

图 12.3.17　　　　　　图 12.3.18

(1) 预备姿势。

闭位姿势,脚正步位置。

(2) 动作方法。

① 第 1~2 拍(慢):男左脚向左斜前方 45°迈一常步,重心移至左脚上;女右脚向右斜后方 45°退一常步,重心移至右脚上。

② 第 3~4 拍(慢):男右脚向自己正前方迈一常步,重心移至右脚上;女左脚向自己正后方退一常步,重心移至左脚上。

③ 第 5~6 拍:第 5 拍(快),男左脚向左斜前方 45°迈一常步,重心移至左脚上;女右脚向右斜后方退一常步,重心移至右脚上。第 6 拍(快),男右脚并左脚靠拢成正步,重心移至右脚上;女左脚并右脚靠拢成正步,重心移至左脚上。

注:上述舞步也可做成弧线向右转 90°。

3. 向左转 90°

音乐节拍及舞步示意图,男如图 12.3.19 所示,女如图 12.3.20 所示。

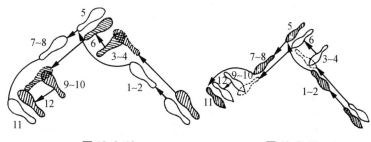

图 12.3.19　　　　　　图 12.3.20

（1）预备姿势。

闭位姿势,脚正步位置。

（2）动作方法。

① 第1~2拍(慢):男左脚向前迈一常步,重心移至左脚上;女右脚向后退一常步,重心移至右脚上(图12.3.21)。

② 第3~4拍(慢):男右脚向前迈一常步,重心移至右脚上,并以右脚前脚掌为轴向右转90°;女左脚向后退一常步,重心移至左脚上,并以左脚前脚掌为轴向右转90°(图12.3.22)。

图12.3.21　　　　　　图12.3.22

③ 第5~6拍:第5拍(快),男左脚向左侧迈一横步,重心移至左脚上;女右脚向右侧迈一横步,重心移至右脚上(图12.3.23)。第6拍(快),男右脚向左脚并拢成正步,重心移至右脚上;女左脚向右脚并拢成正步,重心移至左脚上(图12.3.24)。

④ 第7~8拍(慢):男左脚向后退一常步,重心移至左脚上;女右脚向前迈一常步,重心移至右脚上(图12.3.25)。

⑤ 第9~10拍(慢):男右脚向后退一常步,重心移至右脚上,并以右脚前脚掌为轴向左转90°;女左脚向前迈一常步,重心移至左脚上,并以左脚前脚掌为轴向左转90°(图12.3.26)。

⑥ 第11~12拍:第11拍(快),男左脚向左迈一横步,重心移至左脚上;女右脚向右迈一横步,重心移至右脚上(图12.3.27)。第12拍(快),男右脚向左脚并拢成正步,重心移至右脚上;女左脚向右脚并拢成正步,重心移至左脚上(图12.3.28)。

图12.3.23　　　　　图12.3.24　　　　　图12.3.25

图12.3.26　　　　　图12.3.27　　　　　图12.3.28

4. 进退左转90°

音乐节拍及舞步示意图,男如图12.3.29所示,女如图12.3.30所示。

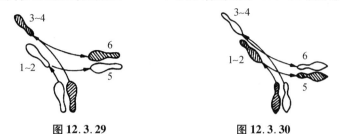

图12.3.29　　　　　　图12.3.30

(1) 预备姿势。

闭位姿势,脚正步位置。

(2) 动作方法。

① 第1~2拍(慢):男左脚画一个弧线向左斜前方45°迈一常步,重心移至左脚上;女右脚画一个弧线向右斜后方45°退一常步,重心移至右脚上。

② 第3~4拍(慢):男右脚画一个弧线向左斜前方45°迈一常步,重心移至右脚上;女左脚画一个弧线向右斜后方45°退一常步,重心移至左脚上。

③ 第5~6拍(慢):第5拍(快),男左脚沿弧线向左斜后方退一常步,重心移至左脚上;女右脚沿弧线向右斜前方迈一常步,重心移至右脚上。第6拍(快),男右脚做一并步向后,脚成正步,重心移至右脚上;女左脚做一并步向前,脚成正步,重心移至左脚上。

5. 进退右转90°

音乐节拍及舞步示意图,男如图12.3.31所示,女如图12.3.32所示。

图12.3.31　　　　　　图12.3.32

(1) 预备姿势。

闭位姿势,脚正步位置。

(2) 动作方法。

与进退左转90°舞步相同,只是男、女在第一常步和第三常步均向右转45°。

6. 退进右转90°

音乐节拍及舞步示意图,男如图12.3.33所示,女如图12.3.34所示。

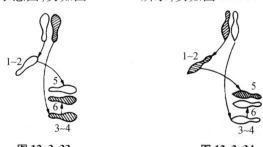

图12.3.33　　　　　　图12.3.34

(1) 预备姿势。

闭位姿势,脚正步位置。

(2) 动作方法。

① 第1~2拍(慢):男左脚画一个弧线向左斜后方45°退一常步,重心移至左脚上;女右脚画一个弧线向右斜前方45°迈一常步,重心移至右脚上。

② 第3~4拍(慢):男右脚画一个弧线向右斜前方45°退一常步,重心移至右脚上;女左脚画一个弧线向左斜前方45°迈一常步,重心移至左脚上。

③ 第5~6拍(慢):第5拍(快),男左脚向前迈一小步,重心移至左脚上;女右脚向后退一小步,重心移至右脚上。第6拍(快),男右脚并左脚成正步,重心移至右脚上;女左脚并右脚成正步,重心移至左脚上。

7. 向左转180°

音乐节拍及舞步示意图,男如图12.3.35所示,女如图12.3.36所示。

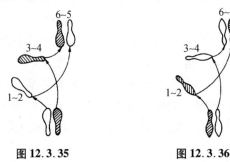

图12.3.35　　　　图12.3.36

(1) 预备姿势。

闭位姿势,脚正步位置。

(2) 动作方法。

① 第1~2拍(慢):男左脚向左斜前方45°迈一常步,重心移至左脚上;女右脚向右斜后方45°退一常步,重心移至右脚上。

② 第3~4拍(慢):男右脚向左斜前方45°迈一常步,重心移至右脚上;女左脚向右斜后方45°退一常步,重心移至左脚上。

③ 第5~6拍(慢):第5拍(快),男左脚向后退一常步,重心移至左脚上,同时向左转体90°;女右脚向前迈一常步,重心移至右脚上,同时向左转体90°。第6拍(快),男右脚并左脚成正步,重心移至右脚上;女左脚并右脚成正步,重心移至左脚上。

8. 直进直退右转90°

音乐节拍及舞步示意图,男如图12.3.37所示,女如图12.3.38所示。

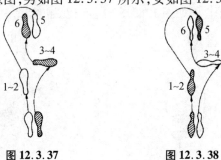

图12.3.37　　　　图12.3.38

（1）预备姿势。

闭位姿势，脚正步位置。

（2）动作方法。

① 第1~2拍（慢）：男左脚向前迈一常步，重心移至左脚上；女右脚向后退一常步，重心移至右脚上。

② 第3~4拍（慢）：男右脚向前迈一常步，重心移至右脚上，同时以右脚前脚掌为轴向右转90°；女左脚向后退一常步，重心移至左脚上，并以左脚前脚掌为轴向右转90°。

③ 第5~6拍：第5拍（快），男左脚向后退一常步，重心移至左脚上，同时以左脚前脚掌为轴向右转90°；女右脚向前迈一常步，重心移至右脚上，同时以右脚前脚掌为轴向右转90°。第6拍（快），男右脚并左脚成正步，重心移至右脚上；女左脚并右脚成正步，重心移至左脚上。

（四）布鲁斯花样范例——空中画弧转135°

音乐节拍及舞步示意图，男如图12.3.39所示，女如图12.3.40所示。

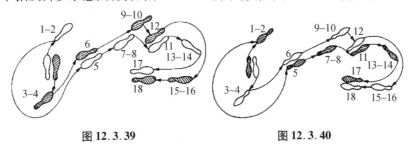

图12.3.39　　　　　　　图12.3.40

（1）预备姿势。

闭位姿势，脚正步位置。

（2）动作方法。

① 第1~2拍（慢）：男左脚向右斜前方45°迈一常步，重心移至左脚上；女右脚向左斜后方45°退一常步，重心移至右脚上（图12.3.41）。

② 第3~4拍（慢）：男右脚向左斜后方45°退一常步，重心移至右脚上；女左脚向右斜前方45°迈一常步，重心移至左脚上（图12.3.42）。

③ 第5~6拍（快）：第5拍（快），男以右脚前脚掌为轴向左转135°，同时抬左腿离地30°，在空中向后画弧，落在右脚后面，重心移至左脚上（左画弧）；女以左脚前脚掌为轴向左转135°，同时抬右腿离地30°，在空中向前画弧，落在左脚前面，重心移至右脚上（右画弧）（图12.3.43、图12.3.44）。第6拍（快），男右脚紧接着向后退一步向左脚并拢成正步，重心移至右脚上；女左脚向右脚并拢成正步，重心移至左脚上（图12.3.45）。

图12.3.41　　　　　图12.3.42　　　　　图12.3.43

图 12.3.44　　　　　图 12.3.45　　　　　图 12.3.46

④ 第 7~8 拍(慢)：男左脚向后退一常步，重心移至左脚上；女右脚向前迈一常步，重心移至右脚上(图 12.3.46)。

⑤ 第 9~10 拍(慢)：男右脚向后退一常步，重心移至右脚上；女左脚向前迈一常步，重心移至左脚上，并以左脚前脚掌为轴向左转 90°(图 12.3.47)。

⑥ 第 11 拍(快)：男左脚向左侧迈一横步，重心移至左脚上；女右脚向右侧迈一横步，重心移至右脚上(图 12.3.48)。

⑦ 第 12 拍(快)：男右脚并左脚，重心移至右脚上；女左脚并右脚，重心移至左脚上(图 12.3.49)。

⑧ 第 13~14 拍(慢)：男左脚向左斜后方 45°退一常步，重心移至左脚上；女右脚向右斜前方 45°迈一常步，重心移至右脚上(图 12.3.50)。

⑨ 第 15~16 拍(慢)：男以左脚前脚掌为轴向右转 135°，同时抬右腿离地 30°，在空中向后画弧，落在左脚后面，重心移至右脚上(右画弧)；女以右脚前脚掌为轴向右转 135°，同时抬左腿离地 30°，在空中向前画弧，落在右脚前面，重心移至左脚上(左画弧)(图 12.3.51、图 12.3.52)。

⑩ 第 17 拍(快)：男左脚向后退一常步，重心移至左脚上；女右脚向前迈一常步，重心移至右脚上(图 12.3.53)。

⑪ 第 18 拍(快)：男右脚并左脚成正步，重心移至右脚上；女左脚并右脚成正步，重心移至左脚上(图 12.3.54)。

图 12.3.47　　　图 12.3.48　　　图 12.3.49　　　图 12.3.50

图 12.3.51　　　图 12.3.52　　　图 12.3.53　　　图 12.3.54

第十三章
几种时尚体育运动

职业院校学生,正处于人生的黄金时代,富有青春活力,朝气蓬勃,志向远大。为了迎接未来的挑战,不仅要努力学好科学知识,还应参加各种体育活动,锻炼体魄,磨炼意志,拓展自己的能力。

以娱乐、健身、极限等为目的的多种时尚体育活动已经成为当代人们追求自我的运动新时尚。它不仅能缓解人们的工作压力,放松身心,还可以提高身体健康水平,陶冶人们的情操,提高人们的沟通协作能力。

第一节 轮滑运动

轮滑运动,也称"滑旱冰",首先出现在18世纪初叶的欧洲。1936年,在瑞士举行了首届世界轮滑锦标赛。1940年,在罗马举行的第43届奥林匹克委员会会议上正式承认了国际轮滑联合会。

20世纪30年代初期,轮滑运动从欧美传入我国。1980年9月,中国轮滑协会成为国际轮滑联合会正式成员。1989年10月,在我国杭州举行了第3届亚洲轮滑锦标赛,我国选手获得了男/女花样轮滑个人全能冠军、轮滑球比赛冠军和团体总分冠军。

一、比赛简介

轮滑运动有三种比赛项目,即速度轮滑、花样轮滑和轮滑球。

（一）速度轮滑

速度轮滑又分公路赛和场地赛两种。公路赛有三种,即300米、女子21千米半马拉松和男子42千米马拉松比赛。场地赛有逆时针比赛、淘汰赛、规定路线比赛、定时比赛、计分比赛、接力赛、分段比赛和追逐赛等。

（二）花样轮滑

花样轮滑分为男/女单人滑、双人滑和轮滑舞蹈比赛。

（三）轮滑球

轮滑球比赛中各队上场队员5名,包括3个前锋、1个后卫和1个守门员。比赛时间:上半时20分钟,中间休息5分钟,下半时20分钟。

二、学习与参与

(一)轮滑鞋的选择

目前,轮滑鞋可分为双排轮和单排轮两大类,其中双排轮轮滑鞋又分为速度轮滑鞋(图13.1.1)、花样轮滑鞋(图13.1.2)和轮滑球鞋(图13.1.3)三种;单排轮轮滑鞋分为速滑鞋和轮滑球鞋(图13.1.4)两种。

图13.1.1   图13.1.2   图13.1.3   图13.1.4

(二)基本站立

(1)"八"字站立:穿好轮滑鞋后慢慢地伸直身体,使两脚跟靠近,两脚脚尖自然分开站立(图13.1.5)。上体应稍前倾,两膝自然弯曲,两臂自然下垂,身体重心落在两脚之间。

(2)"丁"字站立:在"八"字站立的基础上,一脚向前移动,用脚跟贴在不动脚的脚弓处,身体重心稍偏在不动脚上(图13.1.6)。站立一会儿后换另一脚站立。

(3)平行站立:在"丁"字站立的基础上,前脚向侧移,两脚平行站立,与肩同宽(图13.1.7)。平行站立时,身体重心落在两只脚之间。

图13.1.5   图13.1.6   图13.1.7

(三)移动重心

(1)原地踏步:平行站立,身体重心移向右腿,左脚抬起、放下;身体重心再移向左腿,右脚稍抬起、放下。反复练习后,加快抬脚的速度和高度。

(2)蹲起练习:两脚平行站立,稍窄于肩。先做半蹲练习,然后过渡到全蹲,动作节奏是慢蹲快起(图13.1.8)。

(3)向前"八"字行走:两脚"八"字站立,重心移到左脚上,右脚尖稍偏外向前迈一小步,同时体重迅速移至右脚上。然后左脚抬起脚尖稍偏外向前迈一小步,两脚交替向前迈步,移动身体重心。

图13.1.8

(四)直道滑行

(1)单脚蹬地双脚滑行:双脚平行站立,距离稍窄于肩。右脚内轮蹬地,将重心推送至向前滑行的左腿上,右腿蹬地后迅速收腿,与左腿并拢成两脚滑行;接着用左腿蹬地做相反动作(图13.1.9)。

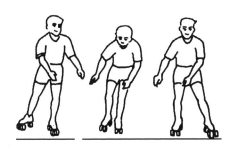

图 13.1.9

(2) 单脚蹬地单脚滑行:两脚"八"字站立,身体前倾,两臂自然下垂,两腿弯曲。用右脚内轮蹬地,左脚用平轮向前滑出,重心移到左腿上,左腿成半蹲支撑向前惯性滑行,接着向前收右腿,同时左脚用内轮蹬地,右脚滑出,反复进行。

(五) 弯道滑行

左转弯:向前直滑取得一定的速度后,左脚前伸略领先于右脚,上体稍抬起,臀部下坐并向左移,重心要移到左脚的左侧,头向左转,左膝、踝深屈,用力压外侧轮(外轮),右腿接近伸直,脚用力压内侧轮,借助惯性克服离心力而转弯(图13.1.10)。

图 13.1.10

(六) 向后滑行

向后滑行有向后葫芦滑行和向后蛇形滑行两种方法。一般来讲,向后葫芦滑行容易学会,向后蛇形滑行难一些。

(七) 停止

在掌握了一定的滑行方法和获得一定的滑行速度后,就必须要学习停止动作,以免发生冲撞出现伤害事故。停止方法多种多样,下面介绍四种简单易学而有实效的停止方法。

(1) 内"八"字停止法:在获得一定的向前滑行速度后,两脚平行站立,随后脚尖内转,两脚以内轮柔和地压紧地面,同时两腿弯曲,上体稍前倾,臀部下蹲,重心下降,两臂可前伸以维持身体平衡,逐渐减速至停止(图13.1.11)。

(2) "T"形停止法:单脚支撑向前滑行时,另一脚(浮脚)在滑脚的后跟处成"T"形,将浮脚慢慢地放到地面,用内轮柔和地压紧地面,减缓向前滑行速度,直至停止(图13.1.12)。

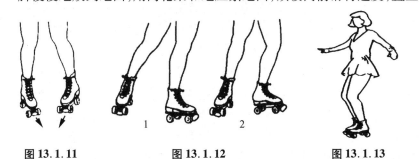

图 13.1.11　　图 13.1.12　　图 13.1.13　　图 13.1.14

(3) 双脚急停法:在向前滑行时,两脚同时向左(右),与滑行方向成90°压紧地面,同时身体向左(右)急转,两膝弯曲,两臂前伸,重心移至左(右)脚上,使身体停止(图13.1.13)。

(4) 向后滑行停止法:向后滑行的停止方法比较简单,如果你穿的是花样轮滑鞋,前端都装有制动轮,所以在向后滑行中,只要抬起两脚跟,用两脚的制动轮摩擦地面,就可立即停止下来。停止时,身体稍前倾,两臂侧举以维持平衡(图13.1.14)。

第二节　保龄球

保龄球运动是一种在木板球道上用球滚击木瓶的室内体育运动项目,又称"地滚球",最初叫"九柱戏"。它在欧洲、美洲、大洋洲和亚洲一些国家和地区广为流行。

保龄球运动起源于3—4世纪的德国,当时的天主教徒在教堂走廊里安放木柱象征异教徒和邪恶,用石击之以图消灭。14世纪发展成为德国人民喜爱的体育项目。欧美的保龄球在20世纪传到中国。国际保龄球联合会成立于1952年,1954年在赫尔辛基举行了第一次国际保龄球比赛。

一、锻炼价值

保龄球运动集竞技、锻炼、娱乐、趣味于一身,是一项高尚而时髦的运动。它不受年龄、性别的限制,社会各层面的爱好者都可以参与。它在一定程度上是消除生活压力的最佳运动方式之一。积极参与保龄球运动,能够陶冶情操,提高人的心理素质,磨炼人的意志,培养勇敢顽强、遵守纪律、团结协作、勇于奋进等优良品质,还能增进友谊,提高社交能力。

二、基本打法

(一)握球

握球是投球的开始,握球的动作直接影响投球的效果。对初学者来说,扎实的基本功,将为熟练掌握保龄球技术打下坚实基础。正确的握球方法应为拇指完全伸入指孔,中指、无名指伸入指孔到第二指节(图13.2.1)。

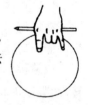

图13.2.1

(二)助跑滑步

四步助跑滑步动作是由准备姿势、助跑摆臂、滑步回摆投球三个环节组成的。

(1)第一步:准备姿势。面向瓶台,两脚前后开立,左脚在前,右脚在后,两脚之间距离约为半个脚掌,先平稳地把身体重心移到左脚上。右手握球,左手助握,右手前臂弯曲成直角。球与臂轴在同一个平面内,目光注视前方(图13.2.2中的1、2)。

(2)第二、三步:助跑摆臂。准备姿势做好后,持球站立,应使球体的中心点与球道上某一目标箭头成一直线。一般初学者最好选用2号目标箭头,在整个助跑投球动作过程中,眼睛要始终盯着2号目标箭头。握球的右手臂在发力和球的惯性作用下,由前摆过渡到后摆,同时迈出右脚,左手继续外展,身体重心移到右脚(图13.2.2中的3、4)。

(3)第四步:滑步回摆投球。球以重力向下回摆,同时迈出左脚,前脚掌贴着地面向正前方滑进。为使左脚在前冲力的作用下能够向前滑行,脚跟不要承受重量。身体微微前冲,重心移至左脚形成一个弓箭步(图13.2.2中的5)。

图 13.2.2

（三）握球摆动与放球

右手握球、左手助握，左右手同时把球向前推出至手臂伸直与地面约成45°角，右手在球的重力作用下以肩为轴向前下方下摆、后摆、前摆，回摆至体侧时放球。放球时拇指先行脱出指孔，中指、无名指向上钩提后脱出指孔（图 13.2.2 中的6）。

（四）投球方式

投直线球时，应持球站在第27块木板边线上，与犯规线成90°角投球，球通过4号目标箭头直击①号瓶。投斜线球时，沿左脚内侧线站立，以第5引导标点为落球点，3号目标箭头为基准，并与①～③号瓶袋设想成一条连线进行投球，力争以最大入射角获全中球。曲线球分自然曲线球、短曲线、大曲线球（弧线球）、反曲线球（反旋球）等不同类型。曲线球既能增大入射角，又能使球旋转，提高击球全中率。

第三节　攀岩运动

攀岩运动是从登山运动中衍生出来的运动项目，是一项不用攀登工具，仅依靠手脚和身体的平衡，借以各种安全保护的装备，做攀登一些岩石所构成的峭壁、裂缝、海蚀崖、大圆石以及人工制作的岩壁的运动。攀岩运动是一项富于刺激性和挑战性的运动，深受广大青年人的喜爱。

1985年，法国人弗兰西斯·沙威格尼发明了可以自由装卸的仿自然人造岩壁，实现了把自然中的岩壁搬到城区的设想。攀岩运动从不同的角度可进行不同的分类：按组织形式可分为竞技攀登（Sport Climbing）和自由攀登（Free Climbing）；按保护方式可分为先锋攀登（Leading Climbing）和顶绳攀登（Top Rope Climbing）；按运动场所可分为人工场地攀登和自然场地攀登。竞技攀登有难度赛、速度赛、攀石赛和室内攀岩赛四种比赛形式。

一、锻炼价值

攀岩运动能使参加者在喧嚣的都市以外的山间环境中爬山越岭，在欣赏和认识大自然中锻炼耐力，提高呼吸器官、循环系统和神经系统的功能，并对身体各关节的灵活性，手指和手掌的抓、握、推、扒、拉等力量，臂部的支撑力，臂部、腿部的肌肉耐力，踝部、脚部、脚掌的蹬踏力和柔韧性等都有一定的要求。

攀岩运动能锻炼人们的意志，战胜自身的懦弱，从而使心智和体能得到再造和升华。同时，它还能够培养良好的团队精神。严格的组织纪律是攀登过程中培养起来的，一心爱集体、团结友爱和关心同伴是攀登组织活动的基础，团队精神是攀登队伍的灵魂。

二、装备

由于攀岩运动本身所特有的危险性,从此项运动诞生之日起,人们就开始在不断地研制生产各种为攀登者提供安全保证和便于此项运动开展的装备和器械。攀岩基本装备包括安全带、主绳、铁索、防滑粉袋、绳套、安全头盔、攀岩鞋、下降器及上升器等。因所有这些装备都涉及攀登者的生命安全,在购买和选用时必须注意其质量,一般有国际攀登委员会(UIAA)认证标记和欧洲标准(CE)标记的都能保证安全。

三、保护技术

保护技术是该项运动必备的一项技术要领。攀登者是在保护人通过登山绳给予的保护下进行攀登的。人们根据不同的场合及范围使用不同的保护方法。通常将保护技术分为固定保护、行进保护和自我保护三种。

四、攀岩技术

三点固定攀登法是攀岩的基本方法,对身体各部位的姿势和动作有一定的要求(图13.3.1)。

(一) 身体姿势

攀登岩石峭壁时身体要自然放松,以3个支点稳定身体重心,而重心要随攀登动作的转换移动,这是攀岩能否稳定、平衡、省力的关键。

(二) 手与手臂的动作

手在攀登中是抓握支点、维持身体平衡的关键。攀岩时,手的动作变化要根据支点的不同而采用各种不同的用力手法来完成,常见的也有几十种(图13.3.2)。要求第一指关节在用力抠紧支点的同时,手腕要张紧,手掌要贴在岩壁上,小臂也要随手掌紧贴岩壁而下垂,在引体时,手指(握点)有下压抬臂动作。要充分使用拇指的力量,尽量把拇指搭在支点上。对于常见的水平浅槽的支点,可把拇指扭过来,把指肚一侧扣进手槽,或横搭在食指和中指指背上,都可增加很大的力量。

图13.3.1

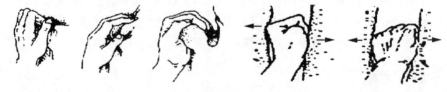

图13.3.2

(三) 脚的动作

脚是身体重量的主要支撑点,因此双脚踏稳是顺利攀登的保证。在攀岩时,要尽可能地用全脚掌踏在凸出或凹入的岩石棱角或小台阶上。若找不到适当的踏脚点,也没有棱踏脚时,就要根据它的形状来下脚(图13.3.3)。

如果有直角的裂缝,应将脚前部插入裂缝,脚跟比脚趾低,脚趾向下

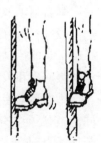

图13.3.3

用力(图 13.3.4)。

如在遇到纵向裂缝时,由于裂缝的大小不同,脚的插入角度及用力方向不同,此时要把握一个原则,即调整好脚,使其紧紧地卡在岩石缝中,这样才便于用力(图 13.3.5)。脚的动作要领是:两腿外旋,大脚趾内侧贴近岩面,两腿微屈,以脚踩支点维持身体重心。在自然岩壁支点大小不一和方向不同的情况下,要灵活运用。但要切记,膝部不要接触岩石面。另外,在用脚踩支点时,切忌用力过猛,并要掌握用力的方向。攀岩要想达到一定水平,必须学会腿脚的运用。

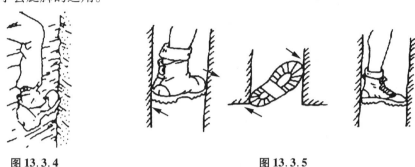

图 13.3.4　　　　　　　　　　　图 13.3.5

（四）手脚配合

学习攀岩,首先要练好上肢力量,上肢又要以手指、手腕和手臂力量为主,再配合以脚腕、脚趾以及腿部的力量,使身体重心随着用力方向的不同而协调地移动,手脚动作的配合也就自如了。

五、下降技术

三点固定下降法是攀岩下降技术的基本方法,其所用的工具简单,便于在群众中开展。其方法是利用双手、双脚握或蹬牢 3 个支点,然后移动第 4 个支点。这种下降法比三点固定攀登更困难,因此一定要设上方固定保护。除此之外,还可以借助以下器械下降:

（1）下降器下降。将主绳一端在峭壁顶部固定,另一端抛下方,下降者在腰部系好安全带,腹前挂好铁锁,然后将主绳按"8"字形缠绕于下降器上,再将下降器的铁锁连接,左手握主绳上端,右手则在胯后紧握从下降器穿绕出来的主绳(图 13.3.6)。

（2）坐绳下降。坐绳下降是利用绳索与身体因缠绕而产生的摩擦力下降的(图 13.3.7)。

（3）缘绳下降。在坡度近 90°时,可采用缘绳下降法,此方法简单易学,只要有一条主绳就可进行下降操作(图 13.3.8)。

图 13.3.6　　　　　　　　图 13.3.7　　　　　　图 13.3.8

六、注意事项

攀岩运动还是一种新的体育活动,在攀登活动中,还存在着较大的危险性,因此不管是在野外还是在室内,开展这项活动一定要有安全保护意识,应该做到以下几点:

(1) 先要做好计划,特别是在野外攀登,对岩石要进行细致的观察,识别岩石的质量和风化的程度,然后确定攀登的方向和路线,还需要准备休息的地方。

(2) 攀登前应对所使用的装备和器材进行认真的检查,凡是有磨损和切口的绳索应不再使用。

(3) 攀登者要熟练掌握基本的绳结、保护和攀登的技术及方法。攀登前观察岩点、选好路线,可提高攀岩速度。

(4) 攀登时要严格遵守三点固定攀登法的要求,绝不允许蹿跳,防止摔脱和绳索受损。

(5) 在攀登过程中如遇到浮石或松动的石块及杂草,尽量不要抓握利用,防止脱落造成攀登者脱手等。

(6) 攀登岩石时,身体不要紧紧地贴在岩石上,这是初学者常犯的错误。实际上,把身体紧紧贴在岩石的斜面上,反而会减少身体的稳定性,易发生危险。当然如果遇到很狭窄的岩石或无法用手抓握的棱脊,就必须全身伏在上边。当遇到岩石上面只有蹬脚点而没有好的抓点时,也可以将身体轻轻地贴在岩石上,用手撑着岩石慢慢地移动。

(7) 在攀登过程中,为了保存体力,一定要注意手脚的配合及保护身体的平衡。另外,在选择立足点时一定要使脚有可靠而稳固的支点,脚要横蹬岩点上的小窝,可有效防滑脱。下降时面向岩壁,四肢伸开就不会在岩壁上碰疼。

(8) 攀登者头脑要始终保持清醒和冷静,遇到意外时一定要镇静,不能不知所措,造成不必要的伤害事故。

(9) 攀登岩石时,攀登者要戴好安全帽,不准戴手套,但保护者一定要戴好手套。

第四节　野外生活训练

在现代高度物质文明的城市环境中,人类的各种原始机能都在退化,学生生活在高楼大厦的"丛林"中,舒适安逸,接触野外环境的机会很少,与大自然和谐相处、在艰苦环境中的生存生活能力较差。野外生存作为学校体育课程的拓展,把以前体育课上所进行锻炼的走、跑、跳、投、攀爬、游泳等基本内容扩展到大自然,它不仅符合现代课程改革的理念,丰富和完善我国学校体育课程体系,满足学校体育向"多向选择"方向改革的需要,而且对于促进学生的全面发展具有重要的意义。

一、锻炼价值

青少年是祖国的未来,使他们成为国家的栋梁,具备强健的体魄和健康的心理去承受国际市场日趋激烈的竞争环境,就必须让其到艰苦的环境中去锻炼,接受各种困难的考验,培养他们坚强的性格和意志品质。野外生存训练对他们的成长与发展具有积极的锻炼价值。

（一）开阔视野,增长才干,在与大自然的接触中学会野外生活的基本技能

通过野外生存生活训练,同学们可以掌握埋锅烧饭、下河捕鱼、分辨可食植物、搭建帐篷宿营、获取食物和水、怎样看地图、如何使用 GPS 和罗盘等野外基本生存生活的知识和技能,学会如何处理蚊虫叮咬、受伤、迷路等紧急情况,还可以学习和体验许多关于动物、植物、地质、气候等方面的知识,拓展了知识面,增长了才干。

（二）陶冶情操,培养热爱祖国、热爱大自然的激情

当同学们历尽艰辛登上高山之巅,站在蜿蜒雄伟的古长城上时,会感到人类历史的源远流长,惊叹我们祖先的辛劳和伟大。放眼远眺,祖国壮丽的河山使我们感动。远离大都市的喧嚣和嘈杂,面对美丽、沉静的大自然,自己的心灵得到洗涤和净化,性情得到陶冶。

（三）身体素质得到全面的锻炼和考验

野外生存活动和训练是锻炼体质、提高身体机能的有效途径。在野外生存活动和训练中,要跋山涉水,在野外风餐露宿、忍饥挨饿,对身体的各个部分的机能是一次全方位的锻炼和考验。长时间的翻山越岭,可以提高下肢的力量、耐力和心肺功能;走在崎岖的山路上、丛林里,可以提高身体的灵活性、柔韧性、平衡性;在大自然里呼吸清新的空气,使我们感到头脑清醒。当你从野外归来,会感到精力充沛,浑身好像刚刚充过电,充满力量和蓬勃向上的朝气。

（四）提高心理素质,培养不畏艰险、战胜困难的顽强意志

"不经历风雨,怎能见彩虹。"良好的心理素质是人们战胜困难、事业成功的重要保证。野外生存活动和训练,为学生提供了锻炼的机会。在爬山越岭、负重行走、涉水过河、野营露营等过程中,有时会遭遇暴风雨的袭击,有时在雾谷被困、密林迷路、沼泽搁浅、脚被扭伤、磨出水泡,手被刮破,衣服被汗水、雨水、露水一次次浸湿……正是在这些学校里永远体验不到的困境和挫折中,提高了我们的心理素质,培养了我们临危不惧、机智勇敢的顽强作风和冷静果断、坚韧不拔、勇于探索、克服困难的意志品质。

（五）增强社会适应能力

通过野外生存活动和训练,同学们由最初的相互不默契、不融洽,发展到活动中的和谐相处、彼此信任;从活动开始时的"以我为中心",到后来处处为他人考虑,主动帮助他人。在摆脱险境、救援处于困境的队友等活动中,你会深切感受到友情的珍贵和团队精神的重要性。

二、野外生存知识与技能

野外生存包含的知识非常广泛,概括起来就是行、吃、住、自救四个方面。例如,判定方位、迷途的处置;猎取动物和采集野生植物充饥;就地取材,构筑简易的露天帐篷;寻找水源和取火的方法;识别利用草药救治伤病等。

（一）出发前的准备

1. 制订周密的计划

（1）根据目的不同选择地点。我们到野外的目的因人而异,有的想到深山呼吸新鲜空气,有的想领略山川的秀美,有的想体验露营的新鲜。无论目的是什么,出发前一定要

做好充分的准备,查阅有关资料,向有经验的人请教。

(2)首先确定目标和任务,要有组织者和管理者负责工作的全过程,分工到人,合作同行。然后选择路线,制订计划,经费预算,购置制品。集体物品包括食品、地图、帐篷、小炉子、药箱、野炊用具、手电筒等,个人物品包括衣着、鞋、袜子、帽子、眼镜、雨具、背袋、寝具等。将每个人的分工做一计划表。这一过程可提高组织管理能力和动手实践能力。

2. 野营背包的装法

背包是必不可少的野营装备,应按如下方法装入物品:

(1)轻的东西放在下面,重的东西放在上面。如果重的东西放在下面,身体容易往后倒,特别是在登山或爬坡时,会觉得脚步沉重,总有一股力量往后拉扯着你。只有将重的东西放在上面,脚步才容易站稳,走起路来也会轻捷而省力。

(2)肩带要牢固,紧贴身体。装好东西后,要试一试左右的重量是否平衡,肩袋一定要紧连身体,使背包成为自己身体的一部分,才不会觉得负担很重。

(3)需经常取用物品的装法。需经常取用的物品,如地图、指南针、小刀等,应装在背包的口袋或腰包中,这样取用方便。衣服的口袋也可利用。

(4)空出双手,方便行动。手上拿着东西时走路很不方便,而且很危险,容易跌倒,且遇到意外时不能及时用手处理,所以应尽量将物品放入背包中。

3. 服装着法

在野外,一天内就有可能出现四季的变化,尤其是高山上气温变化更大。因此在服装携带和着装方面应注意以下几点:

(1)多带衣服,应付天气变化。在野外,要根据温度的变化,适当增减衣服。登山时特别容易出汗,穿短袖运动衫即可。但在阴湿、阳光照不到的森林里,就要穿长袖运动衫。如果衣服被汗湿,应立即换掉,内衣要保持清爽、暖和。

(2)按照气候,更换不同的衣服。高山上直射的阳光十分强烈,很容易晒伤,如果穿无袖的衣服行走,晚上皮肤会发红发痛。在丛林中行走,容易被树枝划伤或割伤,应穿长袖运动衫,热的时候可以将袖子卷起来。裤子以长裤为宜,可保护膝盖、双腿不被岩石和树枝碰伤。短裤可在营地休息时穿。牛仔裤虽然结实,但活动起来不方便,所以应穿有弹性、宽大的裤子。

(3)寒冷时,应多穿衣服保暖。可用围巾和毛巾紧围颈部,并注意手脚的保暖。

(二)学会使用地图

地图是行动的指南。到野外去,所走的路都是你不熟悉的。为了预防迷路,地图是不可缺少的东西。确定方位、行程,预测前方地形、地况等,都可通过地图得到帮助。所以根据自己野外活动的范围和方式,选择比例合适、标示清楚的地图是极其有用的。

(1)地图比例尺。比例尺即图上某线段的长与相应的实地水平距离之比。如1:50 000的地图,意味着图上1厘米相当于实际500米的距离。地图比例尺的分子通常用1表示,以便了解地图缩小的倍数。比例尺的大小,是按比值的大小衡量的,比值的大小可按比例尺分母确定。分母小则比值大,比例尺就大;分母大则比值小,比例尺就小。一幅地图,当图幅面积一定时,比例尺越大,图上包括的实地范围越小,图上显示的内容就越详细;反之,图上显示的内容就越简略。

(2)地物符号。地面上的地物,在地图上是用统一规定的符号结合注记表示的,这些规定的图形符号叫地物符号。它是构成地图的重要因素,是地图的语言,所有的符号全球通用。地物符号形状,通常与地物的平面形状相似或侧面形状相近,有的还与地物的有关意义相应。有些图示相当形象,如果是彩色地图,河流通常用蓝色表示,沼泽通常用典型的一簇芦苇表示。

(3) 制作地图。在特殊情况下,需要自己制作地图。自制的地图可能在距离方位上不是十分精确,但对帮助自己记忆周围的环境、避免走弯路是有用的。

(4) 地图上的方向。一般地图的方向是上北下南,左西右东(正看地图时),除非地图上有特别的方向标示。

(5) 表示山的高度。等高线是由地面上高程相等的各点连接而成的曲线。等高线表示地形高度,呈波纹状,旁边的数字表示高度。在同一幅地图上,等高线越多,山就越高;等高线越少,山就越低。凹地则与此相反。等高线越密集,地形越陡;等高线稀时,山坡较为平缓。

(6) 测量距离。图上直线距离可以直接用直边的测量工具量出,按照地图的比例尺大小换算出相应的长度。量取图上弯曲的路段或曲线距离时,使用指北针的里程表比较方便;也可用细绳沿着图上所示必要的路线摆放,然后将绳拉直后测量实际长度。

(7) 运用想象。需培养通过看地图就能想象出实际详细情形的能力,而且要能对地图的任何部分想象出它在地表上的实际情况。只有做到以上两点才算学会了看地图的技术。

(三) 学会在野外判定方向

在野外生存,判定方向、方位非常重要。无论是在茫茫的海洋上,还是在浩瀚的沙漠里,或是在山区、密林,都要明确自己所处的位置及方向。

判定方向,比较方便准确的是使用指北针。方法是:将指北针平放,待磁针静止后,磁针涂有夜光剂的一端(或黑色尖端)所指的方向,就是当地的磁北方向。但在磁矿区和发生雷电、暴风雨、地震、极光现象时不能用它定向。

在没有地形图和指北针的情况下,可以利用自然界的一些特征来判定方向,如太阳、星座、植物等。

1. 利用太阳阴影判定

太阳是由东向西移,而影子则是由西向东移。在我国,一般当地时间 6 时左右,太阳在东方,一切物体的阴影都倒向西方;12 时左右,太阳在南方,影子便指向北方;18 时左右,太阳在西方,影子则指向东方。根据这一规律,便可概略地判定方位。

用一根直杆,使其与地面垂直,把一块石子放在标杆影子的顶点 A 处。约 10 分钟后,标杆影子的顶点移动到 B 处时再放一块石子,将 A、B 两点连成一线,这条直线的指向就是东西方向,与 AB 垂直的方向则是南北方向,向太阳的是南方,相反方向是北方。

白天还可以利用手表和太阳来定向。将手表平放,使时针对着太阳光射来的方向,然后把时针和表上的 12 时之间的夹角平分,这条平分线所指的方向即为南方。

2. 利用北极星判定

北极星是正北方天空一颗较亮的恒星。夜间找到北极星,就找到了正北方向。寻找北极星,首先要找到大熊星座(即我们俗称的北斗星),因为它与北极星总是保持一定的位置关系不停旋转。当找到北斗星后,沿着勺边 A、B 两星的连线,向勺口的方向延伸,约

为 A、B 两星的间隔的 5 倍处，有一颗较亮的星，就是北极星。

在北纬 40°以南的地区，北斗星常会转到地平线以下，特别是冬季的黄昏，常常看不到它。此时，应根据北斗星相对的仙后星座寻找北极星。仙后星座由 5 颗与北斗星亮度差不多的星组成，形成"W"形，在"W"形的缺口宽度的 2 倍处，即可找到北极星。

在北纬 23°以南的地区，上半年可利用南十字星座判定方向。南十字星座主要由四颗明亮的星组成，四颗星对角相连成为"十"字形。沿 A、B 两星的连线向下延伸，约在两星距离的 4 倍半处即为正南方。

3. 利用月亮判定

夜间还可以用月亮判定方向。月亮的起落是有规律的。月亮升起的时间，每天都比前一天晚 48~50 分钟。例如，农历十五的 18 时，月亮从东方升起。到了农历二十，相距 5 天，月亮就迟升 4 小时左右，约为 22 时于东方天空出现。月亮"圆缺"的月相变化，也是有规律的。农历十五以前，月亮的亮部在右边，十五以后，月亮的亮部在左边。上半月称为"上弦月"，月中称为"圆月"，下半月称为"下弦月"。每个月，月亮都是按上述两个规律升落的。还可以根据月亮从东转到西约需 12 小时，平均每小时约转 15°这一规律，结合当时的月相、位置和观测时间，大致判定方向。例如，晚上 10 时，看见夜空的月盘是右半边亮，便可判明是上弦月。太阳落山时是 6 时，月亮位于正南，月亮在已经过去的 4 小时内转动了 15°×4＝60°，因此，将此时月亮的位置向左（东）偏转 60°即为正南方。

4. 利用植物判定

常言道："万物生长靠太阳。"太阳的热能在自然界形成了许多间接判定方向的特征。掌握这些特征之后，即使在没有太阳的阴天仍可以依此判定方向。例如，靠近树墩、树干及大石头南面的草长得高而茂盛，秋天南面的草也枯萎干黄得较快。一般南面的树皮比较光洁，北面的则较为粗糙（树皮上有许多裂纹和高低不平的疙瘩）。这种现象以白桦树最为明显。白桦树南面的树皮较北面的颜色淡，而且富有弹性。夏天的松柏及杉树的树干上流出的胶脂，南面的比北面的多，而且结块大。松树干上覆盖着次生树皮，北面的较南面的形成得早，向上发展得高。雨后树皮膨胀发黑时，这种现象较为突出。秋季果树朝南的一面枝叶茂密且结果多，以苹果、红枣、柿子、山楂、柑橘等最为明显。果实在成熟时，朝南的一面先染色。长在石头上的青苔性喜潮湿，不耐阳光，因而青苔通常生长在石头的北面。

5. 利用建筑物判定

庙宇、宝塔以及一般住房大多坐北朝南。伊斯兰教的清真寺的门则朝向东方（礼拜者面向西方）。利用自然界特征判定方位时，要特别注意对具体情况作具体分析，千万不要生搬硬套。在辨别方向时，务必要注意多种方法综合运用，互相补充，互相验证。

（四）野外露营

露营的意义在于，与伙伴一起体验与自然共存的生活，深刻地理解自然，甚至重新发现和认识自我，树立充实的人生观。野外露营可听到早晨鸟儿的鸣叫，体验被太阳晒醒的感觉。到野外露营，必须要有庇身的场所。庇身的场所不仅可以遮挡阳光，防风避雨，还能保持一定的气温，提供睡眠和休息的地方，保证人的最基本的生理需要。

1. 露营地的选择

（1）在考虑风向及地形后，再选择平坦的地方。在搭建帐篷营地时，必须考虑到舒适和安全。地面平坦,才能睡得安稳。可先光脚走走看,有小石头,可以搬开。如果是树根或岩石无法搬走,必须另选他地。

(2)露营地的选择,要考虑靠近水源和燃料。但不要选择过分靠近水源的地方,最好距离水源40~50米。太靠近水源,晚上河水涨高,有被冲走的危险,而且极易受到蚊虫的骚扰,流水声会干扰人的判断,即使发生危险也不易觉察。距水源太远,用水极不方便。

(3)露营地应选在河岸洪水最大流量所能达到的高度以上。山区的小溪在暴雨后几分钟就可能变成湍湍急流,1小时内就可以涨高几米。在平阔的地方洪水蔓延,易造成危险。

(4)选择露营地,要避开风口、枯木、雪崩、滚石、雷电、野兽等危险。

(5)夏季,露营地点应选择在干燥、地势较高、通风良好、蚊虫较少的地方。通常,湖泊附近和通风的山脊、山顶是夏天较为理想的设营地点。

(6)冬季,设营地点应视避风以及距燃料、设营材料、水源的远近等情况而定。一般来说,森林和灌木丛是理想的设营地。应避开易被积雪掩埋的地点,如避开崖壁的背风处,因为在这种地形上,风很快就会吹起大量的雪将帐篷或遮棚埋没。

(7)不适宜搭建帐篷的地方:有风的山顶、谷底和深不可测的山洞(容易集聚潮气)、通向水源的山嘴(常为野兽饮水必经之路)。

2. 帐篷的搭建

架设简易帐篷,可用方块雨衣、塑料布、帆布、树枝、树皮等物品。帐篷的类型有:屋顶形帐篷、一面坡形帐篷、圆锥形帐篷、伞形帐篷等。

三、注意事项

一切准备就绪,就可以踏上旅途了。远足和野外活动可以利用公共交通工具如公共汽车、火车、轮船等,也可以利用自行车,还可以徒步旅行。在崇尚回归自然和注重环境保护的今天,应自觉地热爱自然、保护自然,时刻注意自己的文明举止。注意事项如下:

(1)行走方法。行走要尽量使整个脚掌水平着地,身体不要起伏不定,姿势要自然,膝关节要富有弹性。

(2)行走速度。速度节奏要均匀,一般一天步行不要超过40千米。集体步行时,要按照体弱者的速度行进。

(3)休息。出发后约20分钟,要进行短时间的休息,目的是检查衣服、装备、鞋,并进行必要的调整。之后大约每走1小时休息一次。负重行走时要适当缩短休息的间隔。

(4)为了使旅途更富有情趣,在行走途中可以搞一些有意义的活动。可以在同伴之间互相提问树木、花草的名称,也可以组织唱歌比赛、做游戏等。但不能过分影响行进速度,也不能太疲劳。

(5)乘火车、汽车时,切勿大声喧哗。不做聚众喝酒、吆喝打牌等影响他人的事情。

(6)要注意防火,不要在"严禁烟火区"吸烟、野炊等。

(7)要爱护野外的一切公共设施,特别要爱护各种标志物。

(8)不要折花毁木,要保护稀有植物和野生动物。

(9)所到之处要保持清洁,不要乱扔垃圾。

附录 1

国家学生体质健康标准

一、说明

（一）为贯彻落实健康第一的指导思想，切实加强学校体育工作，促进学生积极参加体育锻炼，养成良好的锻炼习惯，提高体质健康水平，特制定本标准。

（二）本标准是《国家体育锻炼标准》的有机组成部分，是《国家体育锻炼标准》在学校的具体实施，是国家对学生体质健康方面的基本要求，适用于全日制小学、初中、普通高中、中等职业学校和普通高等学校的在校学生。

（三）本标准从身体形态、身体机能、身体素质和运动能力等方面综合评定学生的体质健康水平，是促进学生体质健康发展、激励学生积极进行身体锻炼的教育手段，是学生体质健康的个体评价标准。

（四）本标准将测试对象划分为以下组别：小学一、二年级为一组，三、四年级为一组，五、六年级为一组，初、高中每年级各为一组，大学为一组。

小学一、二年级组和三、四年级组测试项目分为三类，身高、体重为必测项目，其他二类测试项目各选测一项。小学五、六年级组，初、高中各组，大学组测试项目均为五类，身高、体重、肺活量为必测项目，其他三类测试项目各选测一项。

选测项目每年由地（市）级教育行政部门、高等学校在测试前两个月确定并公布。选测项目原则上每年不得重复。

（五）学校每学年对学生进行一次本标准的测试，本标准的测试方法按《国家学生体质健康标准解读》（人民教育出版社出版）中的有关要求进行。

（六）本标准各评价指标的得分之和为本标准的最后得分，满分为100分。根据最后得分评定等级：90分及以上为优秀，75~89分为良好，60~74分为及格，59分及以下为不及格。学生体质健康标准成绩每学年评定一次，按评定等级记入《国家学生体质健康标准登记卡》。学生毕业时体质健康标准的成绩和等级，按毕业当年得分和其他学年平均得分各占50%之和进行评定。因病或残疾免予执行本标准的学生，填写《免予执行〈国家学生体质健康标准〉申请表》。

（七）本标准由教育部负责解释。

二、《国家学生体质健康标准》评价指标与分值

组别	评价指标（测试项目）	分值	备注
小学一、二年级	身高标准体重	20	必测
	坐位体前屈、投沙包	40	选测一项
	50米跑（25米×2往返跑）、立定跳远、跳绳、踢毽子	40	选测一项
小学三、四年级	身高标准体重	20	必测
	坐位体前屈、掷实心球、仰卧起坐	40	选测一项
	50米跑（25米×2往返跑）、立定跳远、跳绳	40	选测一项

续表

组别	评价指标(测试项目)	分值	备注
小学五、六年级	身高标准体重	10	必测
	肺活量体重指数	20	必测
	400米跑(50米×8往返跑)、台阶试验	30	选测一项
	坐位体前屈、掷实心球、仰卧起坐、握力体重指数	20	选测一项
	50米跑(25米×2往返跑)、立定跳远、跳绳、篮球运球、足球颠球、排球垫球	20	选测一项
初中、高中、大学各年级	身高标准体重	10	必测
	肺活量体重指数	20	必测
	1 000米跑(男)、800米跑(女)、台阶试验	30	选测一项
	坐位体前屈、掷实心球、仰卧起坐(女)、引体向上(男)、握力体重指数	20	选测一项
	50米跑、立定跳远、跳绳、篮球运球、足球运球、排球垫球	20	选测一项

注：身高标准体重测试项目为身高、体重，肺活量体重指数测试项目为肺活量，握力体重指数测试项目为握力。

三、《国家学生体质健康标准》评分表

高中一年级男生评分标准

等级	单项得分	肺活量体重指数	1 000米(分·秒)	台阶试验	50米跑(秒)	立定跳远(米)	掷实心球(米)	握力体重指数	引体向上(次)	坐位体前屈(厘米)	跳绳(次/分钟)	篮球运球(秒)	足球运球(秒)	排球垫球(次)
优秀	100	82	3'28"	68	6.6	2.58	13.6	92	23	20.8	185	9.2	7.2	40
	98	81	3'31"	67	6.7	2.57	13.2	91	22	20.4	180	9.6	7.4	39
	96	80	3'34"	66	6.8	2.55	12.6	90	21	19.9	173	10.2	7.8	37
	94	79	3'37"	65	6.9	2.54	12.0	88	20	19.4	165	10.9	8.2	35
	92	78	3'40"	64	7.0	2.52	11.2	87	19	18.7	155	11.7	8.6	33
	90	76	3'43"	62	7.1	2.50	10.4	85	18	18.0	145	12.6	9.1	30
良好	87	75	3'47"	61	7.2	2.47	10.2	83	17	17.1	141	13.0	9.4	29
	84	73	3'51"	59	7.4	2.44	9.8	81	16	15.8	134	13.5	9.8	27
	81	71	3'56"	58	7.5	2.40	9.4	78	15	14.4	128	14.1	10.2	25
	78	68	4'01"	55	7.7	2.34	8.9	75	14	12.6	119	14.9	10.8	23
	75	66	4'06"	53	7.9	2.29	8.5	71	13	10.8	110	15.6	11.3	20
及格	72	64	4'11"	52	8.0	2.26	8.2	69	12	9.7	105	16.2	11.6	19
	69	61	4'16"	51	8.1	2.21	7.7	66	11	8.0	96	17.2	12.1	17
	66	59	4'21"	50	8.2	2.17	7.2	63	10	6.3	88	18.1	12.7	15
	63	55	4'26"	48	8.3	2.10	6.6	59	9	4.0	77	19.4	13.2	12
	60	52	4'31"	46	8.4	2.04	6.0	55	8	1.7	66	20.6	13.8	9

续表

等级	单项得分	肺活量体重指数	1 000米(分·秒)	台阶试验	50米跑(秒)	立定跳远(米)	掷实心球(米)	握力体重指数	引体向上(次)	坐位体前屈(厘米)	跳绳(次/分钟)	篮球运球(秒)	足球运球(秒)	排球垫球(次)
不及格	50	51	4′40″	45	8.5	2.02	5.8	54	6	1.0	62	21.4	14.2	8
	40	49	4′50″	44	8.6	1.99	5.5	52	5	-0.1	55	22.7	14.7	7
	30	48	5′00″	43	8.7	1.96	5.2	50	4	-1.1	48	23.9	15.2	6
	20	45	5′10″	42	8.9	1.92	4.8	48	3	-2.5	39	25.6	15.9	5
	10	43	5′20″	40	9.0	1.89	4.4	46	2	-3.8	30	27.2	16.6	3

高中一年级女生评分标准

等级	单项得分	肺活量体重指数	800米(分·秒)	台阶试验	50米跑(秒)	立定跳远(米)	掷实心球(米)	握力体重指数	仰卧起坐(次/分钟)	坐位体前屈(厘米)	跳绳(次/分钟)	篮球运球(秒)	足球运球(秒)	排球垫球(次)
优秀	100	68	3′24″	68	7.8	2.01	8	70	51	20.3	175	11.8	7.9	35
	98	67	3′27″	67	7.9	2	7.9	69	50	20	170	12.1	8.4	34
	96	66	3′29″	66	8	1.98	7.8	68	49	19.5	163	12.6	9.2	32
	94	65	3′32″	64	8.1	1.97	7.7	67	48	19.1	155	13.2	10	30
	92	64	3′35″	62	8.3	1.95	7.6	65	47	18.4	145	13.9	11.1	28
	90	63	3′38″	60	8.4	1.93	7.4	63	45	17.8	135	14.6	12.1	25
良好	87	62	3′42″	59	8.5	1.91	7.3	62	44	17	131	15.3	12.5	24
	84	60	3′46″	57	8.6	1.87	7.2	60	43	15.7	125	16.4	13.1	22
	81	59	3′50″	54	8.7	1.84	7.1	58	41	14.4	119	17.5	13.8	21
	78	56	3′54″	52	8.8	1.79	7	55	39	12.7	110	19	14.6	18
	75	54	3′58″	49	8.9	1.75	6.8	52	37	11	102	20.4	15.5	16
及格	72	52	4′03″	48	9	1.72	6.7	51	36	10	97	21.2	16.2	15
	69	50	4′08″	47	9.1	1.67	6.6	48	33	8.3	90	22.3	17.3	14
	66	47	4′13″	45	9.2	1.63	6.4	46	31	6.7	82	23.4	18.4	13
	63	44	4′18″	44	9.3	1.57	6.2	43	28	4.5	72	24.9	19.9	11
	60	41	4′23″	42	9.4	1.51	6	40	25	2.3	62	26.4	21.4	9
不及格	50	40	4′30″	41	9.5	1.5	5.8	39	24	1.9	58	27.2	21.8	8
	40	38	4′37″	40	9.7	1.47	5.4	38	23	1.2	51	28.3	22.5	7
	30	37	4′44″	39	9.9	1.45	5	36	21	0.5	45	29.4	23.1	6
	20	35	4′51″	37	10.2	1.41	4.5	35	20	-0.4	37	30.9	24	5
	10	34	5′00″	36	10.4	1.38	4	33	18	-1.4	28	32.4	24.9	3

附录2

《国家学生体质健康标准》实施办法

一、《国家学生体质健康标准》(以下简称《标准》)的实施工作在教育部、国家体育总局的领导下,由各级教育行政部门管理,体育行政部门指导,学校组织实施。

二、《标准》的组织实施工作在校长领导下,由学校体育教研部门、教务部门、校医院(医务室)、学工部门、辅导员(班主任)协同配合共同组织实施。《标准》的测试应与学生的健康体检有机结合,避免重复测试。学生的《标准》测试成绩按评定等级记入《国家学生体质健康标准登记卡》,小学列入学生成长记录或学生素质报告书,初中以上学校列入学生档案(含电子档案),作为学生毕业、升学的重要依据。对达到及格以上成绩的学生颁发证章。《标准》的实施工作记入教师的教学工作量。

三、学生《标准》测试成绩达到良好及以上者,方可参加三好学生、奖学金评选;成绩达到优秀者,方可获体育奖学分。《标准》成绩不及格者,在本学年度准予补测一次,补测仍不及格,则学年《标准》成绩为不及格。普通高中、中等职业学校和普通高等学校学生毕业时,《标准》测试的成绩达不到50分者按肄业处理。

四、因病或残疾学生,可向学校提交免予执行《标准》的申请,经医疗单位证明,体育教学部门核准后,可免予执行《标准》,并填写《免予执行〈国家学生体质健康标准〉申请表》,存入学生档案。对确实丧失运动能力、免予执行《标准》的残疾学生,仍可参加三好学生、奖学金、奖学分评选,毕业时《标准》成绩可记为满分,但不评定等级。

五、认真上好体育课、积极参加体育活动、每天锻炼时间达到一小时者,奖励5分,计入学年《标准》总成绩。

六、属下列情况之一者,其《标准》成绩记为不及格,该学年《标准》成绩最高记为59分:

1. 评价指标中400米(50米×8往返跑)、1 000米跑(男)、800米跑(女)、台阶试验的得分达不到及格者;

2. 体育课无故缺勤,一学年累计超过应出勤次数1/10者。

七、各地、各学校在实施《标准》时要树立"安全第一"的指导思想,健全各项安全保障制度,落实安全责任制,加强对场地、器材、设备的安全检查。要认真做好学生的体检工作,对生病学生实行缓测或免测。

八、全国各级各类学校每年均直接将本校各年级《标准》测试数据,通过中国学生体质健康网(网址中文域名:中国学生体质健康网,英文域名:http://www.csh.edu.cn/),报送至教育部"国家学生体质健康标准数据管理系统",上报数据的时间为每年9月1日至12月31日,上报测试数据的工具软件,由学校在中国学生体质健康网上免费下载使用。

九、高职、高专类学校参照有关要求执行。

十、教育部每年公布各省、自治区、直辖市实施《标准》的基本情况;每学年对教育部直属高校本科新生《标准》测试结果按生源所在地进行统计,并以省、自治区、直辖市为单位进行公布。

十一、各地教育、体育行政部门对本地各级各类学校实施《标准》的情况,要认真检查监督。要将《标准》的实施情况纳入各级政府教育督导内容和评估指标体系,并作为对各级各类学校进行评优、表彰的基本依据。对弄虚作假、徇私舞弊者,给予通报批评,情节严重者,给予行政处分。

十二、为保证《标准》测试数据的科学性、准确性,各地、各学校招标、选用的《标准》测试器材必须是经国家认证认可监督管理委员会批准的相关认证机构认证合格的产品。

十三、本办法由教育部负责解释。

附录3

免予执行《国家学生体质健康标准》申请表（样表）

姓名		性别		民族	
班级		学号		出生日期	
原因					
体育教师签字			家长签字		
学校体育部门意见					

签章(字)：
年　月　日

参 考 文 献

[1] 人民教育出版社体育室.体育与健康[M].北京:人民教育出版社,2000.
[2] 常薏.形体训练[M].北京:高等教育出版社,2004.
[3] 傅京印.象棋[M].北京:中国青年出版社,2004.
[4] 周丛改.2008看奥运——奥运知识百科[M].武汉:湖北科学技术出版社,2007.
[5] 黄宽柔,毛振明.体育与健康[M].沈阳:辽宁大学出版社,2001.
[6] 王平.现代体育美学[M].苏州:苏州大学出版社,2006.
[7] 季浏.体育心理学[M].北京:高等教育出版社,2001.
[8] 崔景贵.心理教育·职业学校[M].南京:南京师范大学出版社,2002.
[9] 魏纯镭,赵元祥.健美操[M].北京:北京体育大学出版社,2005.
[10] 朱宝位.象棋入门[M].合肥:安徽科学技术出版社,2016.
[11] 屠景明.象棋实用残局[M].长沙:湖南人民出版社,2003.
[12] 李德印.24式太极拳[M].北京:北京体育大学出版社,2004.
[13] 崔仲三.16式太极拳[M].北京:北京体育大学出版社,2003.
[14] 中华人民共和国体育运动委员会运动司.初级长拳[M].北京:人民体育出版社,1962.
[15] 路泽全.大学生体育与健康[M].苏州:苏州大学出版社,2018.